理學叢書

朱子語類

一

〔宋〕黎靖德 編
王星賢 點校

中華書局

圖書在版編目(CIP)數據

朱子語類/(宋)黎靖德編;王星賢點校. —2 版. —北京:中華書局,2020.4(2025.1 重印)
(理學叢書)
ISBN 978-7-101-14360-7

Ⅰ.朱… Ⅱ.①黎…②王… Ⅲ.朱熹(1130~1200)-語録 Ⅳ.B244.71

中國版本圖書館 CIP 數據核字(2019)第 301717 號

本版責編:石 玉
封面設計:周 玉
責任印製:管 斌

理學叢書
朱 子 語 類
(全八册)
〔宋〕黎靖德 編
王星賢 點校
*
中 華 書 局 出 版 發 行
(北京市豐臺區太平橋西里 38 號 100073)
http://www.zhbc.com.cn
E-mail:zhbc@zhbc.com.cn
北京新華印刷有限公司印刷
*
850×1168 毫米 1/32 · 130¾印張 · 16 插頁 · 2400 千字
1986 年 3 月第 1 版
2020 年 4 月第 2 版 2025 年 1 月第 14 次印刷
印數:30301-30900 册 定價:498.00 元

ISBN 978-7-101-14360-7

理學叢書出版緣起

理學也稱道學、性理之學或義理之學，興起於北宋。主要代表人物有程顥、程頤，相與論學的有張載、邵雍，後人又溯及二程的本師周敦頤，合稱「北宋五子」。南宋朱熹繼承和發展了二程學説，並汲取周、張、邵學説的部分内容，加以綜合，熔鑄成龐大的體系，建立了理學中居主流地位的學派；與此同時，也有以陸九淵爲代表的理學别派與之對峙。南宋末，朱學確立了主導地位。元代理學北傳，流播地區更廣。明代，程朱理學仍是正統官學，但陳獻章由宗朱轉而宗陸，王陽明繼之鼓吹心學，形成了理學中另一佔主流地位的學派。清初理學盛極而衰，雖仍有勢力，但頹勢已難挽回，一世學風逐漸轉變爲以乾嘉樸學爲主流。理學從産生到式微，經歷約七個世紀。而它在思想界影響的廣泛深入，超過兩漢經學、魏晉玄學、南北朝隋唐的佛學。

理學繼承古代儒學，融會佛老，探討了宇宙本原、認識真理的方法途徑、世界的規律性和人類本性等哲學問題，提出了比較完整的哲學體系，並涉及道德、教育、宗教、政治等諸多領域，繼承改造了許多舊有的哲學範疇和命題，也提出了不少新的範疇和命題，進行了細緻的推究。「牛毛繭絲，無不辨晰」（黄宗羲明儒學案凡例），雖有煩瑣的一面，也有精密的一面。就理論思維的精密程度而論，確有度越前代之處，在我國哲學思想發展史上起過重大的作用，在國際上也有影響。作爲民族哲學遺産的一部分，我們没有理由無視它的歷史存在。

新中國成立以來，學術界對理學的研究取得了很大成績。但在一段時間内，由於「左」的思想影響，妨礙了對理學進行實事求是、全面系統的研究，相關古籍資料的整理也未能很好地開展。近幾年情況有了很大變化，有關的論文、專著多起來了，有關的學術討論會也不斷召開。爲配合研究需要，國務院古籍整理出版規劃小組制訂的一九八二至一九九〇年的古籍整理出版規劃中列入了理學叢書，並開列了選目。這套叢書將由中華書局陸續出版。

理學著作極爲繁富，有大量經注、語録、講義和文集。私人撰述之外，又有官修的讀物，如性理大全、性理精義；也有較通俗的以至訓蒙的作品，使理學得以向下層傳播。本叢書只收其中較有代表性的著作。凡收入的書，一般只做點校，個别重要而難懂的可加注釋，或選擇較有參考價值的舊注本進行點校。熱切期望學術界關心和大力支持這項工作。

中華書局編輯部　一九八三年五月

點校説明

本書用清光緒庚辰（一八八〇年）賀瑞麟校刻本（即劉氏傳經堂本，簡稱賀本）爲底本，參校本有明成化九年（一四七三年）陳煒刻本（簡稱陳本）、清康熙間吕留良天蓋樓刻本（簡稱吕本）、清同治壬申（一八七二年）應元書院刻本（簡稱院本）。明萬曆三十一年（一六〇三年）朱吾弼編刻本、日本寬文八年（一六六八年）刻本，經抽對若干，與底本無多出入，故未詳校。

校勘過程中，凡屬明顯錯别字則徑改；凡有疑問則出注標明「似當作某」或「似誤」，以備一説；其他校改，均一一出注當面，並於正文加上符號以資識别：用圓括號者表示删，用方括號者表示增、改。

在標點符號運用方面，若全條均屬朱子語則不標引號，凡有問答及引據之處則一一標明。

賀本原有正譌一卷，因賀氏已將正文逐條改正，故删去。原有記疑一卷，凡可資借鑑者，均隨正文出注於當面；其餘經校改後已無疑，故不再羅列。

本書結構除雙行小注改排單行外，一切依舊。

本書由王星賢負責點校，請鄧艾民審閱並作序，最後由編輯部定稿。

中華書局編輯部

一九八一年七月

朱熹與朱子語類

朱熹，字元晦，生於宋高宗建炎四年（一一三〇年），祖籍徽州（今安徽歙縣）婺源（今屬江西）人。他的父親朱松在福建南劍（今南平）的尤溪縣做縣尉時，他出生在尤溪。宋寧宗慶元六年（一二〇〇年）死於建陽。

朱熹十九歲中進士，做過五任地方官。二十四歲在泉州同安縣任主簿，二十八歲去職。自此以後一直到五十歲以前，他只擔任過一些有官無職的閑差事。五十歲時任知南康軍約兩年。五十二歲任提舉兩浙東路常平茶鹽約一年，因彈劾唐仲友與宰相王淮不和辭職。六十一歲知漳州，推行經界清丈田地，爲當地豪强所阻，任職一年多就卸任了。六十五歲知潭州，半年後被召至朝廷任煥章閣待制兼侍講，歷時僅四十天，因上疏告韓侂胄被免職還鄉。六十七歲又被胡紘、沈繼祖彈劾宣揚僞學而落職罷祠，因學術思想連掛名的官也丢了。七十一歲時在學禁的空氣壓力下去世。

朱熹一生實際從政的時間並不多，正如宋史朱熹傳所概括的：「熹登第五十年，仕於外者僅九考，立朝才四十日。」他的大半生都從事於學術研究和教育工作。他任同安縣主簿時就有青年跟隨學習，一直到五十歲以前，從學的弟子爲數不多。他五十歲任知南康軍，復建白鹿洞書院，經常與「諸生質疑問難，誨誘不倦」。五十四歲在福建崇安武夷山下建武夷精舍，「四方士友來者甚衆」。六十一歲知漳州，刊印四經四子書，經常到州學「訓誘諸生」。六十五歲知潭州，修復嶽麓書院，「治郡事甚勞，夜則與諸生講論，隨問而答，略無倦色」。後來回到建陽考亭，修建滄州精舍，「學者益衆」（以上引文見朱子年譜），最多曾達到數百人。這時他已安心在此講學終生，曾寫滄州歌一首抒懷，其中有句云：「春盡五湖烟浪，秋夜一天雲月，此外盡悠悠。永棄人間事，吾道付滄州。」（朱文公文集卷十水調歌頭）朱子語類中的問答語録，就是他一生從事教育所保存下來的師生問答的記録。

一

在中國哲學思想的發展中，朱熹首先是作爲宋、明客觀唯心主義理學集大成的人物著稱的。他的哲學思想，從宋代末一直到清代晚期爲止的七百年中，都佔有統治地位，成爲幾個封建王朝的官方哲學。朱子語類中相當多的卷數都是直接闡述他的哲學觀點的。

從世界觀説，他認爲宇宙的最高存在或本體就是太極，整個世界萬物都是太極産生的，所以説：「上天之載，無聲無臭，而實造化之樞紐，品彙之根柢也。」（太極圖説解）宇宙的本體就其具有無聲無臭之妙，不能爲感性認識所把握而言，叫做無極；就其能産生世界、作爲天地萬物的根源而言，叫做太極。太極是無限的、永恒的、絶對的，所以説：「太極只是箇一而無對者。」（語類卷一百）太極又是至善的，所以説：「太極祇是個極好至善的道理，是天地人物萬善至好的表德。」（語類卷九四）太極有動有静，「静即太極之體也，動即太極之用也」（同上），一動一静而兩儀分，一變一合而五行具，從而「人物生生，變化無窮矣」（太極圖説解）。

太極是絶對的本體，從而必然産生陰陽天地萬物，這是就宇宙的本源説的。若就具體事物的構成説，則太極與陰陽不可分，所以説：「自見在之事物而觀之，則陰陽函太極；推其本，則太極生陰陽。」（語類卷七五）具體事物生成時，太極與陰陽相結合而不可分，這也就是説，「天下未有無理之氣，亦未有無氣之理」（語類卷一）。朱熹認爲理與氣不可分，似乎是一種二元論，但他又説，在理氣的關係中，究竟是以理爲本：「有是理便有是氣，但理是本。」（同上）再則，照朱熹的看法，「理爲不生不滅」（語類卷一二六），而氣却是有生有滅，並不斷由理産生氣：「然氣之已散者，既化而無有矣，其根於理而日生者，則固浩然而無窮也。」（朱文公文集卷四五答廖子晦）至于理與事的關係，他更明確提出「未有這事，先有這理」（語類卷九五）。由此可見，朱熹的哲學體系爲客觀唯心主義的理一元論還是很清楚的。

朱熹的另一個重要觀點是理一分殊，他説：「只是此一箇理，萬物分之以爲體，萬物之中又各具一理。所謂『乾道變化，各正性命』，然總又只是一箇理。此理處處皆渾淪。」（語類卷九四）這也就是他所説的「物物有一太極，人人有一太極」（同上）。朱熹所謂理一的理與分殊的理之間的關係，既不是一般和特殊的關係，也不是全體和部分的關係，而是一種帶有神秘主義性質的類似大宇宙與小宇宙的關係。這種關係他無法運用邏輯分析加以説明，而只能借用月印萬川的比喻來描述。他説：「釋氏云：『一月普現一切水，一切水月一月攝。』這是那釋氏也窺得這些道理。」（語類卷十八）實際上，朱熹引用玄覺禪師的永嘉證道歌，並不僅僅是玄覺也窺得這些道理，而是他和程頤吸收了玄覺等的「一即一切，一切即一」的思想，作爲他的太極説的一個根本觀點。從朱熹主張理一分殊和理雖不生不滅而氣有生有滅的這些觀點看，過去有些學者將朱熹的理氣學説與亞里士多德所謂形式和質料作類比，並不完全恰當。

朱熹的世界觀的這些基本觀點，追溯源流，他的太極説來自周敦頤，他的理一元論來自二程，他又吸收了張載關於氣的某些觀點，並將氣表面上列在與理同等的地位。他編輯近思録與伊洛淵源録，將周、程、張、邵等並列，表明他繼承和綜合了他們的各種觀點，組成一個龐大的體系，因此，在語類中有不少卷數記載他與弟子們討論他們的著作和思想的語録，實際上也是對他自己的哲學觀點的闡述。

從認識論説，他繼承了程頤格物窮理的思想，認爲：「言欲致吾之知，在即物而窮其理也。」（補大學格物傳）他所謂的格物，就是指「或考之事爲之著，或察之念慮之微，或求之文字之中，或索之講論之際」（大學或問）。他所謂的窮理，就是「自其一物之中，莫不有以見其所當然而不容已，與其所以然而不可易者」（同上）。格物窮理的認識過程，又可以分爲兩個階段。第一階段是「今日格一物焉，明日又格一物焉」的漸進階段。在這個階段，既包括直接接觸事物的「格物」，「以事之詳略言，理會一件又一件」，從而獲得感性認識，又包括運用邏輯推理的「窮理」，「以理之深淺言，理會一重又一重」，「因其已知而及其所未知，因其所已達而及其所未達」，從而獲得理性認識。

第二階段是豁然貫通的頓悟階段：「至於用力之久，而一旦豁然貫通焉，則衆物之表裏精粗無不到，而吾心之全體大用無不明矣。」（補格物傳）到了這個階段，就格物説，則已格盡事物之理；不是只認識部分的理，而是認識理的全體。他説：「若是窮得三兩分，便未是格物。須是窮盡得到十分，方是格物。」（語類卷十五）就致知説，則已達到無所不知的知至。若只有部分的知、片面的知，都不是知至。他説：「若知一而不知二，知大而不知細，知高遠而不知幽深，皆非知之至也。要須四至八到，無所不知，乃謂至耳。」（同上）這就是格物與致知的統一、窮理與盡心的統一。

格物窮理，必須將漸進階段與頓悟階段結合起來，才能達到完整的認識。根據這個觀點，他批判當時兩派不同的思想。一派是以呂伯恭爲代表，只求博觀，實際上要求只通過漸進階段，窮盡天下的理；一派是以陸九淵爲代表，只務反求，實際上要求只通過頓悟階段，發明本心，這都是片面的。他說：「今人務博者却要盡窮天下之理，務約者又謂反身而誠，則天下之物無不在我者，皆不是。」（語類卷十八）他又批評説，「伯恭失之多」，因爲只務博求多就流於支離；「子静失之寡」，因爲只務約求寡就陷入空疏。只有他的格物窮理的學説，由博返約，才是全面的正確的認識途徑。語類中保存了從不同角度對這兩派思想方法的批評，有助於我們更細緻更深入地瞭解他的認識論的觀點。

朱熹的道德觀與他的認識論是密切相連的，操存涵養與進學窮理既有區別，又相互聯系。就二者的區別説，他很贊揚程頤的兩句話：「涵養須用敬，進學則在致知。」因此他提出：「操存涵養，則不可不緊；進學致知，則不可不寬。」（語類卷九）但他認爲二者又相互聯系，相互促進，所以説：「涵養中自有窮理工夫，窮其所養之理；窮理中自有涵養工夫，養其所窮之理。」（語類卷九）這種相互關係，也可以叫做「尊德性」與「道問學」的關係，在二者相互聯系相互促進的關係中，他早年着重將兩者並列，而晚年則感到過去對尊德性的重視不够，而肯定應該「以尊德性爲主」，所以説：「尊德性工夫甚簡約。且如伊川只説一箇『主一之謂敬，無適之謂一』。只是如此，别更無事。某向來自説得尊德性一邊輕了，今覺見未是。」（語類卷六四）

致知與涵養的關係也與知行關係密切相關。朱熹在知行關係中是明確主張知先於行、行重於知的。他説：「知、行常相須，如目無足不行，足無目不見。論先後，知爲先；論輕重，行爲重。」（語類卷九）在這裏，他也强調知行相互聯系，相互依賴，有如目與足的關係一樣，所以他也説：「徒明不行，則明無所用，空明而已；徒行不明，則行無所向，冥行而已。」（語類卷七三）

朱熹認爲，理表現在人身上就叫做性，他繼承程頤「性即理也」的基本思想，但他比程頤更明確地將性區分爲兩種：一即天地之性，係「專指理言」；一即氣質之性，係「以理與氣雜而言之」。天地之性爲天所命，所以又叫天命之性。天命之性與氣質之性不相分離，「才有天命，便有氣質」（語類卷四）。天命之性是善的，氣質之性則受氣所累而有不善。稟氣之清者爲聖爲賢，稟氣之濁者爲愚爲不肖。人的目的，從性方面説，就是要變化氣質，克服「氣質之性」帶來的不善因素，恢復天命之性的至善。從心方面來説，未發之前，是心的本體，也就是天命之性；已發之際，是心的作用，也就是情。所以説：「性者，心之理；情者，性之動；心者，性情之主。」（語類卷四）性是善的，情則有善有不善；流於不善，即受物欲的引誘與蒙蔽。本體的心，是天理的顯現，叫做道心；人心可善可不善，流於不善，即是人欲。人的目的，從心方面説，就是要使人心服從道心，存天理而滅人欲。

朱熹根據他的人性論的根本觀點，批評佛、老的學説。儒家以性爲實有，主張性即理也，而理爲不生不滅。道家之説是「半截有，半截無」，佛家之説「則是全無」。儒家以「氣聚則生，氣散則死，順之而已」（語類卷百二十六），而「老氏貪生，釋氏畏死」（同上）。儒家只是存天理，「更無分毫私見」，而「佛氏之失，出於自私之厭；老氏之失，出於自私之巧」（同上）。語類中記録許多這一類對佛、老的批評，比他文集中的理論分析更能擊中要害。

二

現在的朱子語類是南宋度宗咸淳六年（一二七〇年）黎靖德編輯出版的。當南宋理宗景定四年（一二六三年）時，黎靖德根據南宋寧宗嘉定八年（一二一五年）李道傳編輯的池州刊朱子語録、南宋理宗嘉熙二年（一二三八年）李性傳編輯的饒州刊朱子語續録、南宋理宗淳祐九年（一二四九年）蔡抗編輯的饒州刊朱子語後録三種按記録人編排爲不同卷次的語録和南宋寧宗嘉定十二年(一二一九年)黄士毅編輯的眉州刊朱子語類、南宋理宗淳祐十二年(一二五二年)王佖編輯的徽州刊朱子語續類兩種按主題類别編排爲不同卷次的語録,綜合起來,删除其文字和記録人完全重複的條目後,乃按黄士毅編輯的朱子語類所用的主題類别加以編排,出版了比較完整的景定本朱子語類。南宋度宗咸淳元年(一二六五年)吴堅編輯出版建州刊朱子語别録,黎靖德又將這本朱子語别録中的一些新條目編入景定本朱子語類中,於南宋度宗咸淳六年(一二七〇年)出版,這就是現在這本朱子語類的初版。

朱子語類編集了朱熹死後七十年間所保存的語録,在當時雖然是較完備的,但仍有一部分重要材料在這期間已經散失了。李性傳談到:「先生又有别録十卷,所譚者炎、興以來大事,爲其多省中語,未敢傳,而卯火亡之,今所存者幸亦一二焉。」(饒州刊朱子語續録後序)蔡抗也提到有一本朱熹親自删定他與蔡元定的論學記録翁季録,「久未得出,以流行於世」(饒州刊朱子語後録後序)。現存朱熹適孫朱鑑所輯集的朱文公易説和文公詩傳遺説中,有些條目也是這本語類所未列入的。從這些情況以及其他有關材料推測,魏了翁所説「則公之説,至是幾無復遺餘矣」(眉州刊朱子語類序),即使應用到黎靖德所編的這個本子,也是不完全切合實際的。

朱子語類綜合了九十七家所記載的朱熹語録，其中有無名氏四家。輔廣所録的一部分，曾經朱熹本人審閲（朱子語類後序），其他各家則未經朱熹過目。雖然如此，但這本語類將朱熹許多同一次談話因記録人不同而留下數條詳略不同的記録稿都保存下來，這樣編輯增加了這些條目的可靠性，有助於我們更好地瞭解朱熹的原意。黎靖德編輯這部書時，也將每個人記録的語録的年代都保存下來，自宋孝宗乾道六年（一一七〇年）開始到宋寧宗慶元五年（一一九九年）朱熹逝世前爲止，歷時共約三十年。在九十七家記録人之中，記録朱熹六十歲以後的語録多達六十四人，因而更詳盡地保存朱熹許多晚年定論，這是朱子語類的特點和具有更高參考價值的所在。

關於朱子語類在研究朱熹思想中的作用，當宋嘉定八年（一二一五年）第一部池州刊朱子語録出版時，就有不同的意見。黄榦爲該書作序時就曾提到：「記録之語，未必盡得師傳之本旨。」（池州刊朱子語録後序）事後他又寫信給該書的編輯者李道傳説：「不可以隨時應答之語易平生著作之書。」（饒州刊朱子語續録後序引）對語録的出版，殊不滿意。但李道傳的弟弟李性傳編輯饒州刊朱子語續録時，就引用朱熹本人對編輯程頤語録必要性的説明加以辯解：「伊川在，何必觀；伊川亡，則不可以不觀矣，蓋亦在乎學者審之而已。」（同上）此後各種朱熹語録陸續出版，終於引導黎靖德綜合起來出版這部比較完備的朱子語類。

清朝初年，在研究朱熹思想的過程中，關於語録的地位和作用問題又重新提了出來。康熙時，李光地等奉旨編纂的朱子全書採用語録甚多，但在凡例中仍説：「語類一篇，係門弟子記録，中間不無訛誤冗複，雜而未理。」對朱熹思想研究比較細緻並編寫朱子年譜的王懋竑也認爲，其中不可信的部分頗多。他説：「語類中楊方、包揚兩録，昔人已言其多可疑，而其他録訛誤亦多，即以同聞别出言之，大意略同而語全别，可知各記其意而多非朱子之本語矣。程子遺書，朱子已謂其傳誦道説，玉石不分，況朱子語類十倍於程子，後人但欲以增多爲美，而不復問其何人，安可盡信耶？」（王箴聽先考王公府君行狀引白田草堂存稿附録）李穆堂編輯朱子晚年全論時，也不採用語録，聲稱：「善學朱子者，毋惑於門人訛誤之詞，而細觀其晚年所著述，庶不爲世俗爛時文破講章所愚也。」（穆堂别稿古訓考）只有與王懋竑同時的朱止泉，崇奉朱熹思想，却極重視語録，認爲記載了朱熹晚年精要的見解，即使其中雜有不確之處，若善於分析運用，就是研究朱熹思想不可忽視的材料。他説：「語類一書，晚年精要語甚多，五十以前，門人未盛，録者僅三四家。自南康、浙東歸，來學者甚衆，誨諭極詳，凡文詞不能暢達者，講説之間，滔滔滚滚，盡言盡意。義理之精微，工力之曲折，無不暢明厥旨。誦讀之下，謦欬如生，一片肫懇精神洋溢紙上……是安可不細心審思而概以門人記録之不確而忽之耶?」(朱止泉文集答喬星渚)從總的方面來説,朱止泉這樣評價,並不過分。特别是語録中有些晚年的思想,糾正他早期著作中某些意見,更可看出語録的價值。何況語録中所涉及的許多問題,在他的文集中有叙述簡略甚至完全闕如的,語録的重要性就更明顯。具體説來,像李性傳所採取的態度還是比較穩妥的:「故愚謂語録與四書異者,當以書爲正,而論難往復,書所未及者,當爲助。與詩、易諸書異者,在成書之前,亦當以書爲正;而在成書之後者,當以語爲是。學者類而求之,斯得之矣。」(饒州刊朱子語續録後序)

三

朱子語類所談到的内容,全部一百四十卷中,四書佔五十一卷,五經佔二十九卷,哲學專題如理氣、知行等,專人如周、程、老、釋等,以及個人治學方法等,約佔四十卷,歷史、政治、文學等約佔二十卷。雖然李性傳所説「語録與四書異者,當以書爲正」,似乎語録對研究朱熹有關四書的見解只具有輔助的作用,但有些問題,只有通過語録才能獲得比較完整的認識。

首先,結合語録和文集,我們瞭解四書集注的成書過程,表明他的確曾用平生精力進行工作。第一步是收集關於四書的各種注解，特别是二程及其門徒的注解，反復選擇編成精義、要義或集義。然後從集義中選出他認爲正確的解釋加入集注，並在此基礎上發揮他的觀點。再作或問來闡述他所以如此注解的理由，解答别人可能提出的問題。對於四書所涉及的音讀訓詁、名物制度，仍多採用漢、魏人的注疏，正如他自己所評述的：「漢、魏諸儒，正音讀，通訓詁，考制度，辨名物，其功博矣。」（朱文公文集語孟集義序）他則着重推敲字句，發揮他的哲學觀點。李性傳稱贊他的四書集注：「覃思最久，訓釋最精，明道傳世，無復餘藴。」（饒州刊朱子語録後序）從成書的過程及朱熹的主觀要求來看，是反映了一些客觀事實的。

從論孟集注的成書看，朱熹三十四歲時編寫論語要義和論語訓蒙口義，四十三歲時編寫語孟精義，刊於建陽。四十七歲時，他與黄榦談到已編寫論語略解（語類卷十九）。在這些著作的基礎上，四十八歲時他完成論孟集注與論孟或問。這個初稿本未經他同意曾被刊行，這就是他在語録中所説爲「鄉人遂不告而刊」的初刊本（語類卷十九）。五十一歲時，他將論孟精義改寫成論孟要義，刊於南康，這本書後又改名論孟集義。在這個材料的基礎上，他修改論孟集注初稿，六十一歲時刊於臨漳四子書中。六十三歲時編成孟子要略。臨漳本論孟集注，經修改後約於紹熙四年他六十四歲前又在南康刊出，所以六十七歲時曾説：「南康語、孟，是後來所定本，然比讀之，尚有合改定處，未及下手。」（朱文公文集卷六十三答孫敬甫）看來，以後他仍在不斷修改，所以六十八歲時他對曾祖道説：「某所解語、孟和訓詁注在下面，要人精粗本末，字字爲咀嚼過。此書，某自三十歲便下工夫，到而今改猶未了，不是草草看者。」（語類卷一一六）

大學中庸章句的成書情況也相類似。朱熹三十八歲時已寫有大學解初稿，四十五歲時曾將大學中庸章句及大學或問稿寄呂祖謙。五十六歲時談到大學中庸章句修改甚多。五十七歲尚與邵浩談到中庸解尚不擬刊出：「某爲人遲鈍，旋見得旋改，一年之内，改了數遍不可知。」（語類卷六十二）又説：「大學、中庸屢改，終未能到無可改處。」（朱文公文集卷五十四答應仁仲）六十一歲時，他在漳州將大學中庸章句刊出於四子書中，又與陳淳談到大學解「據某而今自謂穩矣，只恐數年後又見不穩」（語類卷十四）。紹熙四年前，有人將他的四子書在南康刻出，所以他在給劉德脩的信中又説：「某所爲大學、論、孟説，近有爲刻本南康者，後頗復有所刊正。」（朱文公别集卷一）六十五歲後，他尚與王過説：「大學則一面看，一面疑，未有愜意，所以改削不已。」（語類卷十九）因而一直到慶元六年臨終前，仍在修改「誠意」章。

其次，由於他集中平生精力編寫四書集注，因此他教導學生時要求他們認真學習。

對於語孟集注，六十四歲時他説：「某語孟集注，添一字不得，減一字不得，公子細看。」（語類卷十九）對於中庸章句，六十五歲時他説：「中庸解，每番看過，不甚有疑。」（語類卷十九）對於大學章句，六十九歲時他説：「某於大學用工甚多。温公作通鑑，言：『臣平生精力，盡在此書。』某於大學亦然。」（語類卷十四）關於論孟或問，四十八歲他寫成後，一直未修改。六十六歲時，他對學生説，「論語或問不須看」，因爲寫得太「支離」（語類卷一〇五）。至於對大學或問，則極爲重視，六十歲後尚説：「看大學，且逐章理會。須先讀本文，念得，次將章句來解本文，又將或問來參章句。須逐一令記得，反覆尋究，待他浹洽。」（語類卷十四）六十二歲他更具體指出：「此一書之間，要緊祇在『格物』兩字，認得這裏看，則許多説自是閑了。初看須用這本子，認得要害處，本子自無可用。」（語類卷十四）在語類中，關於大學或問的語録就有兩卷。朱熹認爲，大學一書「要緊祇在『格物』兩字」，因而在大學或問中，系統列舉了格物的九條意義，分析程頤以外對格物的各種解釋和缺點的所在。在語類中又指出各種解釋的代表人物，進一步闡述了格物窮理的意義，使我們能結合當時具體歷史背景，全面地瞭解朱熹關於格物窮理的思想。

最後，通過語類，我們能更清楚地看到朱熹對四書的評價和在經學中的地位。對於四書本身的特點，五十九歲後他説：「中庸一書，枝枝相對，葉葉相當，不知怎生做得一箇文字整齊。」（語類卷六十二）六十八歲時他談到論語時又説：「聖人説話，磨稜合縫，盛水不漏。」（語類卷十九）四書與六經相比，他認爲前者的重要性遠在後者之上，他説：「語、孟工夫少，得效多；六經工夫多，得效少。」（語類卷十九）六十三歲後，有一次，他甚至將易經與詩經比做鷄肋，食之無味，棄之可惜：「易非學者之急務也。某平生也費了些精神理會易與詩，然其得力，則未若語、孟之多也。易與詩中所得，似鷄肋焉。」（語類一百四）

朱熹將四書的地位置於六經之上，除語類所記載的這些語録外，也從他所寫的書臨漳所刊四子後一文中得到證實：「河南程夫子之教人，必先使之用力乎大學、論語、中庸、孟子之言，然後及乎六經。蓋其難易、遠近、大小之序，固如此而不可亂也。」（朱文公文集卷八十二）根據這個標準，我們看語類中陳淳所記録的一條説：「近思録好看。四子，六經之階梯；近思録，四子之階梯。」（語類卷一百五）其中所説以四子爲六經的階梯，這與朱熹上述意見是一致的，但所説近思録爲四子的階梯，既不符合這裏所説難易、遠近之序的標準，也與他人記載的語録有相互矛盾處。例如葉賀孫所記載的朱熹六十二歲後的語録説：「或問近思録。曰：『且熟看大學了，即讀語、孟。近思録又難看。』」（語類卷一百五）與朱熹關係更爲密切並長期在朱熹身邊的黄榦曾説：「真文所刻近思、小學，皆已得之，後語亦得拜讀。先近思而後四子，卻不見朱先生有此語。陳安卿所謂『近思，四子之階梯』，亦不知何所據而云。」（勉齋集復李公晦書）從這些情況看，語類中有些記録材料因記録人的不同，的確間有相互矛盾之處，但這並没有嚴重減低語類的史料價值，反之，只要在運用時對語録進行全面比較分析，參考其他材料，仍舊可以瞭解朱熹本人的確切見解。

四

四書經朱熹的注解和提倡，在元、明、清時代成爲科舉考試的標準教科書，逐漸代替了過去考試經義時五經的地位。但朱熹也從事五經的整理研究，並取得了很大的成就。從元、明到清初，官方的五經注疏即以朱熹的指導思想爲主，正如清末皮錫瑞所説：「宋學至朱子而集大成，於是朱學行數百年。」（經學歷史頁二八一）他的某些見解，也對清代的考據具有啓發作用。朱子語類對於瞭解朱熹的經學思想，比對於四書來説，可能更爲重要。

對於易經，朱熹四十八歲時已編寫易本義，但晚年對易本義甚不滿意。在他六十九歲時，他的學生沈僩曾説他這時「不甚滿於易本義。蓋先生之意，只欲作卜筮用。而爲先儒説道理太多，終是翻這窠臼未盡，故不能不致遺恨云」（語類卷六十七）。七十歲時，他又與人談到易本義説：「某之謬説，本未成書，往時爲人竊去印賣，更加錯誤，殊不可讀。」（朱文公別集卷六答楊伯起）可見從指導思想説，他晚年已不同意他的易本義，甚至認爲這書「殊不可讀」。

對於易經卦爻辭的具體注釋，語類也記載許多晚年成熟的思想，與易本義有很大的不同。例如比象傳：「比，吉也。」易本義説：「此三字疑衍文。」語類則説：「也字羡，當云比吉。」（語類卷七十）又如大壯六五爻辭：「喪羊於易。」易本義的解釋是：「易，容易之易，言忽然不覺其亡也。」語類則説：「『喪羊於易』，不若『疆埸』之『易』。漢食貨志『疆埸』之『埸』正作『易』，蓋後面有『喪牛于易』，亦同此義。今本義所注，只是從前所説如此，只且仍舊耳。」（語類卷七十二）這些改變，都是很明顯的。又如賁六四爻辭：「賁如皤如，白馬翰如。」易本義説：「四與初相賁者，乃爲九三所隔而不得遂，故皤如。而其往求之心，如飛翰之疾也。」語類則説：「白馬翰如，言此爻無所賁飾，其馬亦白也。言無飾之象如此。」（語類卷七十一）這條解釋，易本義沿漢注疏及程傳的舊説，語類則已改變，將皤白解釋爲「無飾」，即崇素返質之義。其他如比九五、觀六三、噬嗑六二、頤六二、晉上九等卦的爻詞都是如此。由此可見，即就許多具體注釋而言，研究朱熹關於易經的思想，不參看語類，是可能得出許多錯誤結論的。

關於詩集傳，通過語類，我們知道這也是他多年研究工作的結果。他的艱苦的探索精神和謹嚴的治學方法，在這項工作中也具體表現出來。六十九歲時，他對學生沈僩説：「某舊時看詩，數十家之説一一都從頭記得，初間那裏敢便判斷那説是，那説不是。看熟久之，方見得這説似是，那説似不是。」（語類卷八十）同時我們知道，在這過程中，他對詩經的基本觀點不斷變化，他的書稿也幾經修改，開始時多沿襲舊説，最後終於産生獨立的新解。六十歲時，他説到這個過程：「某向作詩解，文字初用小序，至解不行處，亦曲爲之説，後來覺得不安。第二次解者，雖存小序，間爲辨破，然終是不見詩人本意，後來方知，只盡去小序，便自可通。於是盡滌舊説，詩意方活。」（語類卷八十）大約六十五歲時，他又談到詩集傳的不同版本：「詩傳兩本，煩爲以新本校舊本，其不同者依新本改正。」（朱文公續集卷八與葉彦忠書）他的詩集傳序是四十八歲時用小序解詩的序，朱熹適孫朱鑑在文公詩傳遺説的注解中也指出這一點。現存宋本中有不收這篇序文者，這正反映了詩集傳數經修改的情況。有些通行本將這篇序置於詩集傳之前，表明若忽視朱子語類，不瞭解朱熹關於詩説的變化發展情況，就可能造成這種錯誤。

朱熹擺脱小序的束縛後，發現國風中的鄭、衞之音不是政治諷喻詩，而是民間的戀歌，這是他對詩經最具有創造性的見解。當然，他仍舊是站在封建主義的立場這樣説的：「鄭、衛之樂，皆爲淫聲。……衛猶爲男悅女之辭，而鄭皆爲女惑男之語。」（詩集傳卷四）關於詩經，孔子也有評論，說：「詩三百，一言以蔽之，曰：思無邪。」（論語爲政）這樣的解釋，本來無法運用到鄭、衛的情詩。在論語集注中，他還從字面上解釋這一句話：「故夫子言詩三百篇，而惟此一言足以盡蓋其義，其示人之意亦深切矣。」但在語類中却又有一個巧妙的解釋說：「只是『思無邪』一句好，不是一部詩皆『思無邪』。」（語類卷八〇）這樣的解釋，可以説明一部詩經是包括許多不同的題材、表現各種不同的情感與意願的。

在五經中，易與詩是朱熹本人做了注解，對於研究朱熹的有關學説，語類都有像上面所説那樣顯著的幫助，至於書、禮、春秋等，朱熹本人並未編寫完整的注疏，語類的作用就更大了。對於書經，朱熹的弟子黄士毅、李相祖等曾記録編選他的書説，可惜現在已散失了。在傳世的蔡沈書傳中，引用朱熹的説法更多，但蔡沈説這書「凡引用師説，不復識别」（書經集傳序），這樣就更顯得語類對於研究朱熹本人關於書經學説的可貴。朱熹對書經的創見是懷疑書小序非孔子作，孔安國序與傳非孔安國作，特别是指出古文尚書平易，與今文尚書的艱澀相對，甚爲可疑，開清代古文尚書辨僞的先聲。這在語類中保存有他的具體説明：「伏生書多艱澀難曉，孔安國壁中書却平易易曉。或者謂伏生口授女子，故多錯誤，此不然。今古書傳中所引書語，已皆如此，不可曉。」（語類卷七八）他還認爲尚書本來就是一些斷簡殘篇的古代文件，不能解釋的字句甚多，不要對此附會穿鑿：「知尚書收拾於殘闕之餘，卻必要句句義理相通，必至穿鑿。不若且看他分明處，其他難曉者，姑闕之可也。」（語類卷七八）表現了他實事求是的治學態度。尚書經過清代許多學者的整理，古文尚書爲僞作已成定論，今文尚書也有一些可貴的成果，但也有新的穿鑿的注疏。專治古代史的權威學者王國維尚説：「詩、書爲人人誦習之書，然於六藝中最難讀。以弟之愚闇，於書所不能解者殆十之五；於詩，亦十之一二。此非獨弟所不能解也，漢、魏以來諸大師未嘗不强爲之説，然其説終不可通，以是知先儒亦不能解也。」（觀堂集林卷一與友人論詩書中成語書）朱熹的見解與王國維的見解是完全一致的。

對於禮經，他説明儀禮與禮記的關係：「儀禮，禮之根本，而禮記乃其枝葉。禮記乃秦、漢上下諸儒解釋儀禮之書。」（語類卷八四）他這樣以儀禮爲經，禮記爲傳，還是切合歷史上實際情況的。至於重修禮制，他也主張因時制宜：「禮，時爲大。有聖人者作，必將因今之禮而裁酌其中，取其簡易易曉而可行。」（語類卷八四）關於禮經的這些見解，朱熹的語類也比他的文集有更具體的發揮。

至於春秋，他反對今文學家以一字定褒貶的説法：「春秋只是直載當時之事，要見當時治亂興衰，非是於一字上定褒貶。」（語類卷八三）他也反對古文學家凡例變例的説法：

「春秋傳例多不可信，聖人記事，安有許多義例。」（同上）對於左傳與公羊的優缺點，他也有折衷的見解：「左氏傳是箇博記人做，只是以世俗見識斷當它事，皆功利之説。公、穀雖陋，亦有是處，但皆得於傳聞，多訛謬。」（語類卷八三）因此，他感到春秋經文太略，諸説太煩，矛盾太多，「以故未嘗敢輒措一詞於其間」。但他領導編寫的資治通鑑綱目，凡例由其手定，却自附於春秋筆法，充分表現他作爲道學家的迂腐之處，與他上述學術上比較實事求是的見解成爲顯明的對照。這種情況並非完全不可理解，實際上，朱熹的整個思想都存在這個矛盾。當他以道學家自命，宣傳聖賢的道統，死守經典的教條，積極爲封建專制服務時，有時顯得迂腐甚至殘酷；當他從事教育和學術研究時，又必須服從於客觀實際，採取實事求是的態度，提出不少精到的見解，取得許多有價值的成果。語類產生於師生相互研究學問之時，氣氛比較自由，態度比較真切，因而常常更能發出一些燦爛的火花。

朱熹對於文學和史學的貢獻，在語類中也有所保存。語類有關這方面問題的談話雖然很散漫，但却極廣泛。其中片言隻語，可能是他多年研究的結論，往往擊中要害，發人深思。現在祇舉兩個例子。一個例子是關於文學的。他評論陶淵明的詩，説「淵明詩平淡出於自然。後人學他平淡，便相去遠矣」（語類卷一四〇）。他又説：「陶淵明詩，人皆説是平淡，據某看，他自豪放，但豪放得來不覺耳。其露出本相者，是詠荆軻一篇。平淡的人，如何説得這樣言語出來！」（同上）這樣的結論，不是深入研究陶詩的人是不可能達到的。魯迅也論到陶淵明詩：「被論客贊賞着『採菊東籬下，悠然見南山』的陶潛先生，在後人的心目中，實在飄逸得太久了」，「就是詩，除論客所佩服的『悠然見南山』之外，也還有『精衞銜微木，將以填滄海。刑天舞干戚，猛志固常在』之類的『金剛怒目式』，在證明着他並非整天整夜的飄飄然」（魯迅全集卷六題未定草六）。朱熹的觀點與魯迅的這個結論完全相同，甚至還同樣欣賞陶淵明的詠荆軻。由此可見，朱熹雖不是以文學家出名，但對於文學家陶淵明的瞭解，與作爲革命文學家的魯迅達到了同樣的高度，而爲一般的文人所不及。

另一個例子是關於史學的。他有幾句評論唐史的話：「唐源流出於夷狄，故閨門失禮之事，不以爲異。」（語類卷百三十六）陳寅恪曾評論這條語録説：「朱子之語，頗爲簡要，其意未能詳知。然即此簡略之語句亦含有種族及文化二問題。而此二問題實李唐一代史事關鍵之所在，治唐史者不可忽視者也。」（唐代政治史述論稿第一頁）陳寅恪的唐代政治史述論稿一書，即以朱熹這條語録作爲指導思想進行具體的論述。由此可見，朱熹也不是以史學家最爲人稱道，但對於唐史的論斷，也與專治唐史的史學家達到同樣的深度。從這兩個例證，就可以説明朱子語類在研究中國的文學和史學方面，也保存有許多尚待深入挖掘的精美的礦石。

鄧艾民

一九八一年六月

重刻朱子語類序

子朱子平生所著述，如小學、近思録、四書章句集注、詩、易傳義諸書，固已昭垂前世，如日月經天，江河行地矣。文集、語類卷帙浩繁，見者往往生畏，不能卒業。顧文集猶或寓目，且尚有傳布，至語録，當時三録二類，搜刻非一。厥後一百四十卷始編定於黎氏。而元明以來，重刻者絶少。無論購求匪易，世士率未之覩，或并不知有此書。幸而有意於學，亦多以門人記録不能無失而置之。薛文清，深得朱子之學者也，乃謂讀朱子語録，斷不若讀其手筆之書。而陳剩夫亦云語類皆門人退録，豈盡得朱子之心？是皆以語類尚有差謬，恐學者不知抉擇，亦可謂慮之深矣！

是意也，原序多詳言之。然以此而謂語類遂不可讀，則大不然！朱子當日不刻程子遺書乎？不更刻外書乎？夫朱子之學，固以程子爲宗。然竊意其得力所自，亦未必不在於遺書、外書。如此，又何疑於語類？但朱子所謂主敬立本、窮理致知者，讀程書之法，即讀語類之法，是在學者立志何如耳。果於朱學深嗜而篤好之，既以小學、近思録、章句集注、傳義諸書熟讀精思而體之於身，亦斷未有不求語類者。遍參互證，益見發揮，久之亦將默契乎精微嚴密之旨，而明辨乎深淺疑信之間，其於朱子之心，亦庶乎有以得之。蓋語類既無所不有，又多門人晚年所聞，或經朱子親手删定，其言義理工夫，尤爲透切明暢，意味無窮，較之文集間有少壯之作者尚不同。陸清獻所謂「傳注損益之妙，往往見於文集、語類，手筆之書有得語類而益明者」，豈不信然乎哉！熊愚齋直詆爲「駁雜汗漶之書」，則有激之論，亦見其或未嘗潛心遜志於斯也！

是書國朝惟吕氏有刊本，然好者既少，故書肆罕見。近友朋間知好之矣，仍難其得，且不可以不廣傳也，乃屬門下劉昇之東初并文集刻於吾邑，而是書先成。其間譌字已改，與疑字而不敢遽改者，别爲正譌、記疑兩卷，附刻於後，以俟後之君子。所改顯誤，更不記。

司校諸子：朝邑楊鳳詔信甫、閿鄉韓止敬惺臣、華陰王守恭遜卿、李蔚坤匪莪、大荔扈森仲榮、興平馬鑒原養之、澄城連春魁梅軒、三原靳浩子直、曹如壎子伯。監刻：張怡繩宜堂、王守模小泉、劉懷璽爾玉、宜堂子濬、汝、深，皆三原人。例得並書。

光緒庚辰十二月既望，清麓賀瑞麟謹序。

朱子語類大全

語録

池州所刊語録四十三卷
續增張洽録一卷
饒州所刊語續録四十六卷
饒州所刊語後録二十六卷
建甯新刊別録二十卷新附入

語類

蜀中所刊語類一百四十卷
徽州所刊語續類四十卷

池州刊朱子語録後序

晦菴朱先生所與門人問答，門人退而私竊記之。先生没，其書始出。記録之語，未必盡得師傳之本旨，而更相傳寫，又多失其本真；甚或輒自删改，雜亂訛舛，幾不可讀。李君道傳貫之自蜀來仕於朝，博求先生之遺書；與之游者亦樂爲之搜訪，多得記録者之初本。其後出守儀真，持庾節於池陽，又與潘時舉、葉賀孫諸嘗從游於先生之門者互相讐校，重複者削之，訛謬者正之，有别録者，有不必録者，隨其所得爲卷帙次第，凡三十有三家。繼此有得者，又將以附於後，特以備散失，廣其傳耳。

先生之著書多矣，教人求道入德之方備矣。師生函丈間，往復詰難，其辨愈詳，其義愈精，讀之竦然，如侍燕間，承謦欬也！歷千載而如會一堂，合衆聞而悉歸一己，是書之傳，豈小補哉！貫之既以鋟諸木，以榦與聞次輯而俾述其意云。

嘉定乙亥十月朔旦，門人黄榦謹書。

饒州刊朱子語續録後序

嘉定乙亥歲，仲兄文惠公持節江左，取所傳朱文公先生語録鋟木池陽，凡三十有三家。其書盛行。性傳被命造朝，益加搜訪，由丙戌至今，得四十有一家，率多初本。去其重複，正其訛舛，第其歲月，刻之鄱陽學宫。復考池録所餘，多可傳者，因取以附其末。合池録與今録，凡先生平生所與學者談經論事之語，十得其九；嗣有所得，尚續刊之。

池録之行也，文肅黄公直卿既爲之序，其後書與伯兄，乃殊不滿意，且謂不可以隨時應答之語易平生著述之書。性傳謂記者易差，自昔而然。河南遺書以李端伯師説爲首，蓋端伯所記，伊川先生嘗稱其最得明道先生之旨故也。至論浩氣一條，所謂「以直養而無害」云者，伊川乃深不謂然。端伯猶爾，況於其他，直卿之云真是也。然嘗聞和靖先生稱伊川之語曰：「某在，何必觀此書？」而文公先生之言則曰：「伊川在，何必觀？伊川亡，則不可以不觀矣。」蓋亦在乎學者審之而已。

先生家禮成於乾道庚寅，通鑑綱目、西銘解義成於壬辰，太極通書義成於癸巳，論孟注問、詩集傳成於淳熙丁酉，易本義、啓蒙成於乙巳、丙午之間，大學中庸章句、或問成書雖久，至己酉乃始序而傳之，楚辭集注、韓文考異成於慶元乙卯，禮書雖有綱目，脱藁者僅二十有三篇，其著書歲月次第可考也。家禮編成而逸，既殁而其書出，與晚歲之説不合，先生蓋未嘗爲學者道也。語、孟、中庸、大學四書，後多更定。今大學「誠意」章，蓋未易簀前一夕所改也。是四書者，覃思最久，訓釋最精，明道傳世，無復遺藴。至其他書，蓋未及有所筆削，獨見於疑難答問之際，多所異同，而易書爲甚。旻淵所録一編，與本義異者十之三四，大率多合先君文昭本傳之説。文昭謂乾坤之用，主於誠敬；坎離之用，主於誠明。世未有通其義者，而先生獨稱之，其不執一説，惟是之從如此。故愚謂語録與四書異者，當以書爲正，而論難往復，書所未及者，當爲助；與詩、易諸書異者，在成書之前亦當以書爲正，而在成書之後者，當以語爲是。學者類而求之，斯得之矣。不特此也，先生平日論事甚衆，規恢其一也。至其暮年，乃謂言規恢於紹興之間者爲正，言規恢於乾道以後者爲邪。非語録所載，後人安得而知之！是編也，真不爲無益，而學者不可以不之讀也。先生又有别録十卷，所譚者炎興以來大事。爲其多省中語，未敢傳，而卯火亡之。今所存者，幸亦一二焉。

嘉熙戊戌月正元日，後學三嵎李性傳書。

饒州刊朱子語後録後序

鄱陽所刊先師文公朱先生語録，固欲續池録所未備。然先師之言滿天下，二録所收，亦豈能遽盡哉？

淳祐戊申，杭將詣江東，鄱陽洪叔魯芹以其外大父吏部楊公方手所録寒泉語見示，既又於安仁湯叔遜次得其家藏包公揚所録。二公在師門爲前輩，所録尚未編入，則所遺者亦多矣。既而東陽王元敬佖亦以所集刊本見寄，又得里中朋友所傳一二家，乃悉以次編入，爲二十六卷。先師之緒言，雖未敢謂無復遺逸，然所會粹益富矣。

獨念先師又有親自删定與先大父西山講論之語及性與天道之妙，名曰翁季録者，久未得出以流行於世。豈斯文之顯晦固自有時乎！竊尤有感於此，故輒併識其拳拳之意云。

淳祐己酉中秋日，門人建安蔡杭書。

建安刊朱子語别録後序

子朱子語録行於世，尚矣。池録三十有三家；鄱本續録四十有二家，其三十四家，池本所未有也，再見者兩家，録餘凡六家。又後録二十三家，其二十家亦池本所未有也，再見者三家。合三録爲八十七家。及門之士，固有如謝先生在程門無録者。其有録可傳者既如此矣。

堅末學生晚，嘉定癸未、甲申間，侍先君子官長沙，（師）〔帥〕〔一〕西山真先生、倅宏齋李先生，常進之函丈。又侍長沙舒先生，列岳麓諸生。果齋李先生過潭，又獲侍講席焉。果齋，先君子畏友也，嘗介以登朱子之門。堅由是多見未行語録，手抄盈篋，凡六十五家，今四十年矣。晚得池鄱本參考，刊者固已多。然黄士毅所録，朱子親筆所改定者，已見於輔廣録中，其所自録及師言，則亦三録所未有。若李壯祖、張洽、郭逍遥所録，亦未有也。竭來閩中，重加會粹，以三録所餘者二十九家及增入未刊者四家自爲别集，以附續録後集之

〔一〕據明成化九年陳煒刻本改。以下簡稱陳本。

末。泰華高矣，滄海深矣，非有待增益也。獨念早所聞於父師者，罔敢失墜。今幸是録所已行者如此，則其尚有所遺者，敢(附)〔付〕〔一〕之一筆删去哉！亦並行之可也。

抑堅聞之，大易居行，先以學聚問辯；中庸篤行，先以學問思辯；程子以講明道義、論古今人物爲格物致知之首，則學非問辯不明，審矣。朱子教人既有成書，又不能忘言者，爲答問發也。天地之所以高厚，一物之所以然，其在成書引而不發者，語録所不可無也。凡讀先生成書者，兼考乎語録可也。若但涉獵乎語録，而不玩味於成書，幾何而不爲入耳出口之資！爲己之學，蓋不然也。書於篇端，以諗同志，抑以自警焉！

咸淳初元嘉平之月，後學天台吴堅敬識。

〔一〕據陳本改。

朱子語類後序

黄士毅

右語類總成七十家，除李侯貫之已刊外，增多三十八家。或病諸家所記互有重複，乃類分而考之。蓋有一時之所同聞，退各抄録，見有等差，則領其意者斯有詳略。或能盡得於言，而首尾該貫；或不能盡得於言，而語脈間斷；或就其中粗得一二言而止。今惟存一家之最詳者，而它皆附於下。至於一條之内無一字之不同者，必抄録之際，嘗相參校，不則非其聞而得於傳録，則亦惟存一家，而注與某人同爾。

既以類分，遂可繕寫，而略爲義例，以爲後先之次第。有太極然後有天地，有天地然後有人物，有人物然後有性命之名，而仁義禮智之理則人物所以爲性命者也。所謂學者，求得夫此理而已。故以太極天地爲始，乃及於人物性命之原，與夫古學之定序。次之以羣經，所以明此理者也。次之以孔、孟、周、程、朱子，所以傳此理者也。乃繼之以斥異端，異端所以蔽此理，而斥之者，任道統之責也。然後自我朝及歷代君臣、法度、人物、議論，亦略具焉。此即理之行於天地設位之後，而著於治亂興衰者也。凡不可以類分者，則雜次之，而以作文終焉。蓋文以載道，理明意達，則辭自成文。後世理學不明，第以文辭爲學，固有竭終身之力，精思巧製，以務名家者。然其學既非，其理不明，則其文雖工，其意多悖，故特次之於後，深明夫文爲末而理爲本也。

然始焉妄易分類之意，惟欲考其重複。及今而觀之，則夫理一而名殊、問同而答異者，淺深詳略，一目在前，互相發明，思已過半。至於羣經，則又足以起或問之所未及，校本義之所未定，補書説之所未成，而大學章句所謂高入虚空、卑流功利者，皆灼然知其所指而不爲近似所陷溺矣，誠非小補者。故嘗謂孔孟之道至周程而復明，至朱子而大明。自今以後，雖斯道未能盛行於世，而誦遺書、私淑艾者必不乏人，不至於千五百年之久絶而不續。反復斯編，抑自信云。

又

語類成編，積百四十卷。同志艱於傳録，而眉山史廉叔願鋟於木。士毅之類次，雖犯不韙，而不復固辭者，庶幾無傳録之艱也。

獨池本陳埴一家，惟論仁一條，按遺文，乃答埴書，不當取爲類，故今不載。又輔廣所録，以先生改本校之，則去其所改而反存其所勾者，合三十餘條，今亦惟據改本。自首連數至

「君子所貴乎道者三」而注云：「自此以前，皆先生親改。」亦傳聞之誤。當時雜改定者八十餘條耳。或有一條析爲三四條，如竇從周録所見先生語之類，今則復其舊。或士毅所傳本多於刊本，如黄義剛者，悉類入而不去。文異者，則姑注一二條云：「一本作某字。」以上皆與池本異者。蓋池本雖黄侯直卿之所次輯，然李侯貫之惟據所傳以授直卿，而直卿亦據所授以加讎校，且有增改於已讎校之後者不與焉。故近聞之直卿，欲求元本刊改，而未能也。至於或出於追述，故〔一〕得於傳聞，則文辭之間，不無差誤。凡此之類，讀者詳考四書及他記録，而折衷其所疑可也。惟學類七卷，雖出於臆見，而實本先生教人之方，後學於此三復而得夫入道之門，則能總會是編，而體之於身矣。

己卯九月望日，門人莆田黄士毅謹識。

〔一〕「故」，各本同，似當作「或」。

眉州刊朱子語類序

開禧中，予始識輔漢卿於都城。漢卿從朱文公最久，盡得公平生語言文字，每過予，相與熟(是)〔復〕〔一〕誦味，輒移晷弗去。予既補外，漢卿悉舉以相畀。嘉定元年，予留成都，度周卿請刻本以幸後學。予曰：「予非敢靳也，所爲弗敢傳者，恐以誤後學耳。」周卿艴然曰：「奚至是！」予曰：「子知今之學者之病乎？凡千數百年不得其傳者，今諸儒先之講析既精，後學之粹類亦廣，而閩、浙、庸、蜀之鋟刻者已徧於天下。若稍損貲用，則立可以充厨牣。凡苟有小惠纖能，涉其大指，則亦能以綴説緝文，或以語諸人，則亦若稍嘗從事焉者，奚必誦先聖書而後爲學乎？亦取諸此而足矣。且張宣公以程子之意類聚孔孟言仁，而文公猶恐長學者欲速好徑之心，滋入耳出口之弊。脱是書之行，其無乃非公所云云者乎？吾甚懼焉！」周卿由是姑徐之。後數年，竟從予乞本刊諸青衣，彼不過予所藏十之二三耳。然予且謂周卿曰：「子其以此意著於篇端，俾學者毋襲是弊也。」其後李

〔一〕據陳本改。

貫之刊於江東，則已十之六七。今史廉叔所得黄子洪類本，則公之説至是幾無復遺餘矣。廉叔將板行，以予有志於斯也，屬敘所以作。予爲言嘗以告周卿者。廉叔曰：「然則已諸？」曰：「已之無傷。雖然，安於小成，甘於自棄者，氣質之偏，而無以矯之也。而秉彝好德之心誰獨無之！予前所憂，蓋爲世之專事乎耳目口筆，苟以譁衆取寵而無志乎遠且大者也。儻不忍自薄其身，則無寧深體熟玩，以爲求端用力之模凖者乎！今未可槩以是爲疑而闕其傳。盍遂以此冠篇而併刻之，將聽學者之自擇焉。」

子洪名士毅，姑蘇人，嘗類文公集百五十卷，今藏之策府；又類注儀禮，未成書云。

嘉定十三年九月丁亥朔，臨邛魏了翁序。

徽州刊朱子語類後序

蔡　杭

論語一書，乃聖門高第〔一〕所集，以記夫子之嘉言善行，垂訓後世。朱子語類之編，其亦倣是意而爲之者也。或曰：「語必以類相從，豈論語意歟？」曰：「學而一篇所記多務本之意，里仁七章所記皆爲仁之方；若八佾之論禮樂，鄉黨之記言行，公冶長辨人物之賢否，微子載聖賢之出處，亦何嘗不以類哉！天下之理，『同歸而殊塗，一致而百慮』，非有以會而通之，則祇見其異耳。大傳曰：『觸類而長之，天下之能事畢矣。』而伊川之誨學者亦必曰：『將聖賢言仁處類聚觀之。』然則語類之集，其有功於學者多矣！」

新安舊有紫陽書堂，而紫陽之書未備也。通守洪君勳、教授張君文虎相與謀以蜀本語類刊之，越二歲而書成。郡侯謝工部坐〔二〕屬余爲跋其梗概，予不得辭也。因僭爲之説曰，理有可以類通，而非可以類止；是其然，必有所以然。學者因其類以究極朱子之全

〔一〕「第」，各本同，似當作「弟」。

〔二〕「坐」，吕氏天蓋樓本、應元書院本同（以下簡稱吕本、院本）。陳本作「垐」。

書，使此理融會通貫，不梏於一事一物而止，則無愧於吾夫子觸類而長之訓也。若夫憚煩勞，安簡佚，以爲取足於此，則朱子固嘗以是爲學者病矣，烏乎可！抑二君推廣私淑之意，亦賢矣哉！

淳祐壬子六月望日。

徽州刊朱子語續類後序

王佖

文公朱先生語類一百三十八卷，壺山黄子洪取門人所録語以類相從也。先是，池本、饒本，人各爲録，間見錯出，讀者病焉。子洪既以類流傳，便於玩索，而微言精語，猶有所遺。佖每加訪求，得所未見。自是朋友知舊知其有心於纂輯，亦頗互出所有以見示，凡三十有餘家。既裒以爲婺録，而繼之者尚未艾也。佖幽居無事，蓋嘗潛心而觀之，審訂其複重，參繹其端緒，用子洪已定門目，粹爲續類，凡四十卷。或謂前類不爲少矣，又以續類附益之，不已多乎？竊謂學固戒於徒博，然亦不可以不博而徑約也。又況文公先生之道，高明廣大，致極無遺，學者正當盡博約之方，而後精微中庸之趣始可漸而求。佖每觀諸家所録，以其問有淺深，故於教告亦有不同，其視文公先生之精藴，不能得其全者尚多有之。必也篤信好學，反復尋繹，能知所盡心焉，雖以前續之繁，固將無所厭斁。不然，則雖先生平日已著爲定論之書，尚有所憚而不肯觀，而況於此乎哉！然則先生片言半語，苟有所傳，固不容有所忽而不究其所歸也。

新安魏史君〔一〕，蓋鶴山先生之嗣也，近以紫陽所刊語類爲寄，因以續類爲請，而慨然欲併刊之，以全書院之傳布，其樂於闡明文公先生之遺訓蓋如此。遂舉以屬之，且竊識於後，庶幾乎與願學之士從事於詳説反約之功云爾。淳祐壬子上冬。

〔一〕「史」，呂本、院本同，陳本作「吏」。

朱子語録姓氏

廖德明字子晦，南劒人。　癸巳以後所聞。　池録一。
饒録四十六。

輔廣字漢卿，慶源人，居嘉興。　甲寅以後所聞。　池録二。

余大雅字正叔，上饒人。　戊戌以後所聞。　池録三。

陳文蔚字才卿，上饒人。　戊申以後所聞。　池録四。

李閎祖字守約，邵武人。　戊申以後所聞。　池録五。

李方子字公晦，邵武人。　戊申以後所聞。　池録六。

葉賀孫字味道，括蒼人，居永嘉。　辛亥以後所聞。　池録七、八、九、十、十一。

潘時舉字子善，天台人。　癸丑以後所聞。　池録十二。
饒録四十六。

董銖字叔重，鄱陽人。　丙辰以後所聞。　池録十三。
饒録四十六。

竇從周字文卿，丹陽人。　丙午以後所聞。　池録十四。
金去僞字敬直，樂平人。　乙未所聞。　池録十五。
李季札字季子，婺源人。　丙申、乙卯所聞。　池録十六。
萬人傑字正淳，興國人。　庚子以後所聞。　池録十七。
饒録四十六。
楊道夫字仲愚，建甯人。　己酉以後所聞。　池録十八、十九。
徐寓字居父，永嘉人。　庚戌以後所聞。　池録二十、廿一。
饒録四十六。
林恪字叔恭，天台人。　癸丑所聞。　池録廿二。
饒録四十六。
石洪慶字子餘，臨漳人。　癸丑所聞。　池録廿三。
徐容字仁父，永嘉人。　辛亥所聞。　池録廿四。
甘節字吉父，臨川人。　癸丑以後所聞。　池録廿五。
黄義剛字毅然，臨川人。　癸丑以後所聞。　池録廿六、廿七。
饒録三十八。

晏淵字亞夫，涪陵人。　癸丑所聞。　池録廿八。

龔蓋卿字夢錫，常寧人。　甲寅所聞。　池録廿九。

廖謙字益仲，衡陽人。　甲寅所聞。　池録三十。

孫自修字敬父，宣城人。　甲寅所聞。　池録三一。

潘履孫字坦翁，婺源人，居紹興。　甲寅所聞。　池録三二。

湯泳字叔永，丹陽人。　乙卯所聞。　池録三三。

林夔孫字子武，三山人。　丁巳以後所聞。　池録三四。三五陳埴録已削。

錢木之字子山，晉陵人，寓永嘉。　丁巳所聞。　池録三六。

曾祖道字擇之，寧都人。　丁巳所聞。　池録三七。

沈僩字杜仲，永嘉人。　戊午以後所聞。　池録三八、三九、四十、四一。

郭友仁字德元，山陽人，寓臨安。　戊午所聞。　池録四二。

李儒用字仲秉，岳陽人。　己未所聞。　池録四三。

饒録三十。

黄榦字直卿，三山人。　饒録一。

饒後録二一。

何鎬字叔京，邵武人。　乙未以前所聞。　饒録二。
程端蒙字正思，鄱陽人。　己亥以後所聞。　饒録三。
周謨字舜弼，南康人。　己亥以後所聞。　饒録四、五。
潘柄字謙之，三山人。　癸卯以後所聞。　饒録六。
魏椿字元壽，建陽人。　戊申五夫所聞。　饒録七。
饒後録二十四。
吴必大字伯豐，興國人。　戊申、己酉所聞。　饒録八。
黄𠷎字子耕，豫章人。　戊申所聞。　饒録九、十。
楊若海字□□，道夫之子。　饒録十一。
楊驤字子昂，道夫族兄。　己酉、甲寅所聞。　饒録十二。
陳淳字安卿，臨漳人。　庚戌、己未所聞。　饒録十三、十四。
童伯羽字蜚卿，甌甯人。　庚戌所聞。　饒録十五。
鄭可學字子上，莆田人。　辛亥所聞。　饒録十六。
滕璘字德粹，新安人。　辛亥所聞。　饒録十七。
王力行字近思，同安人。　辛亥所聞。　饒録十八。

游敬仲字連叔，南劍人。辛亥所聞。饒録十九。

不知何氏 辛亥同舍共聞。饒録二十。

黄升卿 辛亥所聞。饒録廿一。

周明作字元興，建陽人。壬子以後所聞。饒録廿二。

蔡懇録字行夫，平陽人。壬子所録。饒録廿三。

楊與立字子權，浦城人，道夫從兄。壬子同劉、□、龔、栗、譚見。饒録廿四。

鄭南升字文相，潮州人。癸丑所聞。饒録廿五。

歐陽謙之字晞遜。癸丑所聞。饒録廿六。

游倪字和之，建甯人。癸丑所聞。饒録廿七。

楊至字至之，泉州人。癸丑、甲寅所聞。饒録廿八。

饒後録二十五。

潘植字立之。癸丑所聞。饒録廿九。

王過字幼觀，鄱陽人。甲寅以後所聞。饒録三十。

董拱壽字仁叔，鄱陽人。甲寅所聞。饒録三一。

林學蒙字正卿，三山人。甲寅以後所聞。饒録三二。

林賜字聞一。　乙卯以後所聞。　饒録三三。

胡泳字伯量，南康人。　戊午所聞。　饒録三四。

呂燾字德昭。弟焕，字德遠，南康人。　己未所聞。　饒録三六、三七。

不知何氏　己未同舍共録。　饒録三九。

不知何氏　饒録四十、四一、四二。

吴壽昌字大年，邵武人。　丙午同子浩録。　饒録四三。

楊長孺字伯子，廬陵人。　甲寅記見。　饒録四四。

吴琮字仲方，臨川人。　甲寅記見。　饒録四五。已上三家，非柢本，覽者詳之。

楊方字子直，汀州人。　庚寅所聞。　饒後録一。間有可疑。

包揚字顯道，建昌人。　癸卯、甲辰、乙巳所聞。　饒後録三、四、五、六。間有疑誤。

劉炎字潛夫，邵武人。　己酉、甲寅以後所聞。　饒後録七。

劉子寰字所父，建陽人。　己未所聞。　饒後録八。

邵浩字〔叔義〕〔一〕，金華人。　丙午所聞。　饒後録九。

〔一〕據坡門酬唱集補。

劉砥字履之，三山人。　庚戌所聞。　饒後録十。
劉礪字用之，三山人。　己未所聞。　饒後録十一。
李煇字晦父。　饒後録十二。
陳芝字庭秀。　壬子所聞。　饒後録十三。
黄灝字商伯，都昌人。　饒後録十四。
黄卓字先之。　饒後録十五。
汪德輔字長孺，鄱陽人。　壬子所聞。　饒後録十六。
吴振字伯起，□□□。　饒後録十七。
吴雉字和中，建陽人。　饒後録十八。
鍾震字春伯，潭州人。　甲寅所聞。　饒後録十九。
林子蒙□□□，□□□。　饒後録二十。
林學履字安卿，永福人。　己未所録。　饒後録廿一。
蕭佐字定夫，湘鄉人〔一〕。　甲寅所聞。　饒後録廿二。

〔一〕據宋元學案（以下簡稱學案）補。

舒高□□□，□□□。	甲寅所聞。	饒後録廿〔二〕〔三〕〔一〕。
李杞字良仲，平江人。	甲寅所聞。	饒後録廿六。
張洽字元德，清江人。	丁未、癸丑所聞。	附池録後
黄士毅字子洪，莆田人。		蜀類
徽續類		
李壯祖字處謙，邵武人。		蜀類
李公謹名文子，字公謹，邵武人〔二〕。		蜀類
一之		蜀類
枅		徽續類
郭逍遥		建別録十八。
不知何氏		建別録十九、二十。

〔一〕據陳本改。
〔二〕據學案補。

朱子語類卷目

第一册

第二册

第三册

第四册

第五册

卷第七十二

易八……三〇五

卷第七十三

易九……三四三

卷第七十九

第六册

卷第八十

卷第八十一

第七册

第八册

朱子遺語之行於世也，盛矣！蓋本其舊者有三，而從以類者二，靖德嘗受讀而病其難也。昔朱子嘗次程子之書矣，著記録者主名，而稍第其所聞歲月，且以「精擇審取」戒後之學者。李公道傳之刊池録也，蓋用此法。黄公榦既序之矣，後乃不滿意，蓋亦懼夫讀者之不得其方也。二公之心，其亦韓子所謂「堯舜之利民也大，而禹之慮民也深」者乎！是以黄公不自出其所録。其後李公性傳刊續録於饒，以備池録之所未〔一〕，蔡公杭刊後録，又益富矣。然饒録最後三家，李公嘗附致其疑，而其四十二卷元題「文説」者，以靖德考之，疑包公揚所録。蓋公之子尚書恢，嘗刻公所輯文説一編，視此卷雖略，而饒後録所刊包公録中，往往有此卷中語，是知此爲公所録亡疑。獨所載胡子知言一章，謂書爲溺心志之大穽者，最爲疑忌後學，使不知者謂爲先生語，是當削去亡疑，而李公不能察也。語録之難讀如此，黄公之慮豈爲過哉？

語之從類，黄子洪士毅始爲之，史廉叔公説刻之蜀，近歲徽州又刻之；王公佖爲續類，徽州又刻之。昔張宣公類洙泗言仁，祖程子意也，而朱子以滋學者入耳出口之弊疑之。魏公了翁援是爲學者慮，當矣。蔡公乃曰，論語諸篇，記亦以類，則議者亦莫能破也。然三録、二類，凡五書者，並行而錯出，不相統壹。蓋蜀類增多池録三十餘家，饒録增多蜀類八九家，而蜀類續類又有池饒三録所無者。王公謂蜀類作於池饒各爲録之後者，蓋失之。而今池録中語尚多蜀類所未收，則不可曉已。豈池録嘗再增定邪？抑子洪猶有遺邪？子洪所定門目頗精詳，爲力厪矣。廉叔刻之，不復讐校，故文字甚差脱，或至不可讀。

〔一〕賀疑脱字。

徽本附以饒録續類，又增前類所未入，亦爲有功。惜其雜亂重複，讀者尤以爲病。而饒後録新增數家，王公或未之見，未及收也。靖德忘其晚陋，輒合五書而參校之，因子洪門目以續類附焉，饒後録入焉，遺者收之，誤者正之，考其同異，而削其複者一千一百五十餘條，越數歲編成，可繕寫。顧文字浩博，猶不敢謂亡舛誤，覽者幸哀其劬而正之！其或一二字可疑，則元録之訛，無別本可訂定，固不得輒改也。諸公序語，列之篇端，合而考之。黄公謂「歷千載而如會一堂，合衆聞而悉歸一己」，所以志學者之幸。李公謂語録與諸書異者，當以歲月先後求之，亦確論也。獨論記者易差，而謂李端伯猶爾，則不然。蓋以「至大至剛以直」爲句者，乃伊川之説，端伯不誤也。讀書之難，豈獨語録！朱子嘗言論語後十篇不及前，「六言六蔽」不似聖人法語，是孔門所記猶可疑也，而況後之書乎！讀者誠能服膺乎「精擇審取」之訓，以爲讀語類之法，而又以「滋入耳出口之弊」云者爲讀語類之戒，則庶乎可與共學矣！

景定癸亥秋八月戊申朔，後學導江黎靖德書。

李公性傳叙饒録，謂先生有別録，多談炎興大事，未敢傳而亡於火，猶幸存一二。頃嘗問諸其家，則所云存者亦不存矣，甚可惜也！因讀蔡公所刻包公録已四卷，其一卷既與元題「文説」者相出入，而他三卷所言，大抵多炎興間事，疑即李公昔藏而今亡者。但略無互見於諸家之所録，則與其子樞密所跋文説謂「公所録多且詳，與世所傳大概無異，故藏而不出」云者不相似。樞密又謂公所録已亡於建安之火，不復存，而湯氏乃有藏本，是皆不能使人亡疑焉者。

靖德來盱江，樞密甫下世，恨不及質之也！近歲吳公堅在建安，又刊別録二册，蓋收池饒三録所遺，而亦多已見他録者，併參校而附益之，粗爲定編。靖德適行郡事，因輒刻之郡齋，與學者共之。

咸淳庚午正月辛亥，靖德再書。

考訂

池饒三録最號精善，然猶不免誤字。其可知者已輒改，未詳則姑仍之，覽者擇焉可也。

黄子洪云，池本陳埴録乃答埴書，不當取爲録。今觀廖德明録中猶有答符舜功書一條，饒本周謨録有答謨書數條。又，程端蒙録論「知言養氣」處，全寫或問二段；徽續類載吕燾録孟子三條，乃全寫集注。今皆削。

諸家所記，重複者既以類聚，乃易見。蓋池録、饒録有自複出者，饒録有已見池録者，饒後録有饒録已見者，如揚録與不知何氏録重複者甚多。蜀類自有複見者，徽續類尤多前類所已見者，又自有複出者，建別録又多諸書所已見者，删去之餘，十存二三耳。

蜀類與池饒録文異者，從其文義之長。

蜀類條目精詳，然猶有誤入類者，徽續類之誤尤多，今悉刊正。

徽類雖翻蜀本，已增入饒録九家，然亦有差誤，今刊正。

徽類續類會粹當無遺矣，然池録中猶有十餘條未入，饒録中遺者尤多，今增入。

諸録中語有可疑者，輒削之。

建別録第十九卷不知何氏録中有「師邦」字，乃趙恭父也。二十卷中有「礪曰」字，乃劉用之也。此二卷，或二人所録。

朱子語類門目

黄　氏

理氣

太極陰陽，凡形於法象者二卷。

鬼神

其别有三：在天之鬼神，陰陽造化是也；在人之鬼神，人死爲鬼是也；祭祀之鬼神，神示、祖考是也。三者雖異，其所以爲鬼神者則同。知其異，又知其同，斯可以語鬼神之道矣，故合爲一卷。

性理

「論性不論氣不備」，故先總論人物之性而繼以氣稟之性爲一卷。古人之學必先明夫名義，故爲學也易，而求之不差。後世名義不明，故爲學也難，蓋有終身昧焉而不察者，又安能反而體之於身哉！故以性情心意等之命名者爲一卷，仁義禮智等之命名者爲一卷。共三卷。

學

先之以小學爲一卷。總論爲學之方爲一卷。次論知行爲一卷。次專論讀書之法爲二卷，乃致知之一端也。次則及夫持守爲一卷。又次則終以行事爲一卷。共七卷。朱子教人之序如此，因敢次第之，即大學致知而後誠意、正心、修身，誠意、正心、修身而後齊家、治國、平天下之道也。從上聖賢相承定法，不容變易。如近世之逞虛言而不實踐，乃學者之罪，正原於知之未致，非教之失也。苟或懲此别立一法，後致知而先行事，則其始雖若有近效，而其終之弊必至廢書而流於異端。不然，所見不充，規模狹隘，不過於循默自守而已，所謂經綸大經則無矣，非理學之功用也。

大學五卷

論語三十二卷

孟子十一卷

中庸三卷

易

易類悉本卦爻次第。上、下繫，説、序、雜卦，亦本古注分章。今從本義。惟綱領三卷，則略爲義例。氣數雖並行，然有氣而後有數，故先陰陽，而數始次之。物受形於氣數，故圖書次之。易本圖書而畫，故伏羲六十四卦次之。而原易之作，則本教天下之占，故卜筮次之。而所以教天下之占者，則假奇偶之體以象吉凶，故象次之。此伏羲之易，朱子所謂本義也，此則爲二卷。易始無辭，更文王、周公、孔子而辭始備，故三聖易次之。越千有餘年，至程子而始演易之理，邵子而始明易之數，又至朱子而始推易之占，故繼以三子之易。然後總論夫讀易之方，與夫卦爻等義可以類推而通者，而復終之以人事，以明易爲人事用也。凡後世之言易者，其得失略次於後，使學者有考焉，此則爲一卷。上經四卷，下經二卷，上、下繫三卷，説、序、雜卦一卷。

書二卷

詩二卷

孝經一卷

春秋一卷

禮八卷

樂一卷

孔孟周程張邵朱子

自孔子及顏、曾弟子，至孟子，繼以周、程、張子，用附爲一卷。周、程，所以上繼孔、孟也。然後分周子之書爲一卷，程子之書爲三卷。凡繫入近思者，皆依卷次第，別爲二卷。其非入近思者，以類而從，別爲一卷，文集附焉。張子之書爲二卷，亦別入近思者。邵子之書爲一卷。程子門人爲一卷。楊氏、尹氏門人爲一卷。羅氏、胡氏門人爲一卷。朱子自論學工夫爲一卷，論注書爲一卷，已上諸經存者不入。外任一卷，内任一卷，論治道一卷，論取士一卷，論兵刑一卷，論民財一卷，論官一卷，訓門人九卷。

呂伯恭一卷

陳葉一卷

陸氏一卷

老氏一卷

釋氏一卷

本朝七卷

歷代三卷

戰國漢唐諸子一卷

雜類一卷

作文二卷

朱子語類卷第一

理氣上

太極天地上

問：「太極不是未有天地之先有箇渾成之物，是天地萬物之理總名否？」曰：「太極只是天地萬物之理。在天地言，則天地中有太極；在萬物言，則萬物中各有太極。未有天地之先，畢竟是先有此理。動而生陽，亦只是理；靜而生陰，亦只是理。」問：「太極解何以先動而後靜，先用而後體，先感而後寂？」曰：「在陰陽言，則用在陽而體在陰，然動靜無端，陰陽無始，不可分先後。今只就起處言之，畢竟動前又是靜，用前又是體，感前又是寂，陽前又是陰，而寂前又是感，靜前又是動，將何者爲先後？不可只道今日動便爲始，而昨日靜更不說也。如鼻息，言呼吸則辭順，不可道吸呼。畢竟呼前又是吸，吸前又是呼。」淳。

問：「昨謂未有天地之先，畢竟是先有理，如何？」曰：「未有天地之先，畢竟也只是理。有此理，便有此天地；若無此理，便亦無天地，無人無物，都無該載了！有理，便有氣流行，發育萬物。」曰：「發育是理發育之否？」曰：「有此理，便有此氣流行發育。理無形體。」曰：「所謂體者，是强名否？」曰：「是。」曰：「理無極，氣有極否？」曰：「論其極，將那處做極？」淳。

若無太極，便不翻了天地！方子。

太極只是一箇「理」字。人傑。

有是理後生是氣，自「一陰一陽之謂道」推來。此性自有仁義。德明。

天下未有無理之氣，亦未有無氣之理。氣以成形，而理亦賦焉。銖。

先有箇天理了，却有氣。氣積爲質，而性具焉。敬仲。

問理與氣。曰：「伊川説得好，曰：『理一分殊。』合天地萬物而言，只是一箇理；及在人，則又各自有一箇理。」夔孫。

問理與氣。曰：「有是理便有是氣，但理是本，而今且從理上説氣。如云：『太極動而生陽，動極而静，静而生陰。』不成動已前便無静。程子曰：『動静無端。』蓋此亦是且自那動處説起。若論着動以前又有静，静以前又有動，如云：『一陰一陽之謂道，繼之者善也。』這『繼』字便是動之端。若只一開一闔而無繼，便是闔殺了。」又問：「繼是動静之間否？」曰：「是静之終，動之始也。且如四時，到得冬月，萬物都歸窠了；若不生，來年便都息了。蓋是貞復生元，無窮如此。」又問：「元亨利貞是備箇動静陰陽之理，而易只是乾有之？」曰：「若論文王易，本是作『大亨利貞』，只作兩字説。孔子見這四字好，便挑開説了。所以某嘗説易難看，便是如此。伏羲自是伏羲易，文王自是文王易，孔子因文王底説，又却出入乎其間也。」又問：「有是理而後有是氣。未有人時，此理何在？」曰：「也只在這裏。如一海水，或取得一杓，或取得一擔，或取得一椀，都是這海水。但是他爲主，我爲客；他較長久，我得之不久耳。」夔孫。義剛録同。

問：「先有理，抑先有氣？」曰：「理未嘗離乎氣。然理形而上者，氣形而下者。自形而上下言，豈無先後！理無形，氣便粗，有渣滓。」淳。

或問：「必有是理，然後有是氣，如何？」曰：「此本無先後之可言。然必欲推其所從來，則須説先有是理。然理又非别爲一物，即存乎是氣之中；無是氣，則是理亦無掛搭處。氣則爲金木水火，理則爲仁義禮智。」人傑。

或問理在先，氣在後。曰：「理與氣本無先後之可言，但推上去時，却如理在先、氣在後相似。」又問：「理在氣中發見處如何？」曰：「如陰陽五行錯綜不失條緒，便是理。若氣不結聚時，理亦無所附著。故康節云：『性者，道之形體；心者，性之郛郭；身者，心之區宇；物者，身之舟車。』」問道之體用。曰：「假如耳便是體，聽便是用；目是體，見是用。」祖道。

或問先有理後有氣之説。曰：「不消如此説。而今知得他合下是先有理，後有氣邪？後有理，先有氣邪？皆不可得而推究。然以意度之，則疑此氣是依傍這理行。及此氣之聚，則理亦在焉。蓋氣則能凝結造作，理却無情意，無計度，無造作。只此氣凝聚處，理便在其中。且如天地間人物草木禽獸，其生也，莫不有種，定不會無種子白地生出一箇物事，這箇都是氣。若理，則只是箇净潔空闊底世界，無形迹，他却不會造作；氣則能醞釀凝聚生物也。但有此氣，則理便在其中。」僩。

問：「有是理便有是氣，似不可分先後？」曰：「要之，也先有理。只不可説是今日有是理，明日却有是氣，也須有先後。且如萬一山河大地都陷了，畢竟理却只在這裏。」胡泳。

徐問：「天地未判時，下面許多都已有否？」曰：「只是都有此理，天地生物千萬年，古今只不離許多物。」淳。天地。

問：「天地之心亦靈否？還只是漠然無爲？」曰：「天地之心不可道是不靈，但不如人恁地思慮。伊川曰：『天地無心而成化，聖人有心而無爲。』」淳。

問：「天地之心，天地之理。理是道理，心是主宰底意否？」曰：「心固是主宰底意，然所謂主宰者，即是理也，不是心外别有箇理，理外别有箇心。」又問：「此『心』字與『帝』字相似否？」曰：「『人』字似『天』字，『心』字似『帝』字。」夔孫。義剛同。

道夫言：「向者先生教思量天地有心無心。近思之，竊謂天地無心，仁便是天地之心。若使其有心，必有思慮，有營爲。天地曷嘗有思慮來！然其所以『四時行，百物生』者，蓋以其合當如此便如此，不待思維，此所以爲天地之道。」曰：「如此，則易所謂『復其見天地之心』，『正大而天地之情可見』，又如何？如公所説，祇説得他無心處爾。若果無心，則須牛生出馬，桃樹上發李花，他又却自定。程子曰：『以主宰謂之帝，以性情謂之乾。』他這名義自定，心便是他箇主宰處，所以謂天地以生物爲心。中間欽夫以爲某不合如此説。某謂天地别無勾當，只是以生物爲心。一元之氣，運轉流通，略無停間，只是生出許多萬物而已。」問：「程子謂：『天地無心而成化，聖人有心而無爲。』」曰：「這是説天地無心處。且如『四時行，百物生』，天地何所容心？至於聖人，則順理而已，復何爲哉！所以明道云：『天地之常，以其心普萬物而無心；聖人之常，以其情順萬事而無情。』説得最好。」問：「『普萬物』，莫是以心周徧而無私否？」曰：「天地以此心普及萬物，人得之遂爲人之心，物得之遂爲物之心，草木禽獸接着遂爲草木禽獸之心，只是一箇天地之心爾。今須要知得他有心處，又要見得他無心處，只恁定説不得。」道夫。

萬物生長，是天地無心時；枯槁欲生，是天地有心時。方。

問：「『上帝降衷于民。』『天將降大任於人。』『天祐民，作之君。』『天生物，因其才而篤。』『作善，降百祥；作不善，降百殃。』『天將降非常之禍於此世，必預出非常之人以擬之。』凡此等類，是蒼蒼在上者真有主宰如是邪？抑天無心，只是推原其理如此？」曰：「此三段只一意。這箇也只是理如此。氣運從來一盛了又一衰，一衰了又一盛，只管恁地循環去，無有衰而不盛者。所以降非常之禍於世，定是生出非常之人。邵堯夫經世吟云：『羲軒堯舜，湯武桓文，皇王帝霸，父子君臣。四者之道，理限于秦，降及兩漢，又歷三分。東西俶擾，南北紛紜，五胡、十姓，天紀幾棼。非唐不濟，非宋不存，千世萬世，中原有人！』蓋一治必又一亂，一亂必又一治。夷狄只是夷狄，須是還他中原。」淳。

帝是理爲主。淳。

蒼蒼之謂天。運轉周流不已，便是那箇。而今説天有箇人在那裏批判罪惡，固不可；説道全無主之者，又不可。這裏要人見得。僩。又僩問經傳中「天」字。曰：「要人自看得分曉，也有説蒼蒼者，也有説主宰者，也有單訓理時。」

天地初間只是陰陽之氣。這一箇氣運行，磨來磨去，磨得急了，便拶許多渣滓；裏面無處出，便結成箇地在中央。氣之清者便爲天，爲日月，爲星辰，只在外，常周環運轉。地便只在中央不動，不是在下。淳。

清剛者爲天，重濁者爲地。道夫。

天運不息，晝夜輾轉，故地搉在中間。使天有一息之停，則地須陷下。惟天運轉之急，故凝結得許多渣滓在中間。地者，氣之渣滓也，所以道「輕清者爲天，重濁者爲地」。道夫。

天以氣而依地之形，地以形而附天之氣。天包乎地，地特天中之一物爾。天以氣而運乎外，故地搉在中間，隤然不動。使天之運有一息停，則地須陷下。道夫。

天包乎地，天之氣又行乎地之中，故橫渠云：「地對天不過。」振。

地却是有空闕處。天却四方上下都周匝無空闕，逼塞滿皆是天。地之四向底下却靠着那天。天包地，其氣無不通。恁地看來，渾只是天了。氣却從地中迸出，又見地廣處。淵。

季通云：「地上便是天。」端蒙。

天只是一箇大底物，須是大著心腸看他，始得。以天運言之，一日固是轉一匝；然又有大轉底時候，不可如此偏滯求也。僩。

天明，則日月不明。天無明。夜半黑淬淬地，天之正色。僩。

山河大地初生時，須尚軟在。氣質。方子。

「天地始初混沌未分時，想只有水火二者。水之滓脚便成地。今登高而望，羣山皆爲波浪之狀，便是水泛如此。只不知因甚麽時凝了。初間極軟，後來方凝得硬。」問：「想得如潮水湧起沙相似？」曰：「然。水之極濁便成地，火之極清便成風霆雷電日星之屬。」僩。

西北地至高。地之高處，又不在天之中。義剛。

唐太宗用兵至極北處，夜亦不曾太暗，少頃即天明。謂在地尖處，去天地上下不相遠，掩日光不甚得。揚。

地有絶處。唐太宗收至骨利幹，置堅昆都督府。其地夜易曉，夜亦不甚暗，蓋當地絶處，日影所射也。其人髮皆赤。揚。

通鑑説，有人適外國，夜熟一羊脾而天明。此是地之角尖處。日入地下，而此處無所遮蔽，故常光明；及從東出而爲曉，其所經遮蔽處亦不多耳。義剛。

問：「康節論六合之外，恐無外否？」曰：「理無内外，六合之形須有内外。日從東畔升，西畔沉，明日又從東畔升。這上面許多，下面亦許多，豈不是六合之内！曆家算氣，只算得到日月星辰運行處，上去更算不得。安得是無内外！」淳。

問：「自開闢以來，至今未萬年，不知已前如何？」曰：「已前亦須如此一番明白來。」又問：「天地會壞否？」曰：「不會壞。只是相將人無道極了，便一齊打合，混沌一番，人物都盡，又重新起。」問：「生第一箇人時如何？」曰：「以氣化。二五之精合而成形，釋家謂之化生。如今物之化生甚多，如虱然。」揚。

「天地不怨」，謂肅殺之類。振。

可幾問：「大鈞播物，還是一去便休，也還有去而復來之理？」曰：「一去便休耳，豈有散而復聚之氣！」道夫。氣。

造化之運如磨，上面常轉而不止。萬物之生，似磨中撒出，有粗有細，自是不齊。又曰：「天地之形，如人以兩盌相合，貯水於內。以手常常掉開，則水在內不出；稍住手，則水漏矣。」過。

問氣之伸屈。曰：「譬如將水放鍋裹煮，水既乾，那泉水依前又來，不到得將已乾之水去做它。」夔孫。

人呼氣時，腹却脹；吸氣時，腹却厭。論來，呼而腹厭，吸而腹脹，乃是。今若此者，蓋呼氣時，此一口氣雖出，第二口氣復生，故其腹脹；及吸氣時，其所生之氣又從裹趕出，故其腹却厭。大凡人生至死，其氣只管出，出盡便死。如吸氣時，非是吸外氣而入，只是住得一霎時，第二口氣又出，若無得出時便死。老子曰：「天地之間，其猶橐籥乎，動而不屈，虛而愈出。」橐籥只是今之鞴扇耳。廣。

數只是算氣之節候。大率只是一箇氣。陰陽播而爲五行，五行中各有陰陽。甲乙木，丙丁火；春屬木，夏屬火。年月日時無有非五行之氣，甲乙丙丁又屬陰屬陽，只是二五之氣。人之生，適遇其氣，有得清者，有得濁者，貴賤壽夭皆然，故有參錯不齊如此。聖賢在上，則其氣中和；不然，則其氣偏行。故有得其氣清，聰明而無福祿者；亦有得其氣濁，有福祿而無知者，皆其氣數使然。堯、舜、禹、皋、文、武、周、召得其正，孔、孟、夷、齊得其偏者也。至如極亂之後，五代之時，又却生許多聖賢，如祖宗諸臣者，是極而復者也。揚錄云：「碩果不食之理。」如大睡一覺，及醒時却有精神。揚錄此下云：「今却詭詐玩弄，未有醒時。非積亂之甚五六十年，即定氣息未蘇了，是大可憂也！」

天地統是一箇大陰陽。一年又有一年之陰陽，一月又有一月之陰陽，一日一時皆然。端蒙。陰陽五行。

陰陽五行之理，須常常看得在目前，則自然牢固矣。人傑。

陰陽是氣，五行是質。有這質，所以做得物事出來。五行雖是質，他又有五行之氣做這物事，方得。然却是陰陽二氣截做這五箇，不是陰陽外別有五行。如十干甲乙，甲便是陽，乙便是陰。高。淵同。

問：「前日先生荅書云：『陰陽五行之爲性，各是一氣所稟，而性則一也。』兩『性』字同否？」曰：「一般。」又曰：「同者理也，不同者氣也。」又曰：「他所以道『五行之生各一其性』。」節復問：「這箇莫是木自是木，火自是火，而其理則一？」先生應而曰：「且如這箇光，也有在硯蓋上底，也有在墨上底，其光則一也。」節。

五行相爲陰陽，又各自爲陰陽。端蒙。

氣之精英者爲神。金木水火土非神，所以爲金木水火土者是神。在人則爲理，所以爲仁義禮智信者是也。植。

金木水火土雖曰「五行各一其性」，然一物又各具五行之理，不可不知。康節却細推出來。僩。

天一自是生水，地二自是生火。生水只是合下便具得濕底意思。木便是生得一箇軟底，金便是生出得一箇硬底。五行之説，正蒙中説得好。又曰：「木者，土之精華也。」又記曰：「水火不出於土，正蒙一段説得最好，不胡亂下一字。」節。

問：「黄寺丞云：『金木水火體質屬土。』」曰：「正蒙有一説好，只説金與木之體質屬土，水與火却不屬土。」問：「火附木而生，莫亦屬土否？」曰：「火自是箇虛空中物事。」

問：「只温熱一作「煖」。之氣便是火否？」曰：「然。」胡泳。僩同。

水火清，金木濁，土又濁。可學。

論陰陽五行，曰：「康節説得法密，横渠説得理透。邵伯温載伊川言曰：『向惟見周茂叔語及此，然不及先生之有條理也。』欽夫以爲伊川未必有此語，蓋伯温妄載。某則以爲此語恐誠有之。」方子。

土無定位，故今曆家以四季之月十八日爲土，分得七十二日。若説播五行於四時，以十干推之，亦得七十二日。方子。高同。

問：「四時取火，何爲季夏又取一番？」曰：「土旺於未，故再取之。土寄旺四季，每季皆十八日，四箇十八日，計七十二日。其他四行分四時，亦各得七十二日。五箇七十二日，共湊成三百六十日也。」僩。

問：「古者取火，四時不同。不知所取之木既别，則火亦異否？」曰：「是如此。」胡泳。

火中有黑，陽中陰也；水外黑洞洞地，而中却明者，陰中之陽也。故水謂之陽，火謂之陰，亦得。伯羽。

陰以陽爲質，陽以陰爲質。水内明而外暗，火内暗而外明。横渠曰「陰陽之精，互藏其宅」，正此意也。坎、離。道夫。

清明内影，濁明外影；清明金水，濁明火日。僩。

天有春夏秋冬，地有金木水火，人有仁義禮智，皆以四者相爲用也。季札。

春爲感，夏爲應；秋爲感，冬爲應。若統論，春夏爲感，秋冬爲應；明歲春夏又爲感。可學。四時。

問學者云：「古人排十二時是如何？」諸生思未得。先生云：「『志』是從『之』從『心』，乃是心之所之。古『時』字從『之』從『日』，亦是日之所至。蓋日至於午，則謂之午時；至未，則謂之未時。十二時皆如此推。古者訓『日』字，實也；『月』字，缺也。月則有缺時，日常實，是如此。如天行亦有差，月星行又遲，趕它不上。惟日，鐵定如此。」又云：「看北斗，可以見天之行。」夔孫。

朱子語類卷第二

理氣下

天地下

天文有半邊在上面，須有半邊在下面。僩。

如何見得天有三百六十度？甚麽人去量來？只是天行得過處爲度。天之過處，便是日之退處。日月會爲辰。節。

有一常見不隱者爲天之蓋，有一常隱不見者爲天之底。節。

叔器問：「天有幾道？」曰：「據曆家説有五道。而今且將黄赤道説，赤道正在天之中，如合子縫模様，黄道是在那赤道之間。」義剛。

問同度同道。曰：「天有黄道，有赤道。天正如一圓匣相似，赤道是那匣子相合縫處，在天之中。黄道一半在赤道之内，一半在赤道之外，東西兩處與赤道相交。度，却是將天横分爲許多度數。會時是日月在那黄道赤道十字路頭相交處厮撞着。望時是月與日正相向。如一箇在子，一箇在午，皆同一度。謂如月在畢十一度，日亦在畢十一度。雖同此一度，却南北相向。日所以蝕於朔者，月常在下，日常在上，既是相會，被月在下面遮了日，故日蝕。望時月蝕，固是陰敢與陽敵，然曆家又謂之暗虚。蓋火日外影，其中實暗，到望時恰當着其中暗處，故月蝕。」僩。

問：「周天之度，是自然之數？是强分？」曰：「天左旋，一晝一夜行一周，而又過了一度。以其行過處，一日作一度，三百六十五度四分度之一，方是一周。只將南北表看：今日恁時看，時有甚星在表邊；明日恁時看，這星又差遠，或别是一星了。」胡泳。

天一日周地一遭，更過一度。日即至其所，趕不上一度。月不及十三度。天一日過一度，至三百六十五度四分度之一，則及日矣，與日一般，是爲一朞。揚。

天行至健，一日一夜一周，天必差過一度。日一日一夜一周恰好，月却不及十三度有奇。只是天行極速，日稍遲一度，月必遲十三度有奇耳。因舉陳元滂云：「只似在圓地上走，一人過急一步，一人差不及一步，又一人甚緩，差數步也。」天行只管差過，故曆法亦只管差。堯時昏旦星中於午，月令差於未，漢晉以來又差，今比堯時似差及四分之一。古時冬至日在牽牛，今却在斗。德明。

天最健，一日一周而過一度。日之健次於天，一日恰好行三百六十五度四分度之一，但比天爲退一度。月比日大故緩，比天爲退十三度有奇。但曆家只算所退之度，却云日行一度，月行十三度有奇。此乃截法，故有日月五星右行之説，其實非右行也。横渠曰：「天左旋，處其中者順之，少遲則反右矣。」此説最好。書疏「璣衡」，禮疏「星回於天」，漢志天體，沈括渾儀議，皆可參考。閎祖。

問：「天道左旋，自東而西，日月右行，則如何？」曰：「横渠説日月皆是左旋，説得好。蓋天行甚健，一日一夜周三百六十五度四分度之一，又進過一度。日行速，健次於天，一日一夜周三百六十五度四分度之一，正恰好。比天進一度，則日爲退一度。二日天進二度，則日爲退二度。積至三百六十五日四分日之一，則天所進過之度，又恰周得本數；而日所退之度，亦恰退盡本數，遂與天會而成一年。月行遲，一日一夜三百六十五度四分度之一行不盡，比天爲退了十三度有奇。進數爲順天而左，退數爲逆天而右。曆家以進數難算，只以退數算之，故謂之右行，且曰：『日行遲，月行速。』然則日行却得其正，故揚子太玄首便説日云云。向來久不曉此，因讀月令『日窮於次』疏中有天行過一度之説，推之乃知其然。又如書『齊七政』疏中二三百字，説得天之大體亦好。後漢曆志亦説得好。」義剛録云：「前漢曆志説道理處少，不及東漢志較詳。」淳問：「月令疏『地冬上騰，夏下降』，是否？」曰：

「未便理會到此。且看大綱識得後，此處用度算方知。」淳。義剛同。

天左旋，日月亦左旋。但天行過一度，日只在此，當卯而卯，當午而午。某看得如此，後來得禮記說，暗與之合。泳。

天道與日月五星皆是左旋。天道日一周天而常過一度。日亦日一周天，起度端，終度端，故比天道常不及一度。月行不及十三度四分度之一。今人却云月行速，日行遲，此錯說也。但曆家以右旋爲說，取其易見日月之度耳。至。

問天道左旋，日月星辰右轉。曰：「自疏家有此說，人皆守定。某看天上日月星不曾右轉，只是隨天轉。天行健，這箇物事極是轉得速。且如今日日與月星都在這度上，明日旋一轉，天却過了一度；日遲些，便欠了一度；月又遲些，又欠了十三度。如歲星須一轉爭了三十度。要看曆數子細，只是『璇璣玉衡』疏載王蕃渾天說一段極精密，可檢看，便是說一箇現成天地了。月常光，但初二三日照只照得那一邊，過幾日漸漸移得正，到十五日，月與日正相望。到得月中天時節，日光在地下，迸從四邊出，與月相照，地在中間，自遮不過。今月中有影，云是莎羅樹，乃是地形，未可知。」賀孫。

義剛言：「伯靖以爲天是一日一周，日則不及一度，非天過一度也。」曰：「此說不是。若以爲天是一日一周，則四時中星如何解不同？更是如此，則日日一般，却如何紀歲？

把甚麼時節做定限？若以爲天不過而日不及一度，則趲來趲去，將次午時便打三更矣！」因取禮記月令疏指其中説早晚不同，及更行一度兩處，曰：「此説得甚分明。其他曆書都不如此説。蓋非不曉，但是説滑了口後，信口説，習而不察，更不去子細檢點。而今若就天裏看時，只是行得三百六十五度四分度之一。若把天外來説，則是一日過了一度。季通常有言：『論日月，則在天裏；論天，則在太虛空裏。若去太虛空裏觀那天，自是日月衮得不在舊時處了。』」先生至此，以手畫輪子，曰：「謂如今日在這一處，明日自是又衮動着些子，又不在舊時處了。」又曰：「天無體，只二十八宿便是天體。日月皆從角起，天亦從角起。日則一日運一周，依舊只到那角上；天則一周了，又過角些子。日日累上去，則一年便與日會。」次日，仲默附至天説曰：「天體至圓，周圍三百六十五度四分度之一，繞地左旋，常一日一周而過一度。日麗天而少遲，故日行一日，亦繞地一周，而在天爲不及一度。積三百六十五日九百四十分日之二百三十五而與天會，是一歲日行之數也。月麗天而尤遲，一日常不及天十三度十九分度之七。積二十九日九百四十分日之四百九十九而與日會。十二會，得全日三百四十八，餘分之積，又五千九百八十八。如日法，九百四十而一，得六，不盡三百四十八。通計得日三百五十四，九百四十分日之三百四十八，是一歲月行之數也。歲有十二月，月有三十日。三百六十日者，一歲之常數也。故日與天會，而多五日九百四十分日之二百三十五者，爲氣盈。月與日會，而少五日九百四十分日之五百九十二者，爲朔虚。合氣盈朔虚而閏生焉。故一歲閏率，則十日九百四十分日之八百二十七；三歲一閏，則三十二日九百四十分日之六百單一；五歲再閏，則五十四日九百四十分日之三百七十五。十有九歲七閏，則氣朔分齊，是爲一章也。」先生以此示義剛，曰：「此説也分明。」義剛。

天道左旋，日月星並左旋。星不是貼天。天是陰陽之氣在上面，下人看，見星隨天去耳。寓。

問：「經星左旋，緯星與日月右旋，是否？」曰：「今諸家是如此説。横渠説天左旋，日月亦左旋。看來横渠之説極是。只恐人不曉，所以詩傳只載舊説。」或曰：「此亦易見。如以一大輪在外，一小輪載日月在内，大輪轉急，小輪轉慢。雖都是左轉，只有急有慢，便覺日月似右轉了。」曰：「然。但如此，則曆家『逆』字皆着改做『順』字，『退』字皆着改做『進』字。」僩。

晉天文志論得亦好，多是許敬宗爲之。日月隨天左旋，如横渠説較順。五星亦順行。曆家謂之緩者反是急，急者反是緩。曆數，謂日月星所經歷之數。揚。

問：「日是陽，如何反行得遲如月？」曰：「正是月行得遲。」問：「日行一度，月行十三度有奇。」曰：「曆家是將他退底度數爲進底度數。天至健，故日常不及他一度；月又遲，故不及天十三度有奇。且如月生於西，一夜一夜漸漸向東，便可見月退處。」問：「如此説，則是日比天行遲了一度，月比天行遲了十三度有奇。」曰：「曆家若如此説，則算着那相去處度數多。今只以其相近處言，故易算。聞季通云：『西域有九執曆，却是順算。』」胡泳。

程子言日升降於三萬里，是言黄赤道之間相去三萬里。天日月星皆是左旋，只有遲速。天行較急，一日一夜繞地一周三百六十五度四分度之一，而又進過一度。日行稍遲，一日一夜繞地恰一周，而於天爲退一度。至一年，方與天相值在恰好處，是謂一年一周天。月行又遲，一日一夜繞地不能匝，而於天常退十三度十九分度之七。至二十九日半强，恰與天相值在恰好處，是謂一月一周天。月只是受日光。月質常圓，不曾缺，如圓毬，只有一面受日光。望日日在西，月在卯，正相對，受光爲盛。天積氣，上面勁，只中間空，爲日月來往。地在天中，不甚大，四邊空。有時月在天中央，日在地中央，則光從四旁上受於月。其中昏暗，便是地影。望以後，日與月行便差背向一畔，相去漸漸遠，其受光面不正，至朔行又相遇。日與月正緊相合，日便蝕，無光。月或從上過，或從下過，亦不受光。星亦是受日光，但小耳。北辰中央一星甚小，謝氏謂「天之機」，亦略有意，但不似「天之樞」較切。淳。

日月升降三萬里之中，此是主黄道相去遠近而言。若天之高，則里數又煞遠。或曰八萬四千里，未可知也。立八尺之表，以候尺有五寸之景，寸當千里，則尺有五寸恰當三萬里之半。日去表有遠近，故景之長短爲可驗也。曆家言天左旋，日月星辰右行，非也。其實天左旋，日月星辰亦皆左旋。但天之行疾如〔一〕日，天一日一周，更攙過一度，日一日一周，恰無贏縮，以月受日光爲可見。月之望，正是日在地中，月在天中，所以日光到月，四伴〔二〕更無虧欠；唯中心有少壓翳處，是地有影蔽者爾。及日月各在東西，則日光到月者止及其半，故爲上弦；又減其半，則爲下弦。逐夜增減，皆以此推。地在天中，不爲甚大，只將日月行度折算可知。天包乎地，其氣極緊。試登極高處驗之，可見形氣相催，緊束而成體。但中間氣稍寬，所以容得許多品物。若一例如此氣緊，則人與物皆消磨矣！謂日月只是氣到寅上則寅上自光，氣到卯上則卯上自光者，亦未必然。既曰日月，則自是各有一物，方始各有一名。星光亦受於日，但其體微爾。五星之色各異，觀其色，則金木

〔一〕「如」，各本同，似當作「於」。
〔二〕「伴」，各本同，似當作「畔」。

水火之名可辯。衆星光芒閃爍，五星獨不如此。衆星亦皆左旋，唯北辰不動，在北極五星之旁一小星是也。蓋此星獨居天軸，四面如輪盤，環繞旋轉，此獨爲天之樞紐是也。日月薄蝕，只是二者交會處，二者緊合，所以其光掩没，在朔則爲日食，在望則爲月蝕，所謂「紓前縮後，近一遠三」。如自東而西，漸次相近，或日行月之旁，月行日之旁，不相掩者皆不蝕。唯月行日外而掩日於内，則爲日蝕；日行月外而掩月於内，則爲月蝕。所蝕分數，亦推其所掩之多少而已。謨。

日月升降三萬里中，謂夏至謂冬至〔一〕，其間黄道相去三萬里。夏至黄道高，冬至黄道低。伊川誤認作東西相去之數。形器之物，雖天地之大，亦有一定中處。伊川謂「天地無適而非中」，非是。揚。

先生論及璣衡及黄赤道日月躔度，潘子善言：「嵩山本不當天之中，爲是天形攲側，遂當其中耳。」曰：「嵩山不是天之中，乃是地之中。黄道赤道皆在嵩山之北。南極北極，天之樞紐，只有此處不動，如磨臍然。此是天之中至極處，如人之臍帶也。」銖。

「周髀法謂極當天中，日月遶天而行，遠而不可見者爲晝。此説不是。」問：「論語或

〔一〕賀疑誤。按：似當作「夏至至冬至」。

問中云：『南極低入地三十六度，北極高出地三十六度。』如何？」曰：「圓徑七十二度，極正居其中。堯典疏義甚詳。」德明。

季通嘗設一問云：「極星只在天中，而東西南北皆取正於極，而極星皆在其上〔一〕，何也？」某無以答。後思之，只是極星便是北，而天則無定位。義剛。

南極在下七十二度，常隱不見。唐書說，有人至海上，見南極下有數大星甚明。此亦在七十二度之内。義剛。

月體常圓無闕，但常受日光爲明。初三四是日在下照，月在西邊明，人在這邊望，只見在弦光。十五六則日在地下，其光由地四邊而射出，月被其光而明。月中是地影。月，古今人皆言有闕，惟沈存中云無闕。揚。

「月無盈闕，人看得有盈闕。蓋晦日則月與日相疊了，至初三方漸漸離開去，人在下面側看見，則其光闕。至望日則月與日正相對，人在中間正看見，則其光方圓。」因云，禮運言：「播五行於四時，和而後月生也。」如此，則氣不和時便無月，恐無此理。其云「三五而盈，三五而闕」，彼必不曾以理推之。若以理推之，則無有盈闕也。畢竟古人推究事物，

〔一〕「上」，賀疑當作「北」。

似亦不甚子細。或云：「恐是説元初有月時。」曰：「也説不得。」燾。

問「弦望」之義。曰：「上弦是月盈及一半，如弓之上弦；下弦是月虧了一半，如弓之下弦。」又問：「是四分取半否？」曰：「如二分二至，也是四分取半。」因説曆家謂「紓前縮後，近一遠三」。以天之圍言之，上弦與下弦時，月日相看，皆四分天之一。僩。

問：「月本無光，受日而有光。季通云：『日在地中，月行天上。所以光者，以日氣從地四旁周圍空處迸出，故月受其光。』」先生曰：「若不如此，月何緣受得日光？方合朔時，日在上，月在下，則月面向天者有光，向地者無光，故人不見。及至望時，月面向人者有光，向天者無光，故見其圓滿。若至弦時，所謂『近一遠三』，只合有許多光。」又云：「月常有一半光。月似水，日照之，則水面光倒射壁上，乃月照也。」問：「星受日光否？」曰：「星恐自有光。」德明。

問：「月受日光，只是得一邊光？」曰：「日月相會時，日在月上，不是無光，光都載在上面一邊，故地上無光。到得日月漸漸相遠時，漸擦挫，月光漸漸見於下。到得望時，月光渾在下面一邊。望後又漸漸光向上去。」胡泳。

或問：「月中黑影是地影否？」曰：「前輩有此説，看來理或有之。然非地影，乃是地形倒去遮了他光耳。如鏡子中被一物遮住其光，故不甚見也。蓋日以其光加月之魄，中間地是一塊實底物事，故光照不透而有此黑暈也。」問：「日光從四邊射入月光，何預地事，而礙其光？」曰：「終是被這一塊實底物事隔住，故微有礙耳。」或録云：「今人剪紙人貼鏡中，以火光照之，則壁上圓光中有一人。月爲地所礙，其黑暈亦猶是耳。」

康節謂：「日，太陽也；月，少陰也；星，少陽也；辰，太陰也〔一〕。星〔二〕辰，非星也。」又曰：「辰弗集於房。」房者，舍也。故十二辰亦謂之十二舍。上「辰」字謂日月也，所謂三辰。北斗去辰爭十二來度。日蝕是日月會合處。月合在日之下，或反在上，故蝕。月蝕是日月正相照。伊川謂月不受日光，意亦相近。蓋陰盛亢陽，而不少讓陽故也。又曰：「日月會合，故初一初二，月全無光。初三漸開，方微有弦上光，是哉生明也。開後漸亦光，至望則相對，故圓。此後復漸相近，至晦則復合，故暗。月之所以虧盈者此也。」伯羽。

問：「自古以日月之蝕爲災異。如今曆家却自預先算得，是如何？」曰：「只大約可算，亦自有不合處。有曆家以爲當食而不食者，有以爲不當食而食者。」木之。

曆家之説，謂日光以望時遥奪月光，故月食；日月交會，日爲月掩，則日食。然聖人

〔一〕今按：觀物内篇云：「太陽爲日，太陰爲月，少陽爲星，少陰爲辰。」
〔二〕「星」，似衍。

不言月蝕日，而以「有食」爲文者，闕於所不見。閎祖。

日食是爲月所掩，月食是與日爭敵。月饒日些子，方好無食。揚。

日月交蝕。暗虛。道夫。

「遇險」，謂日月相遇，陽遇陰爲險也。振。

日月食皆是陰陽氣衰。徽廟朝曾下詔書，言此定數，不足爲災異，古人皆不曉曆之故。揚。

横渠言，日月五星亦隨天轉。如二十八宿隨天而定，皆有光芒；五星逆行而動，無光芒。揚。

緯星是陰中之陽，經星是陽中之陰。蓋五星皆是地上木火土金水之氣上結而成，却受日光。經星却是陽氣之餘凝結者，疑得也受日光。但經星則閃爍開闔，其光不定。緯星則不然，縱有芒角，其本體之光亦自不動，細視之可見。僩。

莫要説水星。蓋水星貼著日行，故半月日見。泳。

夜明多是星月。早日欲上未上之際，已先鑠退了星月之光，然日光猶未上，故天欲明時，一霎時暗。揚。

星有墮地其光燭天而散者，有變爲石者。揚。

分野之説始見於春秋時，而詳於漢志。然今左傳所載大火辰星之説，又却只因其國之先曾主二星之祀而已。是時又未有所謂趙魏晉者。然後來占星者又却多驗，殊不可曉。廣。

叔重問星圖。曰：「星圖甚多，只是難得似。圓圖説得頂好。天彎，紙却平。方圖又却兩頭放小不得。」又曰：「那箇物事兩頭小，中心漲。」又曰：「三百六十五度四分度之一，想見只是説赤道。兩頭小，必無三百六十五度四分之一。」節。

風只如天相似，不住旋轉。今此處無風，蓋或旋在那邊，或旋在上面，都不可知。如夏多南風，冬多北風，此亦可見。廣。

霜只是露結成，雪只是雨結成。古人説露是星月之氣，不然。今高山頂上雖晴亦無露。露只是自下蒸上。人言極西高山上亦無雨雪。廣。

「高山無霜露，却有雪。某嘗登雲谷。晨起穿林薄中，並無露水沾衣。但見煙霞在下，茫然如大洋海，衆山僅露峰尖，煙雲環繞往來，山如移動，天下之奇觀也！」或問：「高山無霜露，其理如何？」曰：「上面氣漸清，風漸緊，雖微有霧氣，都吹散了，所以不結。若雪，則只是雨遇寒而凝，故高寒處雪先結也。道家有高處有萬里剛風之説，便是那裏氣清緊。低處則氣濁，故緩散。想得高山更上去，立人不住了，那裏氣又緊故也。離騷有九天之說，注家妄解，云有九天。據某觀之，只是九重。蓋天運行有許多重數。以手畫圖暈，自內繞出至外，其數九。裏面重數較軟，至外面則漸硬。想到第九重，只成硬殼相似，那裏轉得又愈緊矣。」僩。

雪花所以必六出者，蓋只是霰下，被猛風拍開，故成六出。如人擲一團爛泥於地，泥必濺開成稜瓣也。又，六者陰數，太陰玄精石亦六稜，蓋天地自然之數。僩。

問龍行雨之說。曰：「龍，水物也。其出而與陽氣交蒸，故能成雨。但尋常雨自是陰陽氣蒸鬱而成，非必龍之爲也。『密雲不雨，尚往也』，蓋止是下氣上升，所以未能雨。必是上氣蔽蓋無發洩處，方能有雨。橫渠正蒙論風雷雲雨之説最分曉。」木之。

問：「雷電，程子曰：『只是氣相摩軋。』是否？」曰：「然。」「或以爲有神物。」曰：「氣聚則須有，然纔過便散。如雷斧之類，亦是氣聚而成者。但已有渣滓，便散不得，此亦屬『成之者性』。張子云：『其來也，幾微易簡；其究也，廣大堅固。』即此理也。」㽦。

雷如今之爆杖，蓋鬱積之極而迸散者也。方子。

十月雷鳴。曰：「恐發動了陽氣。所以大雪爲豐年之兆者，雪非豐年，蓋爲凝結得陽氣在地，來年發達生長萬物。」敬仲。

雷雖只是氣，但有氣便有形。如蝃蝀本只是薄雨爲日所照成影，然亦有形，能吸水，吸酒。人家有此，或爲妖，或爲祥。義剛。

虹非能止雨也，而雨氣至是已薄，亦是日色射散雨氣了。揚。

伊川說：「世間人說雹是蜥蜴做，初恐無是理。」看來亦有之。只謂之全是蜥蜴做，則不可耳。自有是上面結作成底，也有是蜥蜴做底，某少見十九伯說親見如此。記在別録。十九伯誠確人，語必不妄。又，此間王三哥之祖參議者云，嘗登五臺山，山極高寒，盛夏携綿被去。寺僧曰：「官人帶被來少。」王甚怪之。寺僧又爲借得三兩條與之。中夜之間寒甚，擁數牀綿被猶不煖。蓋山頂皆蜥蜴含水，吐之爲雹。少間，風雨大作，所吐之雹皆不見。明日下山，則見人言，昨夜雹大作。問，皆如寺中所見者。又，夷堅志中載劉法師者，後居隆興府西山修道。山多蜥蜴，皆如手臂大。與之餅餌，皆食。一日，忽領無限蜥蜴入菴，井中之水皆爲飲盡。飲乾，即吐爲雹。已而風雨大作，所吐之雹皆不見。明日下山，則人言所下之雹皆如蜥蜴所吐者。蜥蜴形狀亦如龍，是陰屬。是這氣相感應，使作得他如此。正是陰陽交争之時，所以下雹時必寒。今雹之兩頭皆尖，有稜道。疑得初間圓，上面陰陽交争，打得如此碎了。「雹」字從「雨」，從「包」，是這氣包住，所以爲雹也。

古今曆家只推算得箇陰陽消長界分耳。人傑。曆。

太史公曆書是說太初，然却是顓頊四分曆。劉歆作三統曆。唐一行大衍曆最詳備。

五代王朴司天考亦簡嚴。然一行、王朴之曆，皆止用之二三年即差。王朴曆是七百二十加去。季通所用，却依康節三百六十數。人傑。

今之造曆者無定法，只是趕趂天之行度以求合，或過則損，不及則益，所以多差。因言，古之鍾律紐算，寸分毫釐絲忽皆有定法，如合符契，皆自然而然，莫知所起。古之聖人，其思之如是之巧，然皆非私意撰爲之也。意古之曆書，亦必有一定之法，而今亡矣。三代而下，造曆者紛紛莫有定議，愈精愈密而愈多差，由不得古人一定之法也。季通嘗言：「天之運無常。日月星辰積氣，皆動物也。其行度疾速，或過不及，自是不齊。使我之法能運乎天，而不爲天之所運，則其疏密遲速，或過不及之間，不出乎我。此虛寬之大數縱有差忒，皆可推而不失矣。何者？以我法之有定而律彼之無定，自無差也。」季通言非是。天運無定，乃其行度如此，其行之差處亦是常度。但後之造曆者，其爲數窄狹，而不足以包之爾。僩。

問：「曆法何以推月之大小？」曰：「只是以每月二十九日半，六百四十分日之二十九計之，觀其合朔爲如何。如前月大，則後月初二日月生明；前月小，則後月初三日月生明。」人傑。

閏餘生於朔不盡周天之氣。周天之氣，謂二十四氣也。月有大小，朔不得盡此氣，而一歲日子足矣，故置閏。揚。

中氣只在本月。若趲得中氣在月盡，後月便當置閏。人傑。

沈存中欲以節氣定晦朔，不知交節之時適在亥，此日當如何分。方子。

或説曆四廢日。曰：「只是言相勝者：春是庚辛日，秋是甲乙日。温公潛虛亦是此意。」人傑。

五子六甲，二五爲干，二六爲支。人傑。

先在先生處見一書，先立春，次驚蟄，次雨水，次春分，次穀雨，次清明。云：「漢曆也。」揚。

子升問：「人言虜中曆與中國曆差一日，是否？」曰：「只如子正四刻方屬今日，子初自屬昨日。今人纔交子時，便喚做今日。如此亦便差一日。」木之。

曆數微眇，如今下漏一般。漏管稍澀，則必後天；稍闊，則必先天。未子而子，未午而午。淵。

曆法，季通説，當先論天行，次及七政。此亦未善。要當先論太虛，以見三百六十五度四分度之一，一一定位，然後論天行，以見天度加損虛度之歲分。歲分既定，然後七政乃可齊耳。道夫。

或問：「季通曆法未是？」曰：「這都未理會得。而今須是也會布算，也學得似他了，把去推測，方見得他是與不是。而今某自不曾理會得，如何説得他是與不是？這也是康節説恁地。若錯時，也是康節錯了。只是覺得自古以來，無一箇人考得到這處。然也只在史記、漢書上，自是人不去考。司馬遷、班固、劉向父子、杜佑説都一同，不解都不是。」賀孫。

陳得一統元曆，紹興七八年間作。又云：「局中暗用紀元曆，以統元爲名。」文蔚。

渾儀可取，蓋天不可用。試令主蓋天者做一樣子，如何做？只似箇雨傘，不知如何與地相附着。若渾天，須做得箇渾天來。賀孫。或録云：「有能説蓋天者，欲令作一蓋天儀，不知可否。或云似傘樣。如此，則四旁須有漏風處，故不若渾天之可爲儀也。」

先生嘗言：「數家有大小陽九。」道夫問：「果爾，則有國有家者何貴乎修治？」曰：「在我者過得他一二分，便足以勝之。」道夫。數。

問：「周公定豫州爲天地之中，東西南北各五千里。今北邊無極，而南方交趾便際海，道里長短敻殊，何以云各五千里？」曰：「此但以中國地段四方相去言之，未説到極邊與際海處。南邊雖近海，然地形則未盡。如海外有島夷諸國，則地猶連屬。彼處海猶有底，至海無底處，地形方盡。周公以土圭測天地之中，則豫州爲中，而南北東西際天各遠許多。至於北遠而南近，則地形有偏爾，所謂『地不滿東南』也。禹貢言東西南北各二千五百里，不知周公何以言五千里。今視中國，四方相去無五千里，想他周公且恁大說教好看。如堯舜所都冀州之地，去北方甚近。是時中國土地甚狹，想只是略相羈縻。至夏商已後，漸漸開闢。如三苗只在今洞庭、彭蠡、湖、湘之間。彼時中國已不能到，三苗所以也負固不服。」後來又見先生說：「崑崙取中國五萬里，此爲天地之中。中國在東南，未必有五萬里。嘗見佛經說崑崙山頂有阿耨大池，水流四面去，其東南入中國者爲黄河，其二方流爲弱水、黑水之類。」又曰：「自古無人窮至北海，想北海只挨着天殼邊過。緣北邊地長，其勢北海不甚闊。地之下與地之四邊皆海水周流，地浮水上，與天接，天包水與地。」問：「天有形質否？」曰：「無。只是氣旋轉得緊，如急風然，至上面極高處轉得愈緊。若轉纔慢，則地便脱墜矣！」問：「星辰有形質否？」曰：「無。只是氣之精英凝聚者。」或云：「如燈花否？」曰：「然。」僩。地理。

人言北方土地高燥，恐暑月亦蒸濕。何以言之？月令云：「是月也，土潤溽暑，天氣下降，地氣上騰。」想得春夏間天轉稍慢，故氣候緩散昏昏然，而南方爲尤甚。至秋冬，則天轉益急，故氣候清明，宇宙澄曠。所以說天高氣清，以其轉急而氣緊也。僩。

「海那岸便與天接。」或疑百川赴海而海不溢。曰：「蓋是乾了。有人見海邊作旋渦吸水下去者。」直卿云：「程子大爐鞴之説好。」方子。

海水無邊，那邊只是氣蓄得在。揚。

海水未嘗溢者，莊周所謂「沃焦土」是也。德明。

潮之遲速大小自有常。舊見明州人説，月加子午則潮長，自有此理。沈存中筆談説亦如此。德明。

陸子静謂潮是子午月長，沈存中續筆談之説亦如此，謂月在地子午之方，初一卯，十五酉。方子。

蔡伯靖曰：「山本同而末異，水本異而末同。」義剛。

問：「先生前日言水隨山行，何以驗之？」曰：「外面底水在山下，中間底水在脊上行。」因以指爲喻，曰：「外面底水在指縫中行，中間底水在指頭上行。」又曰：「山下有水。今浚井底人亦看山脈。」節。

冀都是正天地中間，好箇風水。山脈從雲中發來，雲中正高脊處。自脊以西之水，則西流入于龍門西河；自脊以東之水，則東流入于海。前面一條黄河環繞，右畔是華山聳立，爲虎。自華來至中，爲嵩山，是爲前案。遂過去爲泰山，聳于左，是爲龍。淮南諸山是第二重案。江南諸山及五嶺，又爲第三四重案。淳。義剛同。

堯都中原，風水極佳。左河東，太行諸山相遶，海島諸山亦皆相向。右河南遶，直至泰山湊海。第二重自蜀中出湖南，出廬山諸山。第三重自五嶺至明越。又黑水之類，自北纏繞至南海。泉州常平司有一大圖，甚佳。揚。

河東地形極好，乃堯、舜、禹故都，今晉州河中府是也。左右多山，黄河繞之，嵩、華列其前。廣。

上黨即今潞州，春秋赤狄潞氏，即其地也。以其地極高，與天爲黨，故曰上黨。上黨，太行山之極高處。平陽晉州蒲坂，山之盡頭，堯、舜之所都也。河東、河北諸州，如太原、晉陽等處，皆在山之兩邊窠中。山極高闊。伊川云：「太行千里一塊石。」山後是忻代諸州。泰山却是太行之虎山。又問：「平陽蒲坂，自堯、舜後何故無人建都？」曰：「其地磽瘠不生物，人民朴陋儉嗇，故惟堯、舜能都之。後世侈泰，如何都得。」僩。

河東、河北皆遶太行山。堯、舜、禹所都，皆在太行下。揚。

太行山一千里，河北諸州皆旋其趾。潞州上黨在山脊最高處。過河便見太行在半天，如黑雲然。揚。

或問：「天下之山西北最高？」曰：「然。自關中一支生下函谷，以至嵩山，東盡泰山，此是一支。又自嶓冢漢水之北生下一支，至揚州而盡。江南諸山則又自岷山分一支，以盡乎兩浙、閩、廣。」僩。

江西山皆自五嶺贛上來，自南而北，故皆逆。閩中却是自北而南，故皆順。揚。閩中之山多自北來，水皆東南流。江浙之山多自南來，水多北流，故江浙冬寒夏熱。僩。

仙霞嶺在信州分水之右，其脊脈發去爲臨安，又發去爲建康。義剛。

江西山水秀拔，生出人來便要硬做。升卿。

荆襄山川平曠，得天地之中，有中原氣象，爲東南交會處，耆舊人物多，最好卜居。但有變，則正是兵交之衝，又恐無噍類！義剛。

要作地理圖三箇樣子：一寫州名，一寫縣名，一寫山川名。仍作圖時，須用逐州正斜、長短、闊狹如其地形，糊紙葉子以剪。振。

或問南北對境圖。曰：「天下大川有二，止河與江。如淮亦小，只是中間起。虜中混同江却是大川。」李德之問：「薛常州九域圖如何？」曰：「其書細碎，不是著書手段。『予決九川，距四海』了，却逐旋爬疏小江水，令至川。此是大形勢。」蓋卿。

先生謂張倅云：「向於某人家看華夷圖，因指某水云：『此水將有入淮之勢。』其人曰：『今其勢已自如此。』」先生因言，河本東流入海，後來北流。當時亦有填河之議，今乃向南流矣。力行。

「某説道：『後來黄河必與淮河相并。』伯恭説：『今已如此。』問他：『如何見得？』伯恭説：『見薛某説。』」又曰：「元豐間河北流，自後中原多事；後來南流，虜人亦多事。近來又北流，見歸正人説。」或録云：「因看劉樞家中原圖，黄河却自西南貫梁山泊，迤邐入淮來。神宗時，河北流，故虜人盛；今却南來，故其埶亦衰。」又曰：「神宗時行淤田策，行得甚力。差官去監那箇水，也是肥。只是未蒙其利，先有衝頽廬舍之患。」潘子善問：「如何可治河決之患？」曰：「漢人之策，令兩旁不立城邑，不置民居，存留些地步與他，不與他争，放教他寬，教他水散漫，或流從這邊，或流從那邊，不似而今作堤去圩他。元帝時，募善治河決者。當時集衆議，以此説爲善。」又問：「河決了，中心平處却低，如何？」曰：「不會低，他自擇一箇低處去。」又問：「雍州是九州那裏高？」曰：「那裏無甚水。」又曰：「禹貢亦不可考其次第，那如經量門簿？所謂門簿者，載此一都有田若干，有山若干。」節。

御河是太行之水，出來甚清。周世宗取三關，是從御河裏去，三四十日取了。又曰：「御河之水清見底。後來黄河水衝來，濁了。」曰：「河北流，是禹之故道。」又曰：「不是禹之故道，近禹之故道。」節。

仲默問：「有兩漢水，如何有一水謂之西漢江？」曰：「而今如閬州等處，便是東川。東川却有一支出來，便是西漢江，即所謂嘉陵江也。」義剛。

南康郡治，張齊賢所建，蓋兩江之咽喉。古人做事都有意思。又如利州路，却有一州在劍閣外。方子。

漢荆州刺史是守襄陽。魏晉以後，以江陵爲荆州。節。

吴大年曰：「吕蒙城在郢州。其城方，其中又有數重，形址如井，今猶存。」義剛。

道州即春陵。武帝封子爲春陵王，後徙居鄧州。至今鄧州亦謂之春陵。義剛。

漢時人仕宦於瓜州者，更極前面亦有人往。長安西門至彼，九千九百九十九里。揚。

朱子語類卷第三

鬼神

因說鬼神，曰：「鬼神事自是第二著。那箇無形影，是難理會底，未消去理會，且就日用緊切處做工夫。子曰：『未能事人，焉能事鬼！未知生，焉知死！』此說盡了。此便是合理會底理會得，將間鬼神自有見處。若合理會底不理會，只管去理會没緊要底，將間都没理會了。」淳。義剛問目別出。

義剛將鬼神問目呈畢，先生曰：「此事自是第二著。『未能事人，焉能事鬼！』此說盡了。今且須去理會眼前事，那箇鬼神事，無形無影，莫要枉費心力。理會得那箇來時，將久我着實處皆不曉得。所謂『詩書執禮，皆雅言也』，這箇皆是面前事，做得一件，便是一件。如易，便自難理會了。而今只據我恁地推測，不知是與不是，亦須逐一去看。然到極處，不過只是這箇。」義剛。

或問鬼神有無。曰：「此豈卒乍可說！便說，公亦豈能信得及？須於衆理看得漸明，則此惑自解。樊遲問知。子曰：「務民之義，敬鬼神而遠之，可謂知矣。」人且理會合當理會底事，其理會未得底，且推向一邊。待日用常行處理會得透，則鬼神之理將自見得，乃所以爲知也。「未能事人，焉能事鬼！」意亦如此。必大。

天下大底事，自有箇大底根本；小底事，亦自有箇緊切處。若見得天下亦無甚事。如鬼神之事，聖賢說得甚分明，只將禮熟讀便見。二程初不說無鬼神，但無而今世俗所謂鬼神耳。古來聖人所制祭祀，皆是他見得天地之理如此。去僞。

神，伸也；鬼，屈也。如風雨雷電初發時，神也；及至風止雨過，雷住電息，則鬼也。鬼神不過陰陽消長而已。亭毒化育，風雨晦冥，皆是。在人則精是魄，魄者鬼之盛也；氣是魂，魂者神之盛也。精氣聚而爲物，何物而無鬼神！「遊魂爲變」，魂遊則魄之降可知。升卿。

鬼神只是氣。屈伸往來者，氣也。天地間無非氣。人之氣與天地之氣常相接，無間斷，人自不見。人心才動，必達於氣，便與這屈伸往來者相感通。如卜筮之類，皆是心自有此物，只說你心上事，才動必應也。恪。

問：「鬼神便只是此氣否？」曰：「又是這氣裏面神靈相似。」燾。

問：「先生說『鬼神自有界分』，如何？」曰：「如日爲神，夜爲鬼；生爲神，死爲鬼，豈不是界分？」義剛。

叔器問：「先生前説『日爲神，夜爲鬼，所以鬼夜出』，如何？」曰：「間有然者，亦不能皆然。夜屬陰。且如妖鳥皆陰類，皆是夜鳴。」義剛。淳同。

雨風露雷，日月晝夜，此鬼神之迹也，此是白日公平正直之鬼神。若所謂「有嘯於梁，觸於胸」，此則所謂不正邪暗，或有或無，或去或來，或聚或散者。又有所謂禱之而應，祈之而獲，此亦所謂鬼神，同一理也。世間萬事皆此理，但精粗小大之不同爾。又曰：「以功用謂之鬼神，即此便見。」道夫。

鬼神死生之理，定不如釋家所云，世俗所見。然又有其事昭昭，不可以理推者，此等處且莫要理會。揚。

因説神怪事，曰：「人心平鋪着便好，若做弄，便有鬼怪出來。」方。

「理有明未盡處，如何得意誠？且如鬼神事，今是有是無？」因説張仲隆曾至金沙堤，見巨人迹。「此是如何？」揚謂：「册子説，并人傳説，皆不可信，須是親見。揚平昔見册子上并人説得滿頭滿耳，只是都不曾自見。」先生曰：「只是公不曾見。畢竟其理如何？南軒亦只是硬不信，有時戲説一二。如禹鼎鑄魑魅魍魎之屬，便是有這物。深山大澤，是彼所居處，人往占之，豈不爲祟！邵先生語程先生：『世間有一般不有不無底人馬。』程難之，謂：『鞍轡之類何處得？』」如邵意，則是亦以爲有之。邵又言：『蜥蜴造雹。』程言：『雹有大者，彼豈能爲之？』豫章曾有一劉道人，嘗居一山頂結菴。一日，衆蜥蜴入來，如手臂大，不怕人，人以手撫之。盡喫菴中水，少頃菴外皆堆成雹。明日，山下果有雹。此則是册子上所載。有一妻伯劉丈，致中兄。其人甚樸實，不能妄語，云：『嘗過一嶺，稍晚了，急行。忽聞溪邊林中響甚，往看之，乃無，止蜥蜴在林中，各把一物如水晶。看了，去未數里，下雹。』此理又不知如何。造化若用此物爲雹，則造化亦小矣。又南劍鄧德喻嘗爲一人言：『嘗至餘杭大滌山中，常有龍骨，人往來取之。未入山洞，見一陣青煙出。少頃，一陣火出。少頃，一龍出，一鬼隨後。』大段盡人事，見得破，方是。不然，不信。中有一點疑在，終不得。又如前生後生，死復爲人之説，亦須要見得破。」又云：「南軒拆廟，次第亦未到此。須是使民知信，末梢無疑，始得。不然，民倚神爲主，拆了轉使民信向怨望。舊有一邑，泥塑一大佛，一方尊信之。後被一無狀宗子斷其首，民聚哭之，頸上泥木出舍利。泥木豈有此物！只是人心所致。」先生謂一僧云。問：「龍行雨如何？」曰：「不是龍口中吐出。只是龍行時，便有雨隨之。劉禹錫亦嘗言，有人在一高山上，見山下雷神龍鬼之類行雨。此等之類無限，實要見得破。」問：「『敬鬼神而遠之』，則亦是言有，但當敬而遠之，自盡其道，便不相關。」曰：「聖人便説只是如此。嘗以此理問李先生，曰：『此處不須理會。』」先生因曰：「蜥蜴爲雹，亦有如此者，非是雹必要此物爲之也。」揚。

因論薛士龍家見鬼，曰：「世之信鬼神者，皆謂實有在天地間；其不信者，斷然以爲無鬼。然却又有真箇見者。鄭景望遂以薛氏所見爲實理，不知此特虹霓之類耳。」必大因問：「虹霓只是氣，還有形質？」曰：「既能啜水，亦必有腸肚。只纔散，便無了。如雷部神物，亦此類。」必大。

因説鬼怪，曰：「『木之精夔魍魎。』夔只一脚。魍魎，古有此語，若果有，必是此物。」淳。

氣聚則生，氣散則死。泳。以下並在〔一〕人鬼神，兼論精神魂魄。

問：「死生有無之説，人多惑之。」曰：「不須如此疑。且作無主張。」因問：「識環記井之事，古復有此，何也？」曰：「此又別有説話。」力行。

問生死鬼神之理。明作録云：「問：『鬼神生死，雖知得是一理，然未見得端的。』曰：『精氣爲物，遊魂爲變，便是生死底道理。』未達。曰：『精氣凝則爲人，散則爲鬼。』又問：『精氣凝時，此理便附在氣上否？』」曰：「天道流行，發育萬物，有理而後有氣。雖是一時都有，畢竟以理爲主，人得之以有生。明作録云：「然

〔一〕「在」，似誤。

氣則有清濁。」氣之清者爲氣，濁者爲質。明作録云：「清者屬陽，濁者屬陰。」知覺運動，陽之爲也；形體，明作録作「骨肉皮毛」。陰之爲也。氣曰魂，體曰魄。高誘淮南子注曰：『魂者，陽之神；魄者，陰之神。』所謂神者，以其主乎形氣也。人所以生，精氣聚也。人只有許多氣，須有箇盡時；明作録云：「醫家所謂陰陽不升降是也。」盡則魂氣歸於天，形魄歸于地而死矣。人將死時，熱氣上出，所謂魂升也；下體漸冷，所謂魄降也。此所以有生必有死，有始必有終也。夫聚散者，氣也。若理，則只泊在氣上，初不是凝結自爲一物。但人分上所合當然者便是理，不可以聚散言也。然人死雖終歸於散，然亦未便散盡，故祭祀有感格之理。先祖世次遠者，氣之有無不可知。然奉祭祀者既是他子孫，必竟只是一氣，所以有感通之理。然已散者不復聚。釋氏却謂人死爲鬼，鬼復爲人。如此，則天地間常只是許多人來來去去，更不由造化生生，必無是理。至如伯有爲厲，伊川謂別是一般道理。蓋其人氣未當盡而强死，自是能爲厲。子産爲之立後，使有所歸，遂不爲厲，亦可謂知鬼神之情狀矣。」問：「伊川言：『鬼神造化之迹。』此豈亦造化之迹乎？」曰：「皆是也。若論正理，則似樹上忽生出花葉，此便是造化之迹。又如空中忽然有雷霆風雨，皆是也。但人所常見，故不之怪。忽聞鬼嘯、鬼火之屬，則便以爲怪。不知此亦造化之迹，但不是正理，故爲怪異。如家語云：『山之怪曰夔魍魎，水之怪曰龍罔象，土之怪曰羵羊。』皆是氣之雜揉乖戾所生，亦非理之所無也，專以爲無則不可。如冬寒夏熱，此理之正也。有時忽然夏寒冬熱，豈可謂無此理！但既非理之常，便謂之怪。孔子所以不語，學者亦未須理會也。」因舉似南軒不信鬼神而言。閎祖。賜録云：「問：『民受天地之中以生，中是氣否？』曰：『中是理，理便是仁義禮智，曷嘗有形象來！凡無形者謂之理；若氣，則謂之生也。清者是氣，濁者是形。氣是魂，謂之精；血是魄，謂之質。所謂「精氣爲物」，須是此兩箇相交感，便能成物。「遊魂爲變」，則所謂氣至此已盡。魂升于天，魄降于地。陽者氣也，歸于天；陰者質也，魄也，降于地，謂之死也。知生則便知死，只是此理。夫子告子路，非拒之，是先後節次如此。』因説，鬼神造化之迹，且如起風做雨，震雷花生，始便有終也。又問：『人死則魂魄升降，日漸散而不復聚矣。然人之祀祖先，却有所謂「來假來享」，此理如何？』曰：『若是誠心感格，彼之魂氣未盡散，豈不來享？』又問：『如周以后稷爲始祖，以帝嚳爲所自出之帝，子孫相去未遠，尚可感格。至於成康以後千有餘年，豈復有未散者而來享之乎？』曰：『夫聚散者，氣也。若理，則只泊在氣上，初不是凝結爲一物而爲性也。但人分上所合當者，便是理。氣有聚散，理則不可以聚散言也。人死，氣亦未便散得盡，故祭祖先有感格之理。若世次久遠，氣之有無不可知。然奉祭祀者既是他子孫，必竟只是這一氣相傳下來，若能極其誠敬，則亦有感通之理。釋氏謂人死爲鬼，鬼復爲人。如此，則天地間只是許多人來來去去，更不由造化，生生都廢，却無是理也。』曰：『然則羊叔子識環之事非邪？』曰：『史傳此等事極多，要之不足信。便有，也不是正理。』又問：『世之見鬼神者甚多，不審有無如何？』曰：『世間人見者極多，豈可謂無，但非正理耳。如伯有爲厲，伊川謂别是一理。蓋其人氣未當盡而强死，魂魄無所歸，自是如此。昔有人在淮上夜行，見無數形象，似人非人，旁午克斥，出没於兩水之間，久之，纍纍不絶。此人明知其鬼，不得已，躍跳之，衝之而過之下，却無礙。然亦無他。詢之，此地乃昔人戰場也。彼皆死於非命，銜冤抱恨，固宜未散。』又問：『「知鬼神之情狀」，何緣知得？』曰：『伯有爲厲，子産爲之立後，使有所歸，遂不爲厲，可謂「知鬼神之情狀矣」。』又問：『伊川言：「鬼神者，造化之迹。」此豈爲造化之迹乎？』曰：『若論正理，則庭前樹木，數日春風便開花，此豈非造化之迹！又如雷霆風雨，皆是也。但人常見，故不知怪。忽聞鬼叫，則以爲怪。不知此亦是造化之迹，但非理之正耳。』又問：『世人多爲精怪迷惑，如何？』曰：『家語曰：「山之怪曰夔魍魎，水之怪曰龍罔象，土之怪羵羊。」皆是氣之雜揉乖亂所生，專以爲無則不可。如冬寒夏熱，春榮秋枯，此理之正也。忽冬月開一朵花，豈可謂無此理，但非正耳，故謂之怪。孔子所以不語，學者未須理會也。』坐間或云：『鄉間有李三者，死而爲厲，鄉曲凡有祭祀佛事，必設此人一分。或設黃籙大醮，不曾設他一分，齋食盡爲所污。後因爲人放爆杖，焚其所依之樹，自是遂絶。』曰：『是他枉死，氣未散，被爆杖驚散了。設醮請天地山川神祇，却被小鬼污却，以此見設醮無此理也。』」明作録云：「如起風做雨，震雷閃電，花生花結，非有神而何！自不察耳。才見説鬼事，便以爲怪。世間自有箇道理如此，不可謂無，特非造化之正耳。此爲得陰陽不正之氣，不須驚惑。所以夫子不語怪，以其明有此事，特不語耳。南軒説無，便不是。」餘同。

才卿問：「來而伸者爲神，往而屈者爲鬼。凡陰陽魂魄，人之噓吸皆然；不獨死者爲鬼，生者爲神。故横渠云：『神祇者歸之始，歸往者來之終。』」曰：「此二句，正如俗語罵鬼云：『你是已死我，我是未死你。』楚詞中説終古，亦是此義。」「去終古之所之兮，今逍遥而來東。」羌靈魂之欲歸兮，何須臾而忘反！」用之云：「既屈之中，恐又自有屈伸。」曰：「祭祀致得鬼神來格，便是就既屈之氣又能伸也。」僴問：「魂氣則能既屈而伸，若祭祀來格是也。若魄既死，恐不能復伸矣。」曰：「也能伸。蓋他來則俱來。如祭祀報魂報魄，求之四方上下，便是皆有感格之理。」用之問：「『遊魂爲變』，聖愚皆一否？」曰：「然。」僩問：「『天神地祇人鬼。』地何以曰『祇』？」曰：「『祇』字只是『示』字。蓋天垂三辰以著象，如日月星辰是也。地亦顯山川草木以示人，所以曰『地示』。」用之云：「人之禱天地山川，是以我之有感彼之有。子孫之祭先祖，是以我之有感他之無。」曰：「神祇之氣常屈伸而不已，人鬼之氣則消散而無餘矣。其消散亦有久速之異。人有不伏其死者，所以既死而此氣不散，爲妖爲怪。如人之凶死，及僧道既死，多不散。僧道務養精神，所以凝聚不散。若聖賢則安於死，豈有不散而爲神怪者乎！如黃帝堯舜，不聞其既死而爲靈怪也。嘗見輔漢卿説：『某人死，其氣温温然，熏蒸滿室，數日不散。』是他氣盛，所以如此。劉元城死時，風雷轟於正寢，雲霧晦冥，少頃辯色，而公已端坐薨矣。他是什麽樣氣魄！」用之曰：「莫是元城忠誠，感動天地之氣否？」曰：「只是元城之氣自散爾。他養得此氣剛大，所以散時如此。祭義云：『其氣發揚於上，爲昭明、焄蒿、悽愴，此百物之精也。』此數句説盡了。人死時，其魂氣發揚於上。昭明，是人死時自有一般光景；焄蒿，即前所云『温温之氣』也；悽愴，是一般肅然之氣，令人悽愴，如漢武帝時『神君來則風肅然』是也。此皆萬物之精，既死而散也。」僩。淳録云：「問：『其氣發揚於上』，何謂也？」曰：『人氣本騰上，這下面盡，則只管騰上去。如火之煙，這下面薪盡，則煙只管騰上去。」淳云：『終久必消了。』曰：『然。』」

問：「鬼神便是精神魂魄，如何？」曰：「然。且就這一身看，自會笑語，有許多聰明知識，這是如何得恁地？虚空之中，忽然有風有雨，忽然有雷有電，這是如何得恁地？這都是陰陽相感，都是鬼神。看得到這裏，見一身只是箇軀殼在這裏，内外無非天地陰陽之氣。所以夜來説道：『「天地之塞，吾其體；天地之帥，吾其性」，思量來只是一箇道理。』」又云：「如魚之在水，外面水便是肚裏面水。鱖魚肚裏水與鯉魚肚裏水，只一般。」仁父

問：「魂魄如何是陰陽？」曰：「魂如火，魄如水。」賀孫。

因言魂魄鬼神之説，曰：「只今生人，便自一半是神，一半是鬼了。但未死以前，則神爲主；已死之後，則鬼爲主。縱横在這裏。以屈伸往來之氣言之，則來者爲神，去者爲鬼；以人身言之，則氣爲神而精爲鬼。然其屈伸往來也各以漸。」僩。饒録云：「若以對待言，一半是氣，一半是精。」

問魂魄。曰：「氣質是實底；魂魄是半虚半實底；鬼神是虚分數多，實分數少底。」賜。

問魂魄。曰：「魄是一點精氣，氣交時便有這神。魂是發揚出來底，如氣之出入息。魄是如水，人之視能明，聽能聰，心能强記底。有這魄，便有這神，不是外面入來。魄是精，魂是氣；魄主静，魂主動。」又曰：「草木之生自有箇神，它自不能生。在人則心便是，所謂『形既生矣，神發知矣』，是也。」又問生魄死魄。曰：「古人只説『三五而盈，三五而

闕』。近時人方推得他所以圓闕，乃是魄受光處，魄未嘗無也。人有魄先衰底，有魂先衰底。如某近來覺重聽多忘，是魄先衰。」又曰：「一片底便是分做兩片底，兩片底便是分作五片底。做這萬物、四時、五行，只是從那太極中來。太極只是一箇氣，迤邐分做兩箇：氣裏面動底是陽，静底是陰。又分做五氣，又散爲萬物。」植。

先儒言：「口鼻之噓吸爲魂，耳目之聰明爲魄。」也只説得大概。却更有箇母子，這便是坎離水火。煖氣便是魂，冷氣便是魄。魂便是氣之神，魄便是精之神；會思量討度底便是魂，會記當去底便是魄。又曰：「見於目而明，耳而聽者，是魄之用。老氏云載營魄，營是晶熒之義，魄是一箇晶光堅凝物事。釋氏之地水火風，其説云，人之死也，風火先散，則不能爲祟。蓋魂先散而魄尚存，只是消磨未盡，少間自塌了。若地水先散，而風火尚遲，則能爲祟，蓋魂氣猶存爾。」又曰：「無魂，則魄不能以自存。今人多思慮役役，魂都與魄相離了。老氏便只要守得相合，所謂『致虚極，守静篤』，全然守在這裏，不得動。」又曰：「『專氣致柔』，不是『守』字，却是『專』字。便只是專在此，全不放出，氣便細。若放些子出，便粗了也。」

陰陽之始交，天一生水。物生始化曰魄。既生魄，煖者爲魂。先有魄而後有魂，故魄常爲主爲幹。僩。

人生初間是先有氣。既成形，是魄在先。「形既生矣，神發知矣。」既有形後，方有精神知覺。子産曰：「人生始化曰魄，既生魄，陽曰魂。」數句説得好。淳。

動者，魂也；静者，魄也。「動静」二字括盡魂魄。凡能運用作爲，皆魂也，魄則不能也。今人之所以能運動，都是魂使之爾。魂若去，魄則不能也。今魄之所以能運，體便死矣。月之黑暈便是魄，其光者，乃日加之光耳，他本無光也，所以説「哉生魄」，「旁死魄」。莊子曰：「日火外影，金水内影。」此便是魂魄之説。僩。有脱誤。

耳目之聰明爲魄，魄是鬼。某自覺氣盛則魄衰。童男童女死而魄先化。升卿。

魄是耳目之精，魂是口鼻呼吸之氣。眼光落地，所謂「體魄則降」也。

或問：「口鼻呼吸者爲魂，耳目之聰明爲魄？」曰：「精氣爲物，魂乃精氣中無形迹底。淮南子注云：『魂者，陽之神；魄者，陰之神。』釋氏四大之説亦是竊見這意思。人之一身，皮肉之類皆屬地，涕唾之類皆屬水。暖氣爲火，運動爲風。地水，陰也；火風，陽也。」

或問：「氣之出入者爲魂，耳目之聰明爲魄。然則魄中復有魂，魂中復有魄耶？」曰：「精氣周流，充滿於一身之中，嘘吸聰明，乃其發而易見者耳。然既周流充滿於一身之中，則鼻之知臭，口之知味，非魄乎？耳目之中皆有暖氣，非魂乎？推之遍體，莫不皆然。佛書論四大處，似亦祖述此意。」問：「先生嘗言，體魄自是二物。然則魂氣亦爲兩物耶？」曰：「將魂氣細推之，亦有精粗；但其爲精粗也甚微，非若體魄之懸殊耳。」問：「以目言之，目之輪，體也；睛之明，魄也。耳則如何？」曰：「竅即體也，聰即魄也。」又問：「月魄之魄，豈只指其光而言之，而其輪則體耶？」曰：「月不可以體言，只有魂魄耳。月魄即其全體，而光處乃其魂之發也。」

魂屬木，魄屬金。所以說「三魂七魄」，是金木之數也。

人之能思慮計畫者，魂之爲也；能記憶辯別者，魄之爲也。僩。

「人有盡記得一生以來履歷事者，此是智以藏往否？」曰：「此是魄强，所以記得多。」德明。

問：「魂氣升於天，莫只是消散，其實無物歸於天上否？」曰：「也是氣散，只是才散便無。如火將滅，也有煙上，只是便散。蓋緣木之性已盡，無以繼之。人之將死，便氣散，即是這裏無箇主子，一散便死。大率人之氣常上。且如說話，氣都出上去。」夔孫。

魂散，則魄便自沉了。今人說虎死則眼光入地，便是如此。

問：「人死時，是當初稟得許多氣，氣盡則無否？」曰：「是。」曰：「如此，則與天地造化不相干。」曰：「死生有命，當初稟得氣時便定了，便是天地造化。只有許多氣，能保之亦可延。且如我與人俱有十分，俱已用出二分。我才用出二分便收回，及收回二分時，那人已用出四分了，所以我便能少延。此即老氏作福意。老氏惟見此理，一向自私其身。」淳。

問：「黄寺丞云：『氣散而非無。』泳竊謂人禀得陰陽五行之氣以生，到死後，其氣雖散，只反本還原去。」曰：「不須如此説。若説無，便是索性無了。惟其可以感格得來，故只説得散。要之，散也是無了。」問：「燈焰衝上，漸漸無去。要之不可謂之無，只是其氣散在此一室之内。」曰：「只是他有子孫在，便是不可謂之無。」胡泳。

問：「有人死而氣不散者，何也？」曰：「他是不伏死。如自刑自害者，皆是未伏死，又更聚得這精神。安於死者便自無，何曾見堯舜做鬼來！」

死而氣散，泯然無迹者，是其常。道理恁地。有托生者，是偶然聚得氣不散，又怎生去凑着那生氣，便再生，然非其常也。伊川云：「左傳伯有之爲厲，又别是一理。」言非死生之常理也。人傑録畧。

伯有爲厲之事，自是一理，謂非生死之常理。人死則氣散，理之常也。它却用物宏，取精多，族大而强死，故其氣未散耳。㽦。

光祖問：「先生所答崧卿書云云。如伊川又云：『伯有爲厲，别是一理。』又如何？」曰：「亦自有這般底。然亦多是不得其死，故强氣未散。要之，久之亦不會不散。如漳州一件公事：婦殺夫，密埋之。後爲祟，事才發覺，當時便不爲祟。此事恐奏裁免死，遂於申諸司狀上特批了。後婦人斬，與婦人通者絞。以是知刑獄裏面這般事，若不與決罪償命，則死者之寃必不解。」又曰：「氣久必散。人説神仙，一代説一項。漢世説甚安期生，至唐以來，則不見説了。又説鍾離權、吕洞賓，而今又不見説了。看得來，他也只是養得分外壽考，然終久亦散了。」賀孫。

問：「伯有之事别是一理，如何？」曰：「是别是一理。人之所以病而終盡，則其氣散矣。或遭刑，或忽然而死者，氣猶聚而未散，然亦終於一散。釋、道所以自私其身者，便死時亦只是留其身不得，終是不甘心，死御寃憤者亦然，故其氣皆不散。浦城山中有一道人，常在山中燒丹。後因一日出神，乃祝其人云：『七日不返時，可燒我。』未滿七日，其人焚之。後其道人歸，叫罵取身，亦能於壁間寫字，但是墨較淡，不久又無。」揚嘗聞張天覺有一事亦然。鄧隱峯一事亦然。其人只管討身，隱峯云：「説底是甚麽？」其人悟，謝之而去。揚。

問：「『遊魂爲變』，間有爲妖孽者，是如何得未散？」曰：「『遊』字是漸漸散。若是爲妖孽者，多是不得其死，其氣未散，故鬱結而成妖孽。若是尩羸病死底人，這氣消耗盡了方死，豈復更鬱結成妖孽！然不得其死者，久之亦散。如今打麪做糊，中間自有成小塊核不散底，久之漸漸也自會散。又如其取精多，其用物弘，如伯有者，亦是卒未散也。橫渠曰：『物之初生，氣日至而滋息；物生既盈，氣日反而遊散。至之謂神，以其伸也；反之謂鬼，以其歸也。』天下萬物萬事自古及今，只是箇陰陽消息屈伸。橫渠將屈伸說得貫通。上蔡說，却似不說得循環意思。宰我曰：『吾聞鬼神之名，不知其所謂。』子曰：『氣也者，神之盛也；魄也者，鬼之盛也。合鬼與神，教之至也。』注謂口鼻噓吸爲氣，耳目聰明爲魄。氣屬陽，魄屬陰。而今有人說眼光落，這便是魄降。今人將死，有云魄落。若氣，只升而散。故云：『魄氣歸於天，形魄歸於地。』道家修養有這說，與此大段相合。賀孫。

萇弘死三年而化爲碧。此所謂魄也，如虎威之類。弘以忠死，故其氣凝結如此。廣。

「鬼神憑依言語，乃是依憑人之精神以發」。問：「伊川記金山事如何？」曰：「乃此婢子想出。」問：「今人家多有怪者。」曰：「此乃魑魅魍魎之爲。建州有一士人，行遇一人，只有一脚，問某人家安在。與之同行，見一脚者入某人家。數日，其家果死一子。」可學。

鄭說：「有人寤寐間見鬼通刺甚驗者。」曰：「如此，則是不有不無底紙筆。」淳。

論及巫人治鬼，而鬼亦效巫人所爲以敵之者，曰：「後世人心姦詐之甚，感得姦詐之氣，做得鬼也姦巧。」淳。

厚之問：「人死爲禽獸，恐無此理。然親見永春人家有子，耳上有猪毛及猪皮，如何？」曰：「此不足怪。向見籍溪供事一兵，胸前有猪毛，睡時作猪鳴。此只是禀得猪氣。」可學。

或問鬼神。曰：「且類聚前輩説鬼神處看，要須自理會得。且如祭天地祖考，直是求之冥漠。然祖考却去人未久，求之似易。」先生又笑曰：「如此説，又是作怪了也。」祖道。以下論祭祀祖考、神示。

問：「性即是理，不可以聚散言。聚而生，散而死者，氣而已。所謂精神魂魄，有知有覺者，氣也。故聚則有，散則無。若理則亘古今常存，不復有聚散消長也。」曰：「只是這箇天地陰陽之氣，人與萬物皆得之。氣聚則爲人，散則爲鬼。然其氣雖已散，這箇天地陰陽之理生生而不窮。祖考之精神魂魄雖已散，而子孫之精神魂魄自有些小相屬。故祭祀之禮盡其誠敬，便可以致得祖考之魂魄。這箇自是難説。看既散後，一似都無了。能盡其誠敬，便有感格，亦緣是理常只在這裏也。」賀孫。

問：「鬼神以祭祀而言。天地山川之屬，分明是一氣流通，而兼以理言之。人之先祖，則大概以理爲主，而亦兼以氣魄言之。若上古聖賢，則只是專以理言之否？」曰：「有是理，必有是氣，不可分説。都是理，都是氣。那箇不是理？那箇不是氣？」問：「上古聖賢所謂氣者，只是天地間公共之氣。若祖考精神，則畢竟是自家精神否？」曰：「祖考亦只是此公共之氣。此身在天地間，便是理與氣凝聚底。天子統攝天地，負荷天地間事，與天地相關，此心便與天地相通。不可道他是虛氣，與我不相干。如諸侯不當祭天地，與天地不相關，便不能相通。聖賢道在萬世，功在萬世。今行聖賢之道，傳聖賢之心，便是負荷這物事，此氣便與他相通。如釋奠列許多籩豆，設許多禮儀，不成是無此姑謾爲之！人家子孫負荷祖宗許多基業，此心便與祖考之心相通。祭義所謂『春禘秋嘗』者，亦以春陽來則神亦來，秋陽退則神亦退，故於是時而設祭。初間聖人亦只是畧爲禮以達吾之誠意，後來遂加詳密。」義剛。

自天地言之，只是一箇氣。自一身言之，我之氣即祖先之氣，亦只是一箇氣，所以才感必應。

周問：「何故天曰神，地曰祇，人曰鬼？」曰：「此又別。氣之清明者爲神，如日月星辰之類是也，此變化不可測。祇本『示』字，以有迹之可示，山河草木是也，比天象又差著。至人，則死爲鬼矣。」又問：「既曰往爲鬼，何故謂『祖考來格』？」曰：「此以感而言。所謂來格，亦畧有些神底意思。以我之精神感彼之精神，蓋謂此也。祭祀之禮全是如此。且『天子祭天地，諸侯祭山川，大夫祭五祀』，皆是自家精神抵當得他過，方能感召得他來。如諸侯祭天地，大夫祭山川，便没意思了。」雉。

陳後之問：「祖宗是天地間一箇統氣，因子孫祭享而聚散？」曰：「這便是上蔡所謂『若要有時，便有；若要無時，便無』，是皆由乎人矣。鬼神是本有底物事。祖宗亦只是同此一氣，但有箇總腦處。子孫這身在此，祖宗之氣便在此，他是有箇血脈貫通。所以『神不歆非類，民不祀非族』，只爲這氣不相關。如『天子祭天地，諸侯祭山川，大夫祭五祀』，雖不是我祖宗，然天子者天下之主，諸侯者山川之主，大夫者五祀之主。我主得他，便是他氣又總統在我身上，如此便有箇相關處。」義剛。淳同。

問：「人之死也，不知魂魄便散否？」曰：「固是散。」又問：「子孫祭祀，却有感格者，如何？」曰：「畢竟子孫是祖先之氣。他氣雖散，他根却在這裏；盡其誠敬，則亦能呼召得他氣聚在此。如水波樣，後水非前水，後波非前波，然却通只是一水波。子孫之氣與祖考之氣，亦是如此。他那箇當下自散了，然他根却在這裏。根既在此，又却能引聚得他那氣在此。此事難說，只要人自看得。」問：「下武詩『三后在天』，先生解云：『在天，言其既沒而精神上合於天。』此是如何？」曰：「便是又有此理。」用之云：「恐只是此理上合於天耳。」曰：「既有此理，便有此氣。」或曰：「想是聖人稟得清明純粹之氣，故其死也，其氣上合於天。」曰：「也是如此。這事又微妙難說，要人自看得。世間道理有正當易見者，又有變化無常不可窺測者，如此方看得這箇道理活。又如云：『文王陟降，在帝左右。』如今若説文王真箇在上帝之左右，真箇有箇上帝如世間所塑之像，固不可。然聖人如此説，便是有此理。如周公金縢中『乃立壇墠』一節，分明是對鬼。『若爾三王是有丕子之責於天，以旦代某之身。』此一段，先儒都解錯了，只有晁以道説得好。他解『丕子之責』如史傳中『責其侍子』之『責』。蓋云上帝責三王之侍子。侍子，指武王也。上帝責其來服事左右，故周公乞代其死云：『以旦代某之身。』言三王若有侍子之責於天，則不如以我代之。我多才多藝，能事上帝。武王不若我多才多藝，不能事鬼神，不如且留他在世上，定你之子孫與四方之民。文意如此。伊川却疑周公不應自説多才多藝，不是如此，他止是要代武王之死爾。」用之問：「先生答廖子晦書云：『氣之已散者，既化而無有矣，而根於理而日生者，則固浩然而無窮也。故上蔡謂：「我之精神，即祖考之精神。」蓋謂此也。』」問：「根於理而日生者浩然而無窮，此是説天地氣化之氣否？」曰：「此氣只一般。周禮所謂『天神、地示、人鬼』，雖有三樣，其實只一般。若説有子孫底引得他氣來，則不成無子孫底他氣便絶無了！他血氣雖不流傳，他那箇亦自浩然日生無窮。如禮書，諸侯因國之祭，祭其國之無主後者，如齊太公封於齊，便用祭甚爽鳩氏、季萴、逢伯陵、蒲姑氏之屬。蓋他先主此國來，禮合祭他。然聖人制禮，惟繼其國者，則合祭之；非在其國者，便不當祭。便是理合如此，道理合如此，便有此氣，如（晉侯）〔衛成公〕〔一〕夢康叔云：『相奪予饗。』蓋（晉）〔衛〕〔二〕後都帝丘，夏后相亦都帝丘，則都其國自合當祭。不祭，宜其如此。又如晉侯夢黄熊入寢門，以爲鯀之神，亦是此類。不成説有子孫底方有感格之理！便使其無子孫其氣亦未嘗亡也。如今祭勾芒，他更是遠。然既合當祭他，便有些〈池作「此」。〉氣。要之，通天地人只是這一氣，所以説：『洋洋然如在其上，如在其左右！』虛空偪塞，無非此理，自要人看得活，難以言曉也。所以明道答人鬼神之問云：『要與賢説無，何故聖人却説有？要與賢説有，賢又來問某討。』説只説到這裏，要人自看得。孔子曰：『未能事人，焉能事鬼！』而今且去理會緊要道理。少間看得道理通時，自然曉得。上蔡所説，已是煞分曉了。」僩。

問：「鬼神恐有兩様：天地之間，二氣氤氳，無非鬼神，祭祀交感，是以有感有；人死爲鬼，祭祀交感，是以有感無。」曰：「是。所以道天神人鬼，神便是氣之伸，此是常在底；鬼便是氣之屈，便是已散了底。然以精神去合他，又合得在。」問：「不交感時常在否？」曰：「若不感而常有，則是有餒鬼矣。」又曰：「先輩説魂魄多不同。左傳説魄先魂而有，看

〔一〕據左傳改，見僖三十一年。
〔二〕據同年春秋經文改。

來也是。以賦形之初言之，必是先有此體象，方有陽氣來附他。」鬼神以主宰言，然以物言不得。又不是如今泥塑底神之類，只是氣。且如祭祀，只是你聚精神以感之。祖考是你所承流之氣，故可以感。揚。

蔡行夫問事鬼神。曰：「古人交神明之道，無些子不相接處。古人立尸，便是接鬼神之意。」時舉。

問：「祭祀之理，還是有其誠則有其神，無其誠則無其神否？」曰：「鬼神之理，即是此心之理。」恪。

祭祀之感格，或求之陰，或求之陽，各從其類，來則俱來。然非有一物積於空虛之中，以待子孫之求也。但主祭祀者既是他一氣之流傳，則盡其誠敬感格之時，此氣固寓此也。僩。

問：「子孫祭祀，盡其誠意以聚祖考精神，不知是合他魂魄，只是感格其魂氣？」曰：「焫蕭祭脂，所以報氣；灌用鬱鬯，所以招魂，便是合他，所謂『合鬼與神，教之至也』。」又問：「不知常常恁地，只是祭祀時恁地？」曰：「但有子孫之氣在，則他便在。然不是祭祀時，如何得他聚！」

人死，雖是魂魄各自飛散，要之，魄又較定。須是招魂來復這魄，要他相合。復，不獨是要他活，是要聚他魂魄，不教便散了。聖人教人子孫常常祭祀，也是要去聚得他。

問：「祖考精神既散，必須『三日齋，七日戒』，『求諸陽，求諸陰』，方得他聚。然其聚也，倏然其聚。到得禱祠既畢，誠敬既散，則又忽然而散。」曰：「然。」子蒙。

問：「死者精神既散，必須生人祭祀，盡誠以聚之，方能凝聚。若『相奪予享』事，如伊川所謂『別是一理』否？」曰：「他夢如此，不知是如何。或是他有這念，便有這夢，也不可知。」子蒙。

問：「死者魂氣既散，而立主以主之，亦須聚得些子氣在這裏否？」曰：「古人自始死，弔魂復魄，立重設主，便是常要接續他些子精神在這裏。古者釁龜用牲血，便是覺見那龜久後不靈了，又用些子生氣去接續他。史記上龜筴傳，占春，將雞子就上面開卦，便也是將生氣去接他，便是釁龜之意。」又曰：「古人立尸，也是將生人生氣去接他。」子蒙。

問：「祭天地山川，而用牲幣酒醴者，只是表吾心之誠耶？抑真有氣來格也？」曰：「若道無物來享時，自家祭甚底？肅然在上，令人奉承敬畏，是甚物？若道真有雲車擁從而來，又妄誕。」淳。以下論祭祀神示。

漢卿問天神地示之義。曰：「注疏謂天氣常伸，謂之神；地道常默以示人，謂之示。」人傑。

地祇者，周禮作「示」字，只是示見著見之義。

地之神，只是萬物發生，山川出雲之類。振。

說鬼神，舉明道有無之說，因斷之曰：「有。若是無時，古人不如是求。『七日戒，三日齋』，或『求諸陽』，或『求諸陰』，須是見得有。如天子祭天地，定是有箇天，有箇地；諸侯祭境内名山、大川，定是有箇名山、大川；大夫祭五祀，定是有箇門、行、户、竈、中霤。今廟宇有靈底，亦是山川之氣會聚處。久之，被人掘鑿損壞，於是不復有靈，亦是這些氣過了。」賀孫。

問：「鬼者，陰之靈；神者，陽之靈。司命、中霤、竈與門、行，人之所用者。有動有靜，有作有止，故亦有陰陽鬼神之理，古人所以祀之。然否？」曰：「有此物便有此鬼神，蓋莫非陰陽之所爲也。五祀之神，若細分之，則户、竈屬陽，門、行屬陰，中霤兼統陰陽。就一事之中，又自有陰陽也。」壯祖。

或言鬼神之異。曰：「世間亦有此等事，無足怪。」味道舉以前日「魂氣歸天，體魄降地；人之出入氣即魂也，魄即精之鬼，故氣曰陽，魄曰陰，人之死則氣散於空中」之說，問：「人死氣散，是無蹤影，亦無鬼神。今人祭祀，從何而求之？」曰：「如子祭祖先，以氣類而求。以我之氣感召，便是祖先之氣，故想饒本作「祭」。之如在，此感通之理也。」味道又問：

「子之於祖先，固是如此。若祭其他鬼神，則如之何？有來享之意否？」曰：「子之於祖先，固有顯然不易之理。若祭其他，亦祭其所當祭。『祭如在，祭神如神在。』如天子則祭天，是其當祭，亦有氣類，烏得而不來歆乎！諸侯祭社稷，故今祭社亦是從氣類而祭，烏得而不來歆乎！今祭孔子必於學，其氣類亦可想。」長孺因説，祭孔子不當以塑像，只當用木主。曰：「向日白鹿洞欲塑孔子像於殿。某謂不必，但置一空殿，臨時設席祭之。不然，只塑孔子坐於地下，則可用籩、豆、簠、簋。今塑像高高在上，而設器皿於地，甚無義理。」愳。

汪德輔問：「『祖考精神便是自家精神』，故齋戒祭祀，則祖考來格。若祭旁親及子，亦是一氣，猶可推也。至於祭妻及外親，則其精神非親之精神矣，豈於此但以心感之而不以氣乎？」曰：「但所祭者，其精神魂魄，無不感通。蓋本從一源中流出，初無間隔，雖天地山川鬼神亦然也。」壯祖。

問：「人祭祖先，是以己之精神去聚彼之精神，可以合聚。蓋爲自家精神便是祖考精神，故能如此。諸侯祭因國之主，與自家不相關，然而也呼喚得他聚。蓋爲天地之氣，便是他氣底母，就這母上聚他，故亦可以感通。」曰：「此謂無主後者，祭時乃可以感動。若有主後者，祭時又也不感通。」用之曰：「若理不相關，則聚不得他；若理相關，則方可聚得他。」曰：「是如此。」又曰：「若不是因國，也感他不得。蓋爲他元是這國之主，自家今主他國土地，他無主後，合是自家祭他，便可感通。」子蒙。

問：「天地山川是有箇物事，則祭之其神可致。人死氣已散，如何致之？」曰：「只是一氣。如子孫有箇氣在此，畢竟是因何有此？其所自來，蓋自厥初生民氣化之祖相傳到此，只是此氣。」問：「祭先賢先聖如何？」曰：「有功德在人，人自當報之。古人祀五帝，只是如此。後世有箇新生底神道，緣衆人心都向它，它便盛。如狄仁傑只留吳太伯伍子胥廟，壞了許多廟，其鬼亦不能爲害，緣是它見得無這物事了。」因舉上蔡云：「可者欲人致生之，故其鬼神；不可者欲人致死之，故其鬼不神。」夔孫。賜録畧。

或問：「世有廟食之神，緜歷數百年，又何理也？」曰：「浸久亦能散。昔守南康，緣久旱，不免遍禱於神。忽到一廟，但有三間弊屋，狼籍之甚。彼人言，三五十年前，其靈如響，因有人來，而帷中有神與之言者。昔之靈如彼，今之靈如此，亦自可見。」壯祖。

風俗尚鬼，如新安等處，朝夕如在鬼窟。某一番歸鄉里，有所謂五通廟，最靈怪。衆人捧擁，謂禍福立見。居民纔出門，便帶紙片入廟，祈祝而後行。士人之過者，必以名紙稱「門生某人謁廟」。某初還，被宗人煎迫令去，不往。是夜會族人，往官司打酒，有灰，乍飲，遂動臟腑終夜。次日，又偶有一蛇在堦旁。衆人閧然，以爲不謁廟之故。某告以「臟腑是食物不着，關他甚事！莫枉了五通」。中有某人，是向學之人，亦來勸往，云：「亦是從衆。」某告以「從衆何爲？不意公亦有此語！某幸歸此，去祖墓甚近。若能爲禍福，請即葬某於祖墓之旁，甚便」。又云：「人做州郡，須去淫祠。若繫勅額者，則未可輕去。」賀孫。

論鬼神之事，謂：「蜀中灌口二郎廟，當初是李冰因開離堆有功，立廟。今來現許多靈怪，乃是他第二兒子出來。初間封爲王，後來徽宗好道，謂他是甚麽真君，遂改封爲真君。向張魏公用兵禱於其廟，夜夢神語云：『我向來封爲王，有血食之奉，故威福用得行。今號爲「真君」，雖尊，凡祭我以素食，無血食之養，故無威福之靈。今須復我封爲王，當有威靈。』魏公遂乞復其封。不知魏公是有此夢，還復一時用兵，托爲此説。今逐年人户賽祭，殺數萬來頭羊，廟前積骨如山，州府亦得此一項税錢。利路又有梓潼神，極靈。今二箇神似乎割據了兩川。大抵鬼神用生物祭者，皆是假此生氣爲靈。古人釁鐘、釁龜，皆此意。」漢卿云：「季通説：『有人射虎，見虎後數人隨着。乃是爲虎傷死之人，生氣未散，故結成此形。』」先生曰：「仰山廟極壯大，亦是占得山川之秀。寺在廟後，却幽静。廟基在山邊。此山亦小，但是來遠。到此溪邊上，外面羣山皆來朝。寺基亦好。大抵僧家寺基多是好處。往往佛法入中國，他們自會尋討。今深山窮谷好處，只得做僧寺。若人家居，必不可。」因言：「僧家虚誕。向過雪峯，見一僧云：『法堂上一木毬，纔施主來做功德，便會熱。』某向他道：『和尚得恁不脱灑！只要戀着這木毬要熱做甚！』」因説「路當可向年十歲，道人授以符印，父兄知之，取而焚之。後來又自有」。漢卿云：「後來也疏脱。」先生曰：「人只了得每日與鬼做頭底，是何如此無心得則鬼神服？若是此心洞然，無些子私累，鬼神如何不服！」賀孫。淳同。

論及請紫姑神吟詩之事，曰：「亦有請得正身出見，其家小女子見，不知此是何物。且如衢州有一箇人事一箇神，只録所問事目於紙，而封之祠前。少間開封，而紙中自有答語。這箇不知是如何。」義剛。

問「嘗問紫姑神」云云。曰：「是我心中有，故應得。應不得者，是心中亦不知曲折也。」方。

問：「道理有正則有邪，有是則有非。鬼神之事亦然。世間有不正之鬼神，謂其無此理則不可。」曰：「老子謂『以道莅天下者，其鬼不神』。若是王道修明，則此等不正之氣都消鑠了。」人傑。方録云：「老子云：『以道治世，則其鬼不神。』此有理。行正當事人，自不作怪。棄常則妖興。」

朱子語類卷第四

性理一

人物之性氣質之性

這幾箇字，自古聖賢上下數千年，呼喚得都一般。畢竟是聖學傳授不斷，故能如此。至春秋時，此箇道理其傳猶未泯。如劉定公論人受天地之中以生，鄭子產論伯有爲厲事，其窮理煞精。廣。

天之生物也，一物與一無妄。大雅。

天下無無性之物。蓋有此物，則有此性；無此物，則無此性。若海。

問：「五行均得太極否？」曰：「均。」問：「人具五行，物只得一行？」曰：「物亦具有五行，只是得五行之偏者耳。」可學。

問：「性具仁義禮智？」曰：「此猶是説『成之者性』。上面更有『一陰一陽』，『繼之者善』。只一陰一陽之道，未知做人做物，已具是四者。雖尋常昆蟲之類皆有之，只偏而不全，濁氣間隔。」德明。

人物之生，其賦形偏正，固自合下不同。然隨其偏正之中，又自有清濁昏明之異。僩。

物物運動蠢然，若與人無異。而人之仁義禮智之粹然者，物則無也。當時所記，改「人之」「之」字爲「性」字，姑兩存之。節。

或問：「人物之性一源，何以有異？」曰：「人之性論明暗，物之性只是偏塞。暗者可使之明，已偏塞者不可使之通也。橫渠言，凡物莫不有是性，由通蔽開塞，所以有人物之別。而卒謂塞者牢不可開，厚者可以開而開之也難，薄者開之也易是也。」又問：「人之習爲不善，其溺已深者，終不可復反矣。」曰：「勢極重者不可反，亦在乎識之淺深與其用力之多寡耳。」大雅。

先生答黃商伯書有云：「論萬物之一原，則理同而氣異；觀萬物之異體，則氣猶相近，而理絕不同。」問：「『理同而氣異』，此一句是說方付與萬物之初，以其天命流行，只是一般，故理同；以其二五之氣有清濁純駁，故氣異。下句是就萬物已得之後說，以其雖有清濁之不同，而同此二五之氣，故氣相近；以其昏明開塞之甚遠，故理絕不同。中庸是論其方付之初，集注是看其已得之後。」曰：「氣相近，如知寒煖，識饑飽，好生惡死，趨利避害，人與物都一般。理不同，如蜂蟻之君臣，只是他義上有一點子明；虎狼之父子，只是他仁上有一點子明；其他更推不去。恰似鏡子，其他處都暗了，中間只有一兩點子光。大凡物事稟得一邊重，便占了其他底。如慈愛底人少斷制，斷制之人多殘忍。蓋仁多，便遮了義；義多，便遮了那仁。」問：「所以婦人臨事多怕，亦是氣偏了？」曰：「婦人之仁，只流從愛上去。」僩。

問：「人物皆稟天地之理以爲性，皆受天地之氣以爲形。若人品之不同，固是氣有昏明厚薄之異。若在物言之，不知是所稟之理便有不全耶，亦是緣氣稟之昏蔽故如此耶？」曰：「惟其所受之氣只有許多，故其理亦只有許多。如犬馬，他這形氣如此，故只會得如此事。」又問：「物物具一太極，則是理無不全也。」曰：「謂之全亦可，謂之偏亦可。以理言之，則無不全；以氣言之，士毅録作「以不能推言之」。則不能無偏。故呂與叔謂物之性有近人之性者，如猫相乳之類。温公集載他家一猫，又更差異。人之性有近物之性者。」如世上昏愚人。廣。

問：「氣質有昏濁不同，則天命之性有偏全否？」曰：「非有偏全。謂如日月之光，若在露地，則盡見之；若在蔀屋之下，有所蔽塞，有見有不見。昏濁者是氣昏濁了，故自蔽塞，如在蔀屋之下。然在人則蔽塞有可通之理；至於禽獸，亦是此性，只被他形體所拘，生得蔽隔之甚，無可通處。至於虎狼之仁，豺獺之祭，蜂蟻之義，却只通這些子，譬如一隙之光。至於獼猴，形狀類人，便最靈於他物，只不會説話而已。到得夷狄，便在人與禽獸之間，所以終難改。」𥇧。

性如日光，人物所受之不同，如隙竅之受光有大小也。人物被形質局定了，也是難得開廣。如螻蟻如此小，便只知得君臣之分而已。僩。

或説：「人物性同。」曰：「人物性本同，只氣稟異。如水無有不清，傾放白椀中是一般色，及放黑椀中又是一般色，放青椀中又是一般色。」又曰：「性最難説，要説同亦得，要説異亦得。如隙中之日，隙之長短大小自是不同，然却只是此日。」夔孫。

人物之生，天賦之以此理，未嘗不同，但人物之稟受自有異耳。如一江水，你將杓去取，只得一杓；將椀去取，只得一椀；至於一桶一缸，各自隨器量不同，故理亦隨以異。僩。

問：「人則能推，物則不能推。」曰：「謂物無此理，不得。只是氣昏，一似都無了。」夔孫。

天地間非特人爲至靈，自家心便是鳥獸草木之心，但人受天地之中而生耳。敬仲。

某有疑問呈先生曰：「人物之性，有所謂同者，又有所謂異者。知其所以同，又知其所以異，然後可以論性矣。夫太極動而二氣形，二氣形而萬化生。人與物俱本乎此，則是其所謂同者；而二氣五行，絪緼交感，萬變不齊，則是其所謂異者。同者，其理也；異者，其氣也。必得是理，而後有以爲人物之性，則其所謂同然者，固不得而異也；必得是氣，而後有以爲人物之形，則所謂異者，亦不得而同也。是以先生於大學或問因謂『以其理而言之，則萬物一原，固無人物貴賤之殊；以其氣而言之，則得其正且通者爲人，得其偏且塞者爲物，是以或貴或賤而有所不能齊』者，蓋以此也。然其氣雖有不齊，而得之以有生者，在人物莫不皆有理；雖有所謂同，而得之以爲性者，人則獨異於物。故爲知覺，爲運動者，此氣也；爲仁義，爲禮智者，此理也。知覺運動，人能之，物亦能之；而仁義禮智，則物固有之，而豈能全之乎！今告子乃欲指其氣而遺其理，梏於其同者，而不知其所謂異者，此所以見闢於孟子。而先生於集注則亦以爲：『以氣言之，則知覺運動人物若不異；以理言之，則仁義禮智之稟，非物之所能全也。』於此則言氣同而理異者，所以見人之爲貴，非物之所能並；於彼則言理同而氣異者，所以見太極之無虧欠，而非有我之所得爲也。以是觀之，尚何疑哉！有以集注、或問異同爲疑者，答之如此，未知是否？」先生批云：「此一條論得甚分明。昨晚朋友正有講及此者，亦已略爲言之，然不及此之有條理也。」枅。

子晦問人物清明昏濁之殊，德輔因問：「堯舜之氣常清明冲和，何以生丹朱、商均？」曰：「氣偶然如此，如瞽瞍生舜是也。」某曰：「瞽瞍之氣有時而清明，堯舜之氣無時而昏濁。」先生答之不詳。次日，廖再問：「恐是天地之氣一時如此？」曰：「天地之氣與物相通，只借從人軀殼裏過來。」德輔。

問：「虎狼之父子，蜂蟻之君臣，豺獺之報本，雎鳩之有別，物雖得其一偏，然徹頭徹尾得義理之正。人合下具此天命之全體，乃爲物欲、氣稟所昏，反不能如物之能通其一處而全盡，何也？」曰：「物只有這一處通，便却專。人却事事理會得些，便却泛泛，所以易昏。」銖。

虎遇藥箭而死，也直去不回。虎是剛勁之物，便死得也公正。僩。

有飛蟻争集於燭而死，指而示諸生曰：「此飛而亢者，便是屬陰，便是『成之者性』。莊子謂：『一受其成形，不亡以待盡。』」道夫。

問：「人與物以氣稟之偏全而不同，不知草木如何？」曰：「草木之氣又別，他都無知了。」廣。

一草一木，皆天地和平之氣。人傑。

「天下之物，至微至細者，亦皆有心，只是有無知覺處爾。且如一草一木，向陽處便生，向陰處便憔悴，他有箇好惡在裏。至大而天地，生出許多萬物，運轉流通，不停一息，四時晝夜，恰似有箇物事積踏恁地去。天地自有箇無心之心。復卦一陽生於下，這便是生物之心。又如所謂『惟皇上帝降衷於下民』，『天道福善禍淫』，這便自分明有箇人在裏主宰相似。心是他本領，情是他箇意思。」又問：「如何見天地之情？」曰：「人正大，便也見得天地之情正大。天地只是正大，未嘗有些子邪處，未嘗有些子小處。」又曰：「且如今言藥性熱，藥何嘗有性，只是他所生恁地。」道夫。

徐子融以書問：「枯槁之中，有性有氣，故附子熱，大黃寒，此性是氣質之性？」陳才卿謂即是本然之性。先生曰：「子融認知覺爲性，故以此爲氣質之性。性即是理。有性即有氣，是他稟得許多氣，故亦只有許多理。」才卿謂有性無仁。先生曰：「此說亦是。是他元不曾稟得此道理。惟人則得其全。如動物，則又近人之性矣。故呂氏云：『物有近人之性，人有近物之性。』蓋人亦有昏愚之甚者。然動物雖有知覺，才死，則其形骸便腐壞；植物雖無知覺，然其質却堅久難壞。」廣。

問：「曾見答余方叔書，以爲枯槁有理。不知枯槁瓦礫，如何有理？」曰：「且如大黃附子，亦是枯槁。然大黃不可爲附子，附子不可爲大黃。」節。

問：「枯槁之物亦有性，是如何？」曰：「是他合下有此理，故云天下無性外之物。」因行街，云：「階磚便有磚之理。」因坐，云：「竹椅便有竹椅之理。枯槁之物，謂之無生意，則可；謂之無生理，則不可。如朽木無所用，止可付之爨竈，是無生意矣。然燒甚麽木，則是甚麽氣，亦各不同，這是理元如此。」賀孫。

問：「枯槁有理否？」曰：「才有物，便有理。天不曾生箇筆，人把兔毫來做筆。才有筆，便有理。」又問：「筆上如何分仁義？」曰：「小小底，不消恁地分仁義。」節。

問：「理是人物同得於天者。如物之無情者，亦有理否？」曰：「固是有理，如舟只可行之於水，車只可行之於陸。」祖道。

季通云：「在陸者不可以入水，在水者不可以居陸。在陸者陽多而陰少，在水者陰多而陽少。若出水入陸，則龜獺之類是也。」端蒙。

草木都是得陰氣，走飛都是得陽氣。各分之，草是得陰氣，木是得陽氣，故草柔而木堅；走獸是得陰氣，飛鳥是得陽氣，故獸伏草而鳥棲木。然獸又有得陽氣者，如猿猴之類是也；鳥又有得陰氣者，如雉鵰之類是也。唯草木都是得陰氣，然却有陰中陽、陽中陰者。端蒙。

問：「物有夏秋間生者。」曰：「生得較遲，他又自有箇小四時。」方子。

問：「動物有知，植物無知，何也？」曰：「動物有血氣，故能知。植物雖不可言知，然一般生意亦可默見。若戕賊之，便枯悴不復悦懌，池本作「澤」。亦似有知者。嘗觀一般花樹，朝日照曜之時，欣欣向榮，有這生意，皮包不住，自迸出來；若枯枝老葉，便覺憔悴，蓋氣行已過也。」問：「此處見得仁意否？」曰：「只看戕賊之便彫瘁，亦是義底意思。」因舉康節云：「植物向下，頭向下。『本乎地者親下』，故濁；動物向上，人頭向上。『本乎天者親上』，故清。獼猴之類能如人立，故特靈怪。如鳥獸頭多橫生，故有知、無知相半。」德明。銖録云：「『本乎天者親上』，凡動物首向上，是親乎上，人類是也。『本乎地者親下』，凡植物本向下，是親乎下，草木是也。禽獸首多橫，所以無智。此康節説。」

純叟言：「枇杷具四時之氣：秋結菩蕾，冬花，春實，夏熟。才熟後，又結菩蕾。」先生顧謂德明曰：「如此看去。」意謂生理循環也。德明。

冬間花難謝。如水仙，至脆弱，亦耐久；如梅花蠟梅，皆然。至春花則易謝。若夏間花，則尤甚矣。如葵榴荷花，只開得一日。必竟冬時其氣貞固，故難得謝。若春夏間，才發便發盡了，故不能久。又云：「大凡花頭大者易謝，果實亦然。如梨樹，極易得衰，將死時，須猛結一年實了死，此亦是氣將脱也。」廣。

看茄子内一粒，是箇生性。方。

問：「命之不齊，恐不是真有爲之賦予如此。只是二氣錯綜參差，隨其所值，因各不齊。皆非人力所與，故謂之天所命否？」曰：「只是從大原中流出來，模樣似恁地，不是真有爲之賦予者。那得箇人在上面分付這箇！詩書所説，便似有箇人在上恁地，如『帝乃震怒』之類。然這箇亦只是理如此。天下莫尊於理，故以帝名之。『惟皇上帝降衷於下民』，降，便有主宰意。」問：「『大哉乾元！萬物資始。乾道變化，各正性命。』萬物盈乎兩間，生生不窮，日往則月來，寒往則暑來，風雷之所以鼓動，山川之所以流峙，皆蒼蒼者實有以主其造化之權邪？抑只是太極爲萬化樞紐，故萬物自然如此？」曰：「此與前只一意。」淳。以下論氣質之性。

語厚之：「昨晚説『造化爲性』，不是。造化已是形而下，所以造化之理是形而上。」蜚卿問：「『純亦不已』，是理是氣？」曰：「是理。『天命之謂性』，亦是理。天命，如君之命令；性，如受職於君；氣，如有能守職者，有不能守職者。」某問：「『天命之謂性』，只是主理言。纔説命，則氣亦在其間矣。非氣，則何以爲人物？理何所受？」曰：「極是，極是。子思且就總會處言，此處最好看。」可學。

因看酱等説性，曰：「論性，要須先識得性是箇甚麽樣物事。必大録此下云：「性畢竟無形影，只是心中所有底道理是也。」程子『性即理也』，此説最好。今且以理言之，畢竟却無形影，只是這一箇道理。在人，仁義禮智，性也。然四者有何形狀，亦只是有如此道理。有如此道理，便做得許多事出來，所以能惻隱、羞惡、辭遜、是非也。譬如論藥性，性寒、性熱之類，藥上亦無討這形狀處。只是服了後，却做得冷做得熱底，便是性，便只是仁義禮智。孟子説：

『仁義禮智根於心。』如曰『惻隱之心』，便是心上説情。」又曰：「邵堯夫説：『性者，道之形體；心者，性之郛郭。』此説甚好。蓋道無形體，只性便是道之形體。然若無箇心，却將性在甚處！須是有箇心，便收拾得這性，發用出來。蓋性中所有道理，只是仁義禮智，便是實理。吾儒以性爲實，釋氏以性爲空。若是指性來做心説，則不可。今人往往以心來説性，須是先識得，方可説。必大録云：「若指有知覺者爲性，只是説得『心』字。」如有天命之性，便有氣質。若以天命之性爲根於心，則氣質之性又安頓在何處！謂如『人心惟危，道心惟微』，都是心，不成只道心是心，人心不是心！」又曰：「喜怒哀樂未發之時，只是渾然，所謂氣質之性亦皆在其中。至於喜怒哀樂，却只是情。」又曰：「只管説出語言，理會得。只見事多，却不如都不理會得底。」又曰：「然亦不可含糊，亦要理會得箇名義著落。」醬。人傑、必大録少異。

「『天命之謂性。』命，便是告劄之類；性，便是合當做底職事，如主簿銷注，縣尉巡捕；心，便是官人；氣質，便是官人所習尚，或寬或猛；情，便是當廳處斷事，如縣尉捉得賊。情便是發用處。性只是仁義禮智。所謂天命之與氣質，亦相衮同。才有天命，便有氣質，不能相離。若闕一，便生物不得。既有天命，須是有此氣，方能承當得此理。若無此氣，則此理如何頓放！必大録此云：「有氣質之性，無天命之性，亦做人不得；有天命之性，無氣質之性，亦做人不得。」天命之性，本未嘗偏。但氣質所稟，却有偏處，氣有昏明厚薄之不同。然仁義禮智，亦無闕一之理。但若惻隱多，便流爲姑息柔懦；若羞惡多，便有羞惡其所不當羞惡者。且如言光：必有鏡，然後有光；必有水，然後有光。光便是性，鏡水便是氣質。若無鏡與水，則光亦散矣。謂如五色，若頓在黑多處，便都黑了；入在紅多處，便都紅了，却看你稟得氣如何，然此理却只是善。既是此理，如何得惡！所謂惡者，却是氣也。孟子之論，盡是說性善。至有不善，說是陷溺，是說其初無不善，後來方有不善耳。若如此，却似『論性不論氣』，有些不備。却得程氏說出氣質來接一接，便接得有首尾，一齊圓備了。」又曰：「才又在氣質之下。如退之說三品等，皆是論氣質之性，說得儘好。只是不合不說破箇氣質之性，却只是做性說時，便不可。如三品之說，便分將來，何止三品？雖千百可也。若荀揚則是『論氣而不論性』，故不明。既不論性，便却將此理來昏了。」又曰：「皋陶謨中所論『寬而栗』等九德，皆是論反氣質之意，只不曾說破氣質耳。」伯豐曰：「匡衡疏中說治性之道，亦是說氣質。」㽦謂：「『寬而栗』等，『而』下一字便是功夫。」先生皆然之。或問：「若是氣質不善，可以變否？」曰：「須是變化而反之。如『人一己百，人十己千』，則『雖愚必明，雖柔必强』。」㽦。

人之所以生，理與氣合而已。天理固浩浩不窮，然非是氣，則雖有是理而無所湊泊。

故必二氣交感，凝結生聚，然後是理有所附著。凡人之能言語動作，思慮營爲，皆氣也，而理存焉。故發而爲孝弟忠信仁義禮智，皆理也。然而二氣五行，交感萬變，故人物之生，有精粗之不同。自一氣而言之，則人物皆受是氣而生；自精粗而言，則人得其氣之正且通者，物得其氣之偏且塞者。惟人得其正，故是理通而無所塞；物得其偏，故是理塞而無所知。且如人，頭圓象天，足方象地，平正端直，以其受天地之正氣，所以識道理，有知識。物受天地之偏氣，所以禽獸横生，草木頭生向下，尾反在上。物之間有知者，不過只通得一路，如烏之知孝，獺之知祭，犬但能守禦，牛但能耕而已。人則無不知，無不能。人所以與物異者，所争者此耳。然就人之所稟而言，又有昏明清濁之異。故上知生知之資，是氣清明純粹，而無一毫昏濁，所以生知安行，不待學而能，如堯舜是也。其次則亞於生知，必學而後知，必行而後至。又其次者，資稟既偏，又有所蔽，須是痛加工夫，「人一己百，人十己千」，然後方能及亞於生知者。及進而不已，則成功一也。孟子曰：「人之所以異於禽獸者幾希。」人物之所以異，只是争這些子。若更不能存得，則與禽獸無以異矣！某年十五六時，讀中庸「人一己百，人十己千」一章，因見吕與叔解得此段痛快，讀之未嘗不竦然警厲奮發！人若有向學之志，須是如此做工夫方得。僩。

問氣質之性。曰：「纔説性時，便有些氣質在裏。若無氣質，則這性亦無安頓處。所以繼之者只説得善，到成之者便是性。」榦。

性只是理。然無那天氣地質，則此理没安頓處。但得氣之清明則不蔽錮，此理順發出來。蔽錮少者，發出來天理勝；蔽錮多者，則私欲勝，便見得本原之性無有不善。孟子所謂性善，周子所謂純粹至善，程子所謂性之本，與夫反本窮源之性，是也。只被氣質有昏濁，則隔了，故「氣質之性，君子有弗性者焉。學以反之，則天地之性存矣」。故説性，須兼氣質説方備。端蒙。

天命之性，若無氣質，却無安頓處。且如一勺水，非有物盛之，則水無歸着。程子云：「論性不論氣，不備；論氣不論性，不明，二之則不是。」所以發明千古聖賢未盡之意，甚爲有功。大抵此理有未分曉處，秦漢以來傳記所載，只是説夢。韓退之畧近似。千有餘年，得程先生兄弟出來，此理益明。且如唐劉知幾之子云：「注述六經之旨，世俗陶陶，知我者希！」不知其書如何説，想亦是擔當不得。如果能曉得此理，如何不與大家知！賀孫。

性只是理。氣質之性，亦只是這裏出。若不從這裏出，有甚歸着。如云「人心惟危，道心惟微」，道心固是心，人心亦心也。横渠言：「心統性情。」人傑。

論天地之性，則專指理言；論氣質之性，則以理與氣雜而言之。未有此氣，已有此性。氣有不存，而性却常在。雖其方在氣中，然氣自是氣，性自是性，亦不相夾雜。至論其偏體於物，無處不在，則又不論氣之精粗，莫不有是理。

性非氣質，則無所寄；氣非天性，則無所成。道夫。

蜚卿問氣質之性。曰：「天命之性，非氣質則無所寓。然人之氣稟有清濁偏正之殊，故天命之正，亦有淺深厚薄之異，要亦不可不謂之性。舊見病翁云：『伊川言氣質之性，正猶佛書所謂水中鹽味，色裏膠清。』」又問：「孟子言性，與伊川如何？」曰：「不同。孟子是剔出而言性之本，伊川是兼氣質而言，要之不可離也，所以程子云：『論性不論氣，不備；論氣不論性，不明。』而某於太極解亦云：『所謂太極者，不離乎陰陽而爲言，亦不雜乎陰陽而爲言。』」道夫。閎祖録云：「氣稟之偏難除。釋氏云『如水中鹽，色中膠』，取不出也。病翁愛説此。」

性即理也。當然之理，無有不善者。故孟子之言性，指性之本而言。然必有所依而立，故氣質之稟不能無淺深厚薄之別。孔子曰「性相近也」，兼氣質而言。砥。

天地間只是一箇道理。性便是理。人之所以有善有不善，只緣氣質之稟各有清濁。去僞。

人所稟之氣，雖皆是天地之正氣，但衮來衮去，便有昏明厚薄之異。蓋氣是有形之物。才是有形之物，便自有美有惡也。廣。

氣質之性，便只是天地之性。只是這箇天地之性却從那裏過。好底性如水，氣質之性如殺些醬與鹽，便是一般滋味。僩。

問：「天理變易無窮。由一陰一陽，生生不窮。『繼之者善』，全是天理，安得不善！孟子言性之本體以爲善者是也。二氣相軋相取，相合相乖，有平易處，有傾側處，自然有善有惡。故稟氣形者有惡有善，何足怪！語其本則無不善也。」曰：「此却無過。」丁復之曰「先生解中庸大本」云云。曰：「既謂之大本，只是理善而已。才說人欲，便是氣也，亦安得無本！但大本中元無此耳。」大雅。

問：「理無不善，則氣胡爲有清濁之殊？」曰：「才說着氣，便自有寒有熱，有香有臭。」儒用。

二氣五行，始何嘗不正。只衮來衮去，便有不正。如陽爲剛燥，陰爲重濁之類。士毅。

氣升降，無時止息。理只附氣。惟氣有昏濁，理亦隨而間隔。德明。

人性本善，無許多不美，不知那許多不美是甚麼物事。振。

問：「趙書記一日問浩：『如何是性？』浩對以伊川曰：『孟子言「性善」，是極本窮原之性；孔子言「性相近」，是氣質之性。』趙云：『安得有兩樣！只有中庸說「天命之謂性」，自分明。』」曰：「公當初不曾問他：『既謂之善，固無兩般。才說相近，須有兩樣。』便自說不得！」因問：「『天命之謂性』，還是極本窮原之性，抑氣質之性？」曰：「是極本窮原之性。天之所以命，只是一般；緣氣質不同，遂有差殊。孟子分明是於人身上挑出天之所命者説與人，要見得本原皆善。」浩。

人之性皆善。然而有生下來善底，有生下來便惡底，此是氣稟不同。且如天地之運，萬端而無窮，其可見者，日月清明氣候和正之時，人生而稟此氣，則爲清明渾厚之氣，須做箇好人；若是日月昏暗，寒暑反常，皆是天地之戾氣，人若稟此氣，則爲不好底人，何疑！人之爲學，却是要變化氣稟，然極難變化。如「孟子道性善」，不言氣稟，只言「人皆可以爲堯舜」。若勇猛直前，氣稟之偏自消，功夫自成，故不言氣稟。看來吾性既善，何故不能爲聖賢，却是被這氣稟害。如氣稟偏於剛，則一向剛暴；偏於柔，則一向柔弱之類。人一向推托道氣稟不好，不向前，又不得；一向不察氣稟之害，只昏昏地去，又不得。須知氣稟之害，要力去用功克治，裁其勝而歸於中乃可。濂溪云：「性者，剛柔善惡中而已。故聖人立教，俾人自易其惡，自至其中而止矣。」責沈言：「氣質之用狹，道學之功大。」璘。

問：「孟子言『性善』，伊川謂是『極本窮原之性』；孔子言『性相近』，伊川謂是『氣質之性』，固已曉然。中庸所謂『天命之謂性』，不知是極本窮原之性，是氣質之性？」曰：「性也只是一般。天之所命，何嘗有異？正緣氣質不同，便有不相似處，故孔子謂之『相近』。

孟子恐人謂性元來不相似，遂於氣質内挑出天之所命者説與人，道性無有不善，即子思所謂『天命之謂性』也。」浩。

問：「孔子已説『繼之者善，成之者性』，如何人尚未知性？到孟子方才説出，到周先生方説得盡？」曰：「孔子説得細膩，説不曾了。孟子説得麤，説得疎畧。孟子不曾推原原頭，不曾説上面一截，只是説『成之者性』也。」義剛。

孟子言性，只説得本然底，論才亦然。荀子只見得不好底，揚子又見得半上半下底，韓子所言却是説得稍近。蓋荀揚説既不是，韓子看來端的見有如此不同，故有三品之説。然惜其言之不盡，少得一箇「氣」字耳。程子曰：「論性不論氣，不備；論氣不論性，不明。」蓋謂此也。力行。

孟子未嘗説氣質之性。程子論性所以有功於名教者，以其發明氣質之性也。以氣質論，則凡言性不同者，皆冰釋矣。退之言性亦好，亦不知氣質之性耳。人傑。

道夫[一]問：「氣質之説，始於何人？」曰：「此起於張程。某以爲極有功於聖門，有補於後學，讀之使人深有感於張程，前此未曾有人説到此。如韓退之原性中説三品，説得也

〔一〕「道夫」，賀本記疑一作「亞夫」。

是，但不曾分明説是氣質之性耳。性那裏有三品來！孟子説性善，但説得本原處，下面却不曾説得氣質之性，所以亦費分疏。諸子説性惡與善惡混。使張程之説早出，則這許多説話自不用紛争。故張程之説立，則諸子之説泯矣。」因舉横渠：「形而後有氣質之性。善反之，則天地之性存焉。故氣質之性，君子有弗性者焉。」又舉明道云：「論性不論氣，不備；論氣不論性，不明，二之則不是。」且如只説箇仁義禮智是性，世間却有生出來便無狀底，是如何？只是氣禀如此。若不論那氣，這道理便不周匝，所以不備。若只論氣禀，這箇善，這箇惡，却不論那一原處只是這箇道理，又却不明。此自孔子、曾子、子思、孟子理會得後，都無人説這道理。謙之問：「天地之氣，當其昏明駁雜之時，則其理亦隨而昏明駁雜否？」曰：「理却只恁地，只是氣自如此。」又問：「若氣如此，理不如此，則是理與氣相離矣！」曰：「氣雖是理之所生，然既生出，則理管他不得。如這理寓於氣了，日用間運用都由這箇氣，只是氣强理弱。譬如大禮赦文，一時將税都放了相似，有那村知縣硬自捉縛須要他納，緣被他近了，更自叫上面不應，便見得那氣麄而理微。又如父子，若子不肖，父亦管他不得。聖人所以立教，正是要救這些子。」時舉。柄録云：「問：『天地之性既善，則氣禀之性如何不善？』曰：『理固無不善，纔賦於氣質，便有清濁、偏正、剛柔、緩急之不同。蓋氣强而理弱，理管攝他不得。如父子本是一氣，子乃父所生；父賢而子不肖，父也管他不得。又如君臣同心一體，臣乃君所命；上欲行而下沮格，上之人亦不能一一去督責得他。』」

問：「人之德性本無不備，而氣質所賦，鮮有不偏。將性對『氣』字看，性即是此理。理無不善者，因墮在形氣中，故有不同。所謂氣質之性者，是如此否？」曰：「固是。但氣稟偏，則理亦欠闕了。」問：「『德不勝氣，性命於氣；德勝其氣，性命於德。』所謂勝者，莫是指人做處否？」曰：「固是。」又問：「『性命於氣』，是性命都由氣，則性不能全其本然，命不能順其自然；『性命於德』，是性命都由德，則性能全天性，命能順天理否？」曰：「固是。」又問：「橫渠論氣質之性，却分曉。明道『生之謂性』一章却難曉。」曰：「它中間性有兩三說，須子細看。」問云：「『生之謂性』，它這一句，且是說稟受處否？」曰：「是。性即氣，氣即性，它這且是衮說；性便是理，氣便是氣，是未分別說。其實理無氣，亦無所附。」又問：「『人生氣稟，理有善惡云云，善固性也，然惡亦不可不謂之性也。』看來『善固性也』固是。若云『惡亦不可不謂之性』，則此理本善，因氣而鶻突；雖是鶻突，然亦是性也。」曰：「它原頭處都是善，因氣偏，這性便偏了。然此處亦是性。如人渾身都是惻隱而無羞惡，都羞惡而無惻隱，這箇便是惡德。這箇喚做性邪不是？如墨子之心本是惻隱，孟子推其弊，到得無父處，這箇便是『惡亦不可不謂之性也』。」又問：「『生之謂性，人生而静以上云云，便已不是性也。』看此幾句，是人物未生以前，説性不得。『性』字是人物已生，方着得『性』

字。故才説性，便是落於氣，而非性之本體矣。」曰：「它這是合理氣一衮説。到孟子説性，便是從中間斡出好底説，故謂之善。」又問：「『所謂「繼之者善」者，猶水流而就下也。皆水也，有流而至海』云云。」曰：「它這是兩箇譬喻。水之就下處，它這下更欠言語，要須爲它作文補這裏，始得。它當時只是衮説了。蓋水之就下，便是喻性之善。如孟子所謂過顙、在山，雖不是順水之性，然不謂之水不得。這便是前面『惡亦不可不謂之性』之説。到得説水之清，却依舊是譬喻。」問：「它後面有一句説，『水之清則性善之謂也』，意却分曉。」曰：「固是。它這一段説得詳了。」又問：「『此理天命也。』它這處方提起以此理説，則是純指上面天理而言，不離氣説。」曰：「固是。」又曰：「理離氣不得。而今講學用心着力，却是用這氣去尋箇道理。」夔孫。

先生言氣質之性，曰：「性譬之水，本皆清也。以浄器盛之，則清；以不浄之器盛之，則臭；以汙泥之器盛之，則濁。本然之清，未嘗不在。但既臭濁，猝難得便清。故『雖愚必明，雖柔必强』，也煞用氣力，然後能至。某嘗謂原性一篇本好，但言三品處，欠箇『氣』字，欠箇來歷處，却成天合下生出三般人相似！孟子性善，似也少箇『氣』字。」砥。伯羽録云：「大抵孟子説話，也間或有些子不覩是處。只被他才高，當時無人抵得他。告子口更不曾得開。」

性如水，流於清渠則清，流入汙渠則濁。氣質之清者、正者，得之則全，人是也；氣質

之濁者、偏者，得之則昧，禽獸是也。氣有清濁，人則得其清者，禽獸則得其濁者。人大體

本清，故異於禽獸；亦有濁者，則去禽獸不遠矣。節。

有是理而後有是氣，有是氣則必有是理。但稟氣之清者，爲聖爲賢，如寶珠在清冷水中；稟氣之濁者，爲愚爲不肖，如珠在濁水中。所謂「明明德」者，是就濁水中揩拭此珠也。物亦有是理，又如寶珠落在至汙濁處，然其所稟亦間有些明處，就上面便自不昧。如虎狼之父子，蜂蟻之君臣，豺獺之報本，雎鳩之有別，曰「仁獸」，曰「義獸」是也。儒用。

「理在氣中，如一箇明珠在水裏。理在清底氣中，如珠在那清底水裏面，透底都明；理在濁底氣中，如珠在那濁底水裏面，外面更不見光明處。」問：「物之塞得甚者，雖有那珠，如在深泥裏面，更取不出。」曰：「也是如此。」胡泳。

「敬子謂：『性所發時，無有不善，雖氣稟至惡者亦然。但方發之時，氣一乘之，則有善有不善耳。』僩以爲人心初發，有善有惡，所謂『幾善惡』也。初發之時本善而流入於惡者，此固有之。然亦有氣稟昏愚之極，而所發皆不善者，如子越椒之類是也。且以中人論之，其所發之不善者，固亦多矣。安得謂之無不善邪？」曰：「不當如此說，如此說得不是。此只當以人品賢愚清濁論。有合下發得善底，也有合下發得不善底，也有發得善而爲物欲所奪，流入於不善底。極多般樣。今有一樣人，雖無事在這裏坐，他心裏也只思量

要做不好事，如蛇虺相似，只欲咬人。他有甚麽發得善！明道說水處最好。皆水也，有流而至海，終無所污；有流而未遠，固已漸濁；有流而甚遠，方有所濁。有濁之多者，濁之少者。只可如此說。」僩。

或問氣禀有清濁不同。曰：「氣禀之殊，其類不一，非但『清濁』二字而已。今人有聰明，事事曉者，其氣清矣，而所爲未必皆中於理，則是其氣不醇也。有謹厚忠信者，其氣醇矣，而所知未必皆達於理，則是其氣不清也。推此求之可見。」

問：「季通主張氣質太過。」曰：「形質也是重。且如水之氣，如何似長江大河，有許多洪流！金之氣，如何似一塊鐵恁地硬！形質也是重。被此生壞了後，理終是拗不轉來。」又曰：「孟子言『人所以異於禽獸者幾希』，不知人何故與禽獸異？」又言：「『犬之性猶牛之性，牛之性猶人之性與？』不知人何故與牛犬異？此兩處似欠中間一轉語。須着說是形氣不同，故性亦少異，始得。恐孟子見得人性同處，自是分曉直截，却於這些子未甚察。」又曰：「了翁云：『氣質之用狹，道學之功大。』與季通說正相反。若論其至，不可只靠一邊。如了翁之說，則何故自古只有許多聖賢？如季通之說，則人皆委之於生質，更不修爲。須是看人功夫多少如何。若功夫未到，則氣質之性不得不重。若功夫至，則氣質豈得不聽命於義理！也須着如此說，方盡。」閎祖。

人性雖同，禀氣不能無偏重。有得木氣重者，則惻隱之心常多，而羞惡、辭遜、是非之心爲其所塞而不發；有得金氣重者，則羞惡之心常多，而惻隱、辭遜、是非之心爲其所塞而不發。水火亦然。唯陰陽合德，五性全備，然後中正而爲聖人也。閎祖。

性有偏者。如得木氣多者，仁較多；金氣多者，義較多。揚。

先生曰：「人有敏於外而内不敏，又有敏於内而外不敏，如何？」曰：「莫是禀氣强弱？」曰：「不然。淮南子曰：『金水内明，日火外明。』氣偏於内故内明，氣偏於外則外明。」可學。

「氣禀所拘，只通得一路，極多樣：或厚於此而薄於彼，或通於彼而塞於此。有人能盡通天下利害而不識義理，或工於百工技藝而不解讀書。如虎豹只知父子，蜂蟻只知君臣。惟人亦然，或知孝於親而薄於他人。如明皇友愛諸弟，長枕大被，終身不變，然而爲君則殺其臣，爲父則殺其子，爲夫則殺其妻，便是有所通，有所蔽。是他性中只通得一路，故於他處皆礙，也是氣禀，也是利害昏了。」又問：「以堯爲父而有丹朱，以鯀爲父而有禹，如何？」曰：「這箇又是二氣、五行交際運行之際有清濁，人適逢其會，所以如此。如算命推五行陰陽交際之氣，當其好者則質美，逢其惡者則不肖，又非人之氣所能與也。」僩。

問：「人有强弱，由氣有剛柔，若人有技藝之類，如何？」曰：「亦是氣。如今人看五行，亦推測得些小。」曰：「如才不足人，明得理，可爲否？」曰：「若明得盡，豈不可爲，所謂『克念作聖』是也，然極難。若只明得一二，如何做得！」曰：「温公論才德如何？」曰：「他便專把朴者爲德。殊不知聰明、果敢、正直、中和，亦是才，亦是德。」可學。

或問：「人禀天地五行之氣，然父母所生，與是氣相值而然否？」曰：「便是這氣須從人身上過來。今以五行枝幹推算人命，與夫地理家推擇山林向背，皆是此理。然又有異處。如磁窑中器物，聞説千百件中，或有一件紅色大段好者，此是異禀。惟人亦然。瞽鯀之生舜禹，亦猶是也。」人傑。

問：「臨漳士友録先生語，論氣之清濁處甚詳。」曰：「粗説是如此。然天地之氣有多少般。」問：「堯舜生丹均，瞽叟生舜事，恐不全在人，亦是天地之氣？」曰：「此類不可曉。人氣便是天地之氣，然就人身上透過，如魚在水，水入口出腮。但天地公共之氣，人不得擅而有之。」德明。

亞夫曰：「性如日月，氣濁者如雲霧。」先生以爲然。節。

人性如一團火，煨在灰裏，撥開便明。椿。

問氣禀云云。曰：「天理明，則彼如何着得！」可學。

問：「人有常言，某人性如何，某物性如何，某物性熱，某物性冷。此是兼氣質與所禀之理而言否？」曰：「然。」僩。

問指屋柱云：「此理也；曲直，性也；所以爲曲直，命也。曲直是説氣稟。」曰：「然。」可學。

質並氣而言，則是「形質」之「質」；若生質，則是「資質」之「質」。復舉了翁責沈説，曰：「他説多是禪。不知此數句如何恁説得好！」義剛。

性者萬物之原，而氣稟則有清濁，是以有聖愚之異。命者萬物之所同受，而陰陽交運，參差不齊，是以五福、六極，值遇不一。端蒙。以下兼言命。

安卿問：「『命』字有專以理言者，有專以氣言者。」曰：「也都相離不得。蓋天非氣，無以命於人；人非氣，無以受天所命。」道夫。

問：「先生説：『命有兩種：一種是貧富、貴賤、死生、壽夭，一種是清濁、偏正、智愚、賢不肖。一種屬氣，一種屬理。』以僩觀之，兩種皆似屬氣。蓋智愚、賢不肖、清濁、偏正，亦氣之所爲也。」曰：「固然。性則命之理而已。」僩。

問：「性分、命分何以别？」曰：「性分是以理言之，命分是兼氣言之。命分有多寡厚薄之不同，若性分則又都一般。此理，聖愚賢否皆同。」淳。寓録少異。

「命」之一字，如「天命謂性」之「命」，是言所稟之理也。「性也有命焉」之「命」，是言所以稟之分有多寡厚薄之不同也。伯羽。

問：「『天命謂性』之『命』，與『死生有命』之『命』不同，何也？」曰：「『死生有命』之『命』是帶氣言之，氣便有稟得多少厚薄之不同。『天命謂性』之『命』，是純乎理言之。然天之所命，畢竟皆不離乎氣。但中庸此句，乃是以理言之。孟子謂『性也，有命焉』，此『性』是兼氣稟食色言之。『命也，有性焉』，此『命』是帶氣言之。性善又是超出氣說。」淳。

問：「子罕言命。若仁義禮智五常皆是天所命。如貴賤死生壽夭之命有不同，如何？」曰：「都是天所命。稟得精英之氣，便爲聖，爲賢，便是得理之全，得理之正。稟得清明者，便英爽；稟得敦厚者，便温和；稟得清高者，便貴；稟得豐厚者，便富；稟得久長者，便壽；稟得衰頹薄濁者，一本作：「衰落孤單者，便爲貧爲賤爲夭。」便爲愚、不肖，爲貧，爲賤，爲夭。天有那氣生一箇人出來，便有許多物隨他來。」又曰：「天之所命，固是均一，到氣稟處便有不齊。看其稟得來如何。稟得厚，道理也備。嘗謂命，譬如朝廷誥勑；心，譬如官人一般，差去做官；性，譬如職事一般，郡守便有郡守職事，縣令便有縣令職事。職事只一般，天生人，教人許多道理，便是付人許多職事。別本云：「道理只一般。」氣稟，譬如俸給。貴如官高者，賤如官卑者，富如俸厚者，貧如俸薄者，壽如三兩年一任又再任者，夭者如不得終任者。朝廷差人做官，便有許多物一齊趂。一作「隨」。後來横渠云：『形而後有氣質之性，善反之，則天地之性存焉，故氣質之性，君子有弗性焉。』如稟得氣清明者，這道理只在裏面；稟得昏濁者，這道理也只在裏面，只被昏濁遮蔽了。譬之水，清底裏面纖毫皆見，渾底便見不得。孟子說性善，他只見得大本處，未說得氣質之性細碎處。程子謂：『論性不論氣，不備；論氣不論性，不明；二之則不是。』孟子只論性，不論氣，便不全備。論性不論氣，這性說不盡；論氣不論性，性之本領處又不透徹。荀揚韓諸人雖是論性，其實只說得氣。荀子只見得不好人底性，便說做惡。揚子見半善半惡底人，便說善惡混。韓子見天下有許多般人，所以立爲三品之說。就三子中，韓子說又較近。他以仁義禮智爲性，以喜怒哀樂爲情，只是中間過接處少箇『氣』字。」寓。淳録自「橫渠」以下同。

問：「顏淵不幸短命。伯牛死，曰：『命矣夫！』孔子『得之不得曰有命』。如此之『命』，與『天命謂性』之『命』無分別否？」曰：「命之正者出於理，命之變者出於氣質。要之，皆天所付予。孟子曰：『莫之致而至者，命也。』但當自盡其道，則所值之命，皆正命也。」因問：「如今數家之學，如康節之說，謂皆一定而不可易，如何？」曰：「也只是陰陽盛衰消長之理，大數可見。然聖賢不曾主此說。如今人說康節之數，謂他說一事一物皆有成敗之時，都說得膚淺了。」木之。

或問：「『亡之，命矣夫！』此『命』是天理本然之命否？」曰：「此只是氣稟之命。富貴、死生、禍福、貴賤，皆稟之氣而不可移易者。」祖道曰：「『不知命無以爲君子』，與『五十知天命』，兩『命』字如何？」曰：「『不知命』亦是氣稟之命，『知天命』却是聖人知其性中四端之所自來。如人看水一般：常人但見爲水流，聖人便知得水之發源處。」祖道。

聞一問：『亡之，命矣夫！』此『命』字是就氣稟上説？」曰：「死生壽夭，固是氣之所稟。只看孟子説『性也，有命焉』處，便分曉。」擇之問：「『不知命』與『知天命』之『命』如何？」曰：「不同。『知天命』，謂知其理之所自來。譬之於水，人皆知其爲水，聖人則知其發源處。如『不知命』處，却是説死生、壽夭、貧富、貴賤之命也。然孟子又説當『順受其正』。若一切任其自然，而『立乎巖牆之下』，則又非其正也。」因言，上古天地之氣，其極清者，生爲聖人，君臨天下，安享富貴，又皆享上壽。及至後世，多反其常。衰周生一孔子，終身不遇，壽止七十有餘。其稟得清明者，多夭折；暴横者，多得志。舊看史傳，見盜賊之爲君長者，欲其速死，只是不死，爲其全得壽考之氣也。人傑。

履之説：「子温而厲，威而不猛，恭而安。」因問：「得清明之氣爲聖賢，昏濁之氣爲愚不肖；氣之厚者爲富貴，薄者爲貧賤，此固然也。然聖人得天地清明中和之氣，宜無所虧欠，而夫子反貧賤，何也？豈時運使然邪？抑其所稟亦有不足邪？」曰：「便是稟得來有不足。他那清明，也只管得做聖賢，却管不得那富貴。稟得那高底則貴，稟得厚底則富，稟得長底則壽，貧賤夭者反是。夫子雖得清明者以爲聖人，然稟得那低底、薄底，所以貧賤。顏子又不如孔子，又稟得那短底，所以又夭。」又問：「一陰一陽，宜若停勻，則賢不肖宜均。何故君子常少，而小人常多？」曰：「自是他那物事駁雜，如何得齊！且以撲錢譬之：純者常少，不純者常多，自是他那氣駁雜，或前或後，所以不能得他恰好，如何得均平！且以一日言之：或陰或晴，或風或雨，或寒或熱，或清爽，或鶻突，一日之間自有許多變，便可見矣。」又問：「雖是駁雜，然畢竟不過只是一陰一陽二氣而已，如何會恁地不齊？」曰：「便是不如此。若只是兩箇單底陰陽，則無不齊。緣是他那物事錯揉萬變，所以不能得他恰好。」又問：「如此，則天地生聖賢，又只是偶然，不是有意矣。」曰：「天地那裏説我特地要生箇聖賢出來！也只是氣數到那裏，恰相湊著，所以生出聖賢。及至生出，則若天之有意焉耳。」又問：「康節云：『陽一而陰二，所以君子少而小人多。』此語是否？」曰：「也説得來。自是那物事好底少而惡底多。且如面前事，也自是好底事少，惡底事多。其理只一般。」僩。

敬子問自然之數。曰：「有人稟得氣厚者，則福厚；氣薄者，則福薄。稟得氣之華美者，則富盛；衰颯者，則卑賤；氣長者，則壽；氣短者，則夭折。此必然之理。」問：「神仙之説有之乎？」曰：「誰人説無？誠有此理。只是他那工夫大段難做，除非百事棄下，辦得那般工夫，方做得。」又曰：「某見名寺中所畫諸祖師人物，皆魁偉雄傑，宜其傑然有立如此。所以妙喜贊某禪師有曰：『當初若非這箇，定是做箇渠魁。』觀之信然。其氣貌如此，則世之所謂富貴利達，聲色貨利，如何籠絡得他住！他視之亦無足以動其心者。」或問：「若非佛氏收拾去，能從吾儒之教，不知如何？」曰：「他又也未是那『無文王猶興』底，只是也須做箇特立獨行底人，所爲必可觀。若使有聖人收拾去，可知大段好。只是當時吾道黑淬淬地，只有些章句詞章之學。他如龍如虎，這些藝解都束縛他不住，必決去無疑。也煞被他引去了好人，可畏可畏！」僩。

問：「富貴有命，如後世鄙夫小人，當堯舜三代之世，如何得富貴？」曰：「當堯舜三代之世不得富貴，在後世則得富貴，便是命。」曰：「如此，則氣禀不一定。」曰：「以此氣遇此時，是他命好；不遇此時，便是有所謂資適逢世是也。如長平死者四十萬，但遇白起，便如此。只他相撞着，便是命。」可學。

問：「前日嘗説鄙夫富貴事。今云富貴貧賤是前定，如何？」曰：「恁地時節，氣亦自别。後世氣運漸乖，如古封建，畢究是好人在上。到春秋乃生許多逆賊。今儒者多歎息封建不行，然行著亦可慮。且如天子，必是天生聖哲爲之。後世如秦始皇在上，乃大無道人，如漢高祖，乃崛起田野，此豈不是氣運顛倒！」問：「此是天命否？」曰：「是。」可學。

人之稟氣，富貴、貧賤、長短，皆有定數寓其中。稟得盛者，其中有許多物事，其來無窮。亦無[一]盛而短者。若木生於山，取之，或貴而爲棟梁，或賤而爲廁料，皆其生時所稟氣數如此定了。揚。

〔一〕「無」，賀疑當作「有」。

朱子語類卷第五

性理二

性情心意等名義

問："天與命，性與理，四者之别：天則就其自然者言之，命則就其流行而賦於物者言之，性則就其全體而萬物所得以爲生者言之，理則就其事事物物各有其則者言之。到得合而言之，則天即理也，命即性也，性即理也，是如此否？"曰："然。但如今人説，天非蒼蒼之謂。據某看來，亦捨不得這箇蒼蒼底。"賀孫。以下論性命。

理者，天之體；命者，理之用。性是人之所受，情是性之用。道夫。

命猶誥勑，性猶職事，情猶施設，心則其人也。賀孫。

天所賦爲命，物所受爲性。賦者命也，所賦者氣也；受者性也，所受者氣也。寓。

道即性，性即道，固只是一物。然須看因甚喚做性，因甚喚做道。淳。以下論性。

性即理也。在心喚做性，在事喚做理。燾。

生之理謂性。節。

性只是此理。節。

性是合當底。同。

性則純是善底。同。

性是天生成許多道理。同。

性是許多理散在處爲性。同。

問：「性既無形，復言以理，理又不可見。」曰：「父子有父子之理，君臣有君臣之理。」節。

性是實理，仁義禮智皆具。德明。

問：「性固是理。然性之得名，是就人生稟得言之否？」曰：「『繼之者善，成之者性。』這箇理在天地間時，只是善，無有不善者。生物得來，方始名曰『性』。只是這理，在天則曰『命』，在人則曰『性』。」淳。

鄭問：「先生謂性是未發，善是已發，何也？」曰：「纔成箇人影子，許多道理便都在那人上。其惻隱，便是仁之善；羞惡，便是義之善。到動極復静處，依舊只是理。」曰：「這善，也是性中道理，到此方見否？」曰：「這須就那地頭看。『繼之者善也，成之者性也。』在天地言，則善在先，性在後，是發出來方生人物。發出來是善，生人物便成箇性。在人言，則性在先，善在後。」或舉「孟子道性善」。曰：「此則『性』字重，『善』字輕，非對言也。文字須活看。此且就此說，彼則就彼說，不可死看。牽此合彼，便處處有礙。」淳。德明。

性不是卓然一物可見者。只是窮理、格物，性自在其中，不須求，故聖人罕言性。

諸儒論性不同，非是於善惡上不明，乃「性」字安頓不着。砥。

聖人只是識得性。百家紛紛，只是不識「性」字。揚子鶻鶻突突，荀子又所謂隔靴爬痒。揚。

致道謂「心爲太極」，林正卿謂「心具太極」，致道舉以爲問。先生曰：「這般處極細，難說。看來心有動静：其體，則謂之易；其理，則謂之道；其用，則謂之神。」直卿退而發明曰：「先生道理精熟，容易說出來，須至極。」賀孫問：「『其體則謂之易』，體是如何？」曰：「體不是『體用』之『體』，恰似說『體質』之『體』，猶云『其質則謂之易』。理即是性，這般所在，當活看。如『心』字，各有地頭說。如孟子云：『仁，人心也。』仁便是人心，這說心是合理說。如說『顏子其心三月不違仁』，是心爲主而不違乎理。就地頭看，始得。」又云：「先生太極圖解云：『動静者，所乘之機也。』蔡季通聰明，看得這般處出，謂先生下此語最精。蓋太極是理，形而上者；陰陽是氣，形而下者。然理無形，而氣却有迹。氣既有動静，則所載之理亦安得謂之無動静！」又舉通書動静篇云：「『動而無静，静而無動，物也；動而無動，静而無静，神也。動而無動，静而無静，非不動不静也。物則不通，神妙萬物。』動静者，所乘之機也。」先生因云：「某向來分別得這般所在。今心力短，便是這般所在都説不到。」因云：「向要到雲谷，自下上山，半塗大雨，通身皆濕，得到地頭，因思著：『天地之塞，吾其體；天地之帥，吾其性。』時季通及某人同在那裏。某因各人解此兩句，自亦作兩句解。後來看，也自説得着，所以迤邐便作西銘等解。」賀孫。以下論心。

心之理是太極，心之動静是陰陽。振。

惟心無對。方子。

問：「靈處是心，抑是性？」曰：「靈處只是心，不是性。性只是理。」淳。

問：「知覺是心之靈固如此，抑氣之爲邪？」曰：「不專是氣，是先有知覺之理。理未知覺，氣聚成形，理與氣合，便能知覺。譬如這燭火，是因得這脂膏，便有許多光燄。」問：「心之發處是氣否？」曰：「也只是知覺。」淳。

所知覺者是理。理不離知覺，知覺不離理。節。

問：「心是知覺，性是理。心與理如何得貫通爲一？」曰：「不須去著實通，本來貫通。」「如何本來貫通？」曰：「理無心，則無着處。」節。

所覺者，心之理也；能覺者，氣之靈也。節。

心者，氣之精爽。節。

心官至靈，藏往知來。燾。

發明「心」字，曰：「一言以蔽之，曰生而已。『天地之大德曰生』，人受天地之氣而生，故此心必仁，仁則生矣。」力行。

心須兼廣大流行底意看，又須兼生意看。且如程先生言：「仁者，天地生物之心。」只天地便廣大，生物便流行，生生不窮。端蒙。

「心與理一，不是理在前面爲一物。理便在心之中，心包蓄不住，隨事而發。」因笑云：「説到此，自好笑。恰似那藏相似，除了經函，裏面點燈，四方八面皆如此光明粲爛，但今人亦少能看得如此。」廣。

問：「心之爲物，衆理具足。所發之善，固出於心。至所發不善，皆氣禀物欲之私，亦出於心否？」曰：「固非心之本體，然亦是出於心也。」又問：「此所謂人心否？」曰：「是。」子升因問：「人心亦兼善惡否？」曰：「亦兼説。」木之。

或問：「心有善惡否？」曰：「心是動底物事，自然有善惡。且如惻隱是善也，見孺子入井而無惻隱之心，便是惡矣。離着善，便是惡。然心之本體未嘗不善，又却不可說惡全不是心。若不是心，是甚麽做出來？古人學問便要窮理、知至，直是下工夫消磨惡去，善自然漸次可復。操存是後面事，不是善惡時事。」問：「明善、擇善如何？」曰：「能擇，方能明。且如有五件好底物事，有五件不好底物事，將來揀擇，方解理會得好底。不擇，如何解明？」謙。

心無間於已發未發。徹頭徹尾都是，那處截做已發未發！如放僻邪侈，此心亦在，不可謂非心。淳。

問：「形體之動，與心相關否？」曰：「豈不相關？自是心使他動。」曰：「喜怒哀樂未發之前，形體亦有運動，耳目亦有視聽，此是心已發，抑未發？」曰：「喜怒哀樂未發，又是一般。然視聽行動，亦是心向那裏。若形體之行動心都不知，便是心不在。行動都没理會了，說甚未發！未發不是漠然全不省，亦常醒在這裏，不恁地困。」淳。

問：「惻隱、羞惡、喜怒、哀樂，固是心之發，曉然易見處。如未惻隱、羞惡、喜怒、哀樂之前，便是寂然而静時，然豈得塊然槁木！其耳目亦必有自然之聞見，其手足亦必有自然之舉動，不審此時唤作如何。」曰：「喜怒哀樂未發，只是這心未發耳。其手足運動，自是形體如此。」淳。

問：「先生前日以揮扇是氣，節後思之：心之所思，耳之所聽，目之所視，手之持，足之履，似非氣之所能到。氣之所運，必有以主之者。」曰：「氣中自有箇靈底物事。」節。

虛靈自是心之本體，非我所能虛也。耳目之視聽，所以視聽者即其心也，豈有形象？然有耳目以視聽之，則猶有形象也。若心之虛靈，何嘗有物！人傑。

問：「五行在人爲五臟。然心却具得五行之理，以心虛靈之故否？」曰：「心屬火，緣是箇光明發動底物，所以具得許多道理。」僩。

問：「人心形而上下如何？」曰：「如肺肝五臟之心，却是實有一物。若今學者所論操舍存亡之心，則自是神明不測。故五臟之心受病，則可用藥補之；這箇心，則非菖蒲、茯苓所可補也。」問：「如此，則心之理乃是形而上否？」曰：「心比性，則微有迹；比氣，則自然又靈。」謙。

問：「先生嘗言，心不是這一塊。某竊謂，滿體皆心也，此特其樞紐耳。」曰：「不然，此非心也，乃心之神明升降之舍。人有病心者，乃其舍不寧也。凡五臟皆然。心豈無運用，須常在軀殼之内。譬如此建陽知縣，須常在衙裏，始管得這一縣也。」某曰：「然則程子言『心要在腔子裏』，謂當在舍之内，而不當在舍之外耶？」曰：「不必如此。若言心不可在脚上，又不可在手上，只得在這些子上也。」義剛。

性猶太極也，心猶陰陽也。太極只在陰陽之中，非能離陰陽也。然至論太極，自是太極；陰陽，自是陰陽。惟性與心亦然。所謂一而二，二而一也。韓子以仁義禮智信言性，以喜怒哀樂言情，蓋愈於諸子之言性。然至分三品，却只説得氣，不曾説得性。砥。以下總論心性。

問：「天之付與人物者爲命，人物之受於天者爲性，主於身者爲心，有得於天而光明正大者爲明德否？」曰：「心與性如何分別？明如何安頓？受與得又何以異？人與物與身又何間別？明德合是心，合是性？」曰：「性却實。以感應虛明言之，則心之意亦多。」曰：「此兩箇説著一箇，則一箇隨到，元不可相離，亦自難與分別。捨心則無以見性，捨性又無以見心，故孟子言心性，每每相隨説。仁義禮智是性，又言『惻隱之心，羞惡之心，辭遜、是非之心』，更細思量。」大雅。

或問心性之别。曰：「這箇極難説，且是難爲譬喻。如伊川以水喻性，其説本好，却使曉不得者生病。心，大概似箇官人；天命，便是君之命；性，便如職事一般。此亦大概如此，要自理會得。如邵子云：『性者，道之形體。』蓋道只是合當如此，性則有一箇根苗，生出君臣之義，父子之仁。性雖虛，都是實理。心雖是一物，却虛，故能包含萬理。這箇要人自體察始得。」學蒙。方子録云：「性本是無〔一〕，却是實理。心似乎有影象，然其體却虚。」

舊嘗以論心、論性處，皆類聚看。看熟，久則自見。淳。

性便是心之所有之理，心便是理之所會之地。下「心」字，饒録作「性」。升卿。

性是理，心是包含該載，敷施發用底。夔孫。

問心之動、性之動。曰：「動處是心，動底是性。」寓。

心以性爲體，心將性做餡子模樣。蓋心之所以具是理者，以有性故也。蓋卿。

心有善惡，性無不善。若論氣質之性，亦有不善。節。

鄭仲履問：「先生昨説性無不善，心固有不善。然本心則元無不善。」曰：「固是本心元無不善，誰教你而今却不善了！今人外面做許多不善，却只説我本心之善自在，如何得！」蓋卿。

心、性、理，拈著一箇，則都貫穿，惟觀其所指處輕重如何。如「養心莫善於寡欲，雖有不存焉者寡矣」，「存」雖指理言，然心自在其中。「操則存」，此「存」雖指心言，然理自在其中。端蒙。

〔一〕「無」下，賀疑脱「形」字。

或問："人之生，稟乎天之理以爲性，其氣清則爲知覺。而心又不可以知覺言，當如何？"曰："難説。以'天命之謂性'觀之，則命是性，天是心，心有主宰之義。然不可無分别，亦不可太説開成兩箇，當熟玩而默識其主宰之意可也。"高。

説得出，又名得出，方是見得分明。如心、性，亦難説。嘗曰："性者，心之理；情者，性之動；心者，性情之主。"德明。

性對情言，心對性情言。合如此是性，動處是情，主宰是心。大抵心與性，似一而二，似二而一，此處最當體認。可學。

有這性，便發出這情；因這情，便見得這性。因今日有這情，便見得本來有這性。方子。

性不可言。所以言性善者，只看他惻隱、辭遜四端之善則可以見其性之善，如見水流之清，則知源頭必清矣。四端，情也，性則理也。發者，情也，其本則性也，如見影知形之意。力行。

在天爲命，稟於人爲性，既發爲情。此其脉理甚實，仍更分明易曉。唯心乃虚明洞徹，統前後而爲言耳。據性上説"寂然不動"處是心，亦得；據情上説"感而遂通"處是心，亦得。故孟子説"盡其心者，知其性也"，文義可見。性則具仁義禮智之端，實而易察。知此實理，則心無不盡，盡亦只是盡曉得耳。如云盡曉得此心者，由知其性也。大雅。

景紹問心性之别。曰：「性是心之道理，心是主宰於身者。四端便是情，是心之發見處。四者之萌皆出於心，而其所以然者，則是此性之理所在也。」道夫問：「『滿腔子是惻隱之心』，如何？」曰：「腔子是人之軀殼。上蔡見明道，舉經史不錯一字，頗以自矜。明道曰：『賢却記得許多，可謂玩物喪志矣？』上蔡見明道説，遂滿面發赤，汗流浹背。明道曰：『只此便是惻隱之心。』公要見滿腔子之説，但以是觀之。」問：「玩物之説主甚事？」曰：「也只是『矜』字。」道夫。

伯豐論性有已發之性，有未發之性。曰：「性纔發，便是情。情有善惡，性則全善。心又是一箇包總性情底。大抵言性，便須見得是元受命於天，其所禀賦自有本根，非若心可以一槩言也。却是漢儒解『天命之謂性』，云『木神仁，金神義』等語，却有意思，非苟言者。學者要體會親切。」又嘆曰：「若不用明破，只恁涵養，自有到處，亦自省力。若欲立言示訓，則須契勘教子細，庶不悖於古人！」大雅。

履之問未發之前心性之别。曰：「心有體用。未發之前是心之體，已發之際乃心之用，如何指定説得！蓋主宰運用底便是心，性便是會恁地做底理。性則一定在這裏，到主宰運用却在心。情只是幾箇路子，隨這路子恁地做去底，却又是心。」道夫。

或問：「靜是性，動是情？」曰：「大抵都主於心。『性』字從『心』，從『生』；『情』字從『心』，從『青』。性是有此理。且如『天命之謂性』，要須天命箇心了，方是性。」漢卿問：「心如箇藏，四方八面都恁地光明皎潔，如佛家所謂六窗中有一猴，這邊叫也應，那邊叫也應。」曰：「佛家說心處，儘有好處。前輩云，勝於楊墨。」賀孫。

叔器問：「先生見教，謂『動處是心，動底是性』。竊推此二句只在『底』、『處』兩字上。如穀種然，生處便是穀，生底却是那裏面些子。」曰：「若以穀譬之，穀便是心，那爲粟，爲菽，爲禾，爲稻底，便是性。康節所謂『心者，性之郛郭』是也。包裹底是心，發出不同底是性。心是箇沒思量底，只會生。又如喫藥，喫得會治病是藥力，或涼，或寒，或熱，便是藥性。至於喫了有寒證，有熱證，便是情。」義剛。

舊看五峯說，只將心對性說，一箇情字都無下落。後來看橫渠「心統性情」之說，乃知此話有大功，始尋得箇「情」字着落，與孟子說一般。孟子言：「惻隱之心，仁之端也。」仁，性也；惻隱，情也，此是情上見得心。又曰「仁義禮智根於心」，此是性上見得心。蓋心便是包得那性情，性是體，情是用。「心」字只一箇字母，故「性」、「情」字皆從「心」。僩。

人多說性方說心，看來當先說心。古人制字，亦先制得「心」字，「性」與「情」皆從「心」。以人之生言之，固是先得這道理。然才生這許多道理，却都具在心裏。且如仁義自是性，孟子則曰「仁義之心」；惻隱、羞惡自是情，孟子則曰「惻隱之心，羞惡之心」。蓋性即心之理，情即性之用。今先説一箇心，便教人識得箇情性底總腦，教人知得箇道理存着處。若先説性，却似性中别有一箇心。横渠「心統性情」語極好。又曰：「合性與知覺有心之名，則恐不能無病，便似性外别有一箇知覺了！」

或問心情性。曰：「孟子説『惻隱之心，仁之端也』一段，極分曉。惻隱、羞惡、是非、辭遜是情之發，仁義禮智是性之體。性中只有仁義禮智，發之爲惻隱、辭遜、是非，乃性之情也。如今人説性，多如佛老説，别有一件物事在那裏，至玄至妙，一向説開去，便入虚無寂滅。吾儒論性却不然。程子云：『性即理也。』此言極無病。『孟子道性善』，善是性合有底道理。然亦要子細識得善處，不可但隨人言語説了。若子細下工夫，子細尋究，自然見得。如今人全不曾理會，才見一庸人胡説，便從他去。嘗得項平甫書云，見陳君舉門人説：『儒釋，只論其是處，不問其同異。』遂敬信其説。此是甚説話！元來無所有底人，見人胡説話，便惑將去。若果有學，如何謾得他！如舉天下説生薑辣，待我喫得真箇辣，方敢信。胡五峯説性多從東坡子由們見識説去。」謙。

問性、情、心、仁。曰：「横渠説得最好，言：『心，統性情者也。』孟子言：『惻隱之心，仁之端；羞惡之心，義之端。』極説得性、情、心好。性無不善。心所發爲情，或有不善。

説不善非是心，亦不得。却是心之本體本無不善，其流爲不善者，情之遷於物而然也。性是理之總名，仁義禮智皆性中一理之名。惻隱、羞惡、辭遜、是非是情之所發之名，此情之出於性而善者也。其端所發甚微，皆從此心出，故曰：『心，統性情者也。』性不是别有一物在心裏。心具此性情。心失其主，却有時不善。如『我欲仁，斯仁至』；我欲不仁，斯失其仁矣。『回也三月不違仁』，言不違仁，是心有時乎違仁也。『出入無時，莫知其鄉。』存養主一，使之不失去，乃善。大要在致知，致知在窮理，理窮自然知至。要驗學問工夫，只看所知至與不至，不是要逐件知過，因一事研磨一理，久久自然光明。如一鏡然，今日磨些，明日磨些，不覺自光。若一些子光，工夫又歇，仍舊一塵鏡，已光處會昏，未光處不復光矣。且如『仁』之一字，上蔡只説知仁，孔子便説爲仁。是要做工夫去爲仁，豈可道知得便休！今學問流而爲禪，上蔡爲之首。今人自無實學，見得説這一般好，也投降；那一般好，也投降。許久南軒在此講學，諸公全無實得處。胡亂有一人入潭州城裏説，人便靡然從之，此是何道理！學問只理會箇是與不是，不要添許多無益説話。今人爲學，多是爲名，又去安排討名，全不顧義理。説苑載證父者以爲直，及加刑，又請代受以爲孝。孔子曰：『父一也，而取二名！』此是宛轉取名之弊。學問只要心裏見得分明，便從上面做去。如『殺身成仁』，不是自家計較要成仁方死，只是見得此事生爲不安，死爲安，便自殺身。旁人見得，便説能成仁。此旁人之言，非我之心要如此。所謂『經德不回，非以干禄；哭死而哀，非爲生也』。若有一毫爲人之心，便不是了。南軒云：『爲己之學，無所爲而然。』是也。」謙。

性、情、心，惟孟子、横渠説得好。仁是性，惻隱是情，須從心上發出來。「心，統性情者也。」性只是合如此底，只是理，非有箇物事。若是有底物事，則既有善，亦必有惡。惟其無此物，只是理，故無不善。蓋卿。

伊川「性即理也」、横渠「心統性情」二句，顛撲不破！砥。

「性是未動，情是已動，心包得已動未動。蓋心之未動則爲性，已動則爲情，所謂『心統性情』也。欲是情發出來底。心如水，性猶水之静，情則水之流，欲則水之波瀾，但波瀾有好底，有不好底。欲之好底，如『我欲仁』之類；不好底則一向奔馳出去，若波濤飜浪；大段不好底欲則滅却天理，如水之壅決，無所不害。孟子謂情可以爲善，是説那情之正，從性中流出來者，元無不好也。」因問：「『可欲之謂善』之『欲』，如何？」曰：「此不是『情欲』之『欲』，乃是可愛之意。」銖。明作録畧。

心，主宰之謂也。動静皆主宰，非是静時無所用，及至動時方有主宰也。言主宰，則混然體統自在其中。心統攝性情，非儱侗與性情爲一物而不分别也。端蒙。

性以理言，情乃發用處，心即管攝性情者也。故程子曰「有指體而言者，『寂然不動』是也」，此言性也；「有指用而言者，『感而遂通』是也」，此言情也。端蒙。

「心統性情」，故言心之體用，嘗跨過兩頭未發、已發處說。仁之得名，只專在未發上。惻隱便是已發，却是相對言之。端蒙。

心者，主乎性而行乎情。故「喜怒哀樂未發則謂之中，發而皆中節則謂之和」，心是做工夫處。端蒙。

心之全體湛然虛明，萬理具足，無一毫私欲之間；其流行該徧，貫乎動靜，而妙用又無不在焉。故以其未發而全體者言之，則性也；以其已發而妙用者言之，則情也。然「心統性情」，只就渾淪一物之中，指其已發、未發而爲言爾；非是性是一箇地頭，心是一箇地頭，情又是一箇地頭，如此懸隔也。端蒙。

問：「人當無事時，其中虛明不昧，此是氣自然動處，便是性。」曰：「虛明不昧，便是心；此理具足於中，無少欠闕，便是性；感物而動，便是情。橫渠說得好，『由太虛有「天」之名，由氣化有「道」之名』，此是總說。『合虛與氣，有「性」之名；合性與知覺，有「心」之名』，是就人物上說。」夔孫。

問心性情之辨。曰：「程子云：『心譬如穀種，其中具生之理是性，陽氣發生處是情。』

推而論之，物物皆然。」𠷋。

因言，心、性、情之分，自程子、張子合下見得定了，便都不差。如程子諸門人傳得他師見成底説，却一齊差！却或曰：「程子、張子是他自見得，門人不過只聽得他師見成説底説，所以後來一向差。」曰：「只那聽得，早差了也！」僩。

性主「具」字，「有」字。許多道理，昭昭然者屬性；未發理具，已發理應，則屬心；動發則情。所以「存其心」，則「養其性」。心該備通貫，主宰運用。吕云：「未發時心體昭昭。」程云：「有指體而言者，有指用而言者。」李先生云：「心者貫幽明，通有無。」方。

心如水，情是動處，愛即流向去處。椿。

問：「意是心之運用處，是發處？」曰：「運用是發了。」問：「情亦是發處，何以别？」曰：「情是性之發，情是發出恁地，意是主張要恁地。如愛那物是情，所以去愛那物是意。情如舟車，意如人去使那舟車一般。」寓。以下兼論意。

心、意猶有痕跡。如性，則全無兆朕，只是許多道理在這裏。砥。

問：「意是心之所發，又説有心而後有意。則是發處依舊是心主之，到私意盛時，心也隨去。」曰：「固然。」

李夢先問情、意之别。曰：「情是會做底，意是去百般計較做底。意因有是情而後用。」夔孫録云：「因是有情而後用其意。」義剛。

問：「情、意，如何體認？」曰：「性、情則一。性是不動，情是動處，意則有主向。如好惡是情，『好好色，惡惡臭』，便是意。」士毅。

未動而能動者，理也；未動而欲動者，意也。若海。

性者，即天理也，萬物稟而受之，無一理之不具。心者，一身之主宰；意者，心之所發；情者，心之所動；志者，心之所之，比於情、意尤重；氣者，即吾之血氣而充乎體者也，比於他，則有形器而較麄者也。又曰：「舍心無以見性，舍性無以見心。」椿。以下兼論志。

「心之所之謂之志，日之所之謂之時。『志』字從『之』，從『心』；『旹』字從『之』，從『日』。如日在午時，在寅時，制字之義由此。志是心之所之，一直去底。意又是志之經營往來底，是那志底脚。凡營爲、謀度、往來，皆意也。所以横渠云：『志公而意私。』」問：「情比意如何？」曰：「情又是意底骨子。志與意都屬情，『情』字較大。『性、情』字皆從『心』，所以説『心統性情』。心兼體用而言。性是心之理，情是心之用。」僩。

問意志。曰：「横渠云：『以「意、志」兩字言，則志公而意私，志剛而意柔，志陽而意陰。』」卓。

志是公然主張要做底事，意是私地潛行間發處。志如伐，意如侵。升卿。

問：「情與才何別？」曰：「情只是所發之路陌，才是會恁地去做底。且如惻隱，有懇切者，有不懇切者，是則才之有不同。」又問：「如此，則才與心之用相類？」曰：「才是心之力，是有氣力去做底。心是管攝主宰者，此心之所以爲大也。心譬水也；性，水之理也。性所以立乎水之静，情所以行乎水之動，欲則水之流而至於濫也。才者，水之氣力所以能流者，然其流有急有緩，則是才之不同。伊川謂『性禀於天，才禀於氣』，是也。只有性是一定。情與心與才，便合着氣了。心本未嘗不同，隨人生得來便别了。情則可以善，可以惡。」又曰：「要見得分曉，但看明道云：『其體則謂之易，其理則謂之道，其用則謂之神。』易，心也；道，性也；神，情也。此天地之心、性、情也。」砥。以下兼論才。

性者，心之理；情者，心之動。才便是那情之會恁地者。情與才絶相近。但情是遇物而發，路陌曲折恁地去底；才是那會如此底。要之，千頭萬緒，皆是從心上來。道夫。

問：「性之所以無不善，以其出於天也；才之所以有善不善，以其出於氣也。要之，性出於天，氣亦出於天，何故便至於此？」曰：「性是形而上者，氣是形而下者。形而上者全是天理，形而下者只是那查滓。至於形，又是查滓至濁者也。」道夫。

問：「才出於氣，德出於性？」曰：「不可。才也是性中出，德也是有是氣而後有是德。人之有才者出來做得事業，也是它性中有了，便出來做得。但温厚篤實便是德，剛明果敢便是才。只爲他氣之所禀者生到那裹多，故爲才。」夔孫。

問：「能爲善，便是才。」曰：「能爲善而本善者是才。若云能爲善便是才，則能爲惡亦是才也。」人傑。

論才氣，曰：「氣是敢做底，才是能做底。」德明。

問：「『天命之謂性』，充體謂氣，感觸謂情，主宰謂心，立趨向謂志，有所思謂意，有所逐謂欲。」答云：「此語或中或否，皆出臆度。要之，未可遽論。且涵泳玩索，久之當自有見。」銖嘗見先生云：「名義之語極難下。如説性，則有天地之性，氣質之性。説仁，則伊川有專言之仁，偏言之仁。此等且要默識心通。」人傑。

問：「知與思，於人身最緊要。」曰：「然。二者也只是一事。知與手相似，思是交這手去做事也，思所以用夫知也。」卓。付〔一〕。

〔一〕「付」，賀疑誤。

朱子語類卷第六

性理三

仁義禮智等名義

道者，兼體、用，該隱、費而言也。節。以下道理。

道是統名，理是細目。可學。

道訓路，大概説人所共由之路。理各有條理界瓣。因舉康節云：「夫道也者，道也。道無形，行之則見於事矣。如『道路』之『道』，坦然使千億萬年行之，人知其歸者也。」閎祖。

理是有條瓣逐一路子。以各有條，謂之理；人所共由，謂之道。節。

問：「道與理如何分？」曰：「道便是路，理是那文理。」問：「如木理相似？」曰：「是。」問：「如此却似一般？」曰：「『道』字包得大，理是『道』字裏面許多理脈。」又曰：「『道』字宏大，『理』字精密。」胡泳。

問：「萬物粲然，還同不同？」曰：「理只是這一箇。道理則同，其分不同。君臣有君臣之理，父子有父子之理。」節。

理者有條理，仁義禮智皆有之。節。

問：「既是一理，又謂五常，何也？」曰：「謂之一理亦可，五理亦可。以一包之則一，分之則五。」問分爲五之序。曰：「渾然不可分。」節。

只是這箇理，分做四段，又分做八段，又細碎分將去。四段者，意其爲仁義禮智。當時亦因言文路子之説而及此。節。

理，只是一箇理。理舉着，全無欠闕。且如言着仁，則都在仁上；言着誠，則都在誠上；言着忠恕，則都在忠恕上；言着忠信，則都在忠信上。只爲只是這箇道理，自然血脈貫通。端蒙。

理是有條理，有文路子。文路子當從那裏去，自家也從那裏去；文路子不從那裏去，自家也不從那裏去。須尋文路子在何處，只挨着理了行。節。

「理如一把線相似，有條理，如這竹籃子相似。」指其上行篾曰：「一條子恁地去。」又別指一條曰：「一條恁地去。又如竹木之文理相似，直是一般理，横是一般理。有心，便存得許多理。」節。

季通云：「理有流行，有對待。先有流行，後有對待。」曰：「難説先有後有。」季通舉太極説，以爲道理皆然，且執其説。人傑。

先生與人書中曰：「至微之理，至著之事，一以貫之。」節。

理無事，則無所依附。節。

問：「仁與道如何分別？」曰：「道是統言，仁是一事。如『道路』之『道』，千枝百派，皆有一路去。故中庸分道德曰，父子、君臣以下爲天下之達道，智仁勇爲天下之達德。君有君之道，臣有臣之道。德便是箇行道底。故爲君主於仁，爲臣主於敬。仁敬可喚做德，不可喚做道。」榦。以下兼論德。

「至德、至道」：道者，人之所共由；德者，己之所獨得。「盛德、至善」：盛德以身之所得而言，至善以理之極致而言。誠、忠、孚、信：一心之謂誠，盡己之謂忠，存於中之謂孚，見於事之謂信。端蒙。

存之於中謂理，得之於心爲德，發見於行事爲百行。節。

德是得於天者，講學而得之，得自家本分底物事。節。

問：「汎觀天地間，『日往月來，寒往暑來』，『四時行，百物生』，這是道之用流行發見處。即此而總言之，其往來生化，無一息間斷處，便是道體否？」曰：「此體、用説得是。

但『總』字未當，總，便成兼用説了。只就那骨處便是體。如水之或流，或止，或激成波浪，是用；即這水骨可流，可止，可激成波浪處，便是體。如這身是體；目視，耳聽，手足運動處，便是用。如這手是體，指之運動提掇處便是用。」淳舉論語集注曰：「往者過，來者續，無一息之停，乃道體之本然也。」曰：「即是此意。」淳。以下論體、用。

問：「前夜説體、用無定所，是隨處説如此。若合萬事爲一大體、用，則如何？」曰：「體、用也定。見在底便是體，後來生底便是用。此身是體，動作處便是用。天是體，『萬物資始』處便是用。地是體，『萬物資生』處便是用。就陽言，則陽是體，陰是用；就陰言，則陰是體，陽是用。」寓。

體是這箇道理，用是他用處。如耳聽目視，自然如此，是理也；開眼看物，着耳聽聲，便是用。江西人説箇虚空底體，涉事物便唤做用。節。

問：「先生昔曰：『禮是體。』今乃曰：『禮者，天理之節文，人事之儀則。』似非體而是用。」曰：「公江西有般鄉談，才見分段子，便説道是用，不是體。如説尺時，無寸底是體，有寸底不是體，便是用；如秤，無星底是體，有星底不是體，便是用。且如扇子有柄，有骨子，用紙糊，此便是體；人摇之，便是用。」楊至之問體。曰：「合當底是體。」節。

人只是合當做底便是體，人做處便是用。譬如此扇子，有骨，有柄，用紙糊，此則體也；人摇之，則用也。如尺與秤相似，上有分寸星銖，則體也；將去秤量物事，則用也。方子。

問：「去歲聞先生曰：『只是一箇道理，其分不同。』所謂分者，莫只是理一而其用不同？如君之仁，臣之敬，子之孝，父之慈，與國人交之信之類是也。」曰：「其體已略不同。君臣、父子、國人是體；仁敬慈孝與信是用。」問：「體、用皆異？」曰：「如這片板，只是一箇道理，這一路子恁地去，那一路子恁地去。如一所屋，只是一箇道理，有廳，有堂。如草木，只是一箇道理，有桃，有李。如這衆人，只是一箇道理，有張三，有李四；李四不可爲張三，張三不可爲李四。如陰陽，西銘言理一分殊，亦是如此。」又曰：「分得愈見不同，愈見得理大。」節。

誠者，實有此理。節。以下論誠。

誠只是實。又云：「誠是理。」一作「只是理」。去僞。

誠，實理也，亦誠慤也。由漢以來，專以誠慤言誠。至程子乃以實理言，後學皆棄誠慤之説不觀。中庸亦有言實理爲誠處，亦有言誠慤爲誠處。不可只以實爲誠，而以誠慤爲非誠也。砥。

問性、誠。曰：「性是實，誠是虚；性是理底名，誠是好處底名。性，譬如這扇子相似；誠，譬則這扇子做得好。」又曰：「五峰曰：『誠者，命之道乎！中者，性之道乎！仁者，心之道乎！』此語分得輕重虛實處却好。某以爲『道』字不若改做『德』字，更親切。『道』字又較疏。」植。

先生問諸友：「『誠、敬』二字如何分？」各舉程子之説以對。先生曰：「敬是不放肆底意思，誠是不欺妄底意思。」過。以下誠敬。

誠只是一箇實，敬只是一箇畏。端蒙。

妄誕欺詐爲不誠，怠惰放肆爲不敬，此誠敬之别。榦。

問誠、敬。曰：「須逐處理會。誠若是有不欺意處，只做不欺意會；敬若是有謹畏意處，只做謹畏意會。中庸説誠，作中庸看；孟子説誠處，作孟子看。將來自相發明耳。」夔孫。

「謹」字未如敬，敬又未如誠。程子曰：「主一之謂敬，一者之謂誠。」敬尚是着力。銖。以下雜論。

問誠、信之别。曰：「誠是自然底實，信是人做底實。故曰：『誠者，天之道。』這是聖人之信。若衆人之信，只可唤做信，未可唤做誠。誠是自然無妄之謂。如水只是水，火只是火，仁徹底是仁，義徹底是義。」夔孫。

叔器問：「誠與信如何分？」曰：「誠是箇自然之實，信是箇人所爲之實。中庸説『誠者，天之道也』，便是誠。若『誠之者，人之道也』，便是信。信不足以盡誠，猶愛不足以盡仁。上是，下不是。」可學。

誠者實有之理，自然如此。忠信以人言之，須是人體出來方見。端蒙。

「誠」字以心之全體而言，「忠」字以其應事接物而言，此義理之本名也。至曾子所言「忠恕」，則是聖人之事，故其忠與誠，仁與恕，得通言之。如恕本以推己及物得名，在聖人，則以己及物矣。端蒙。

問：「仁與誠何別？」曰：「仁自是仁，誠自是誠，何消合理會！理會這一件，也看到極處；理會那一件，也看到極處，便都自見得。」淳。

或問：「誠是體，仁是用否？」曰：「理一也，以其實有，故謂之誠。以其體言，則有仁義禮智之實；以其用言，則有惻隱、羞惡、恭敬、是非之實，故曰：『五常百行非誠，非也。』蓋無其實矣，又安得有是名乎！」植。

或問：「誠是渾然不動，仁是此理流出否？」曰：「自性言之，仁亦未是流出，但其生動之理包得四者。」

問：「一與中，與誠，浩然之氣，爲一體事否？」曰：「一只是不雜，不可將做一事。中與誠與浩然之氣，固是一事，然其分各别：誠是實有此理，中是狀物之體段，浩然之氣只是爲氣而言。」去僞。

問：「仁、義、禮、智、誠、中庸，不知如何看？」曰：「仁義禮智，乃未發之性，所謂誠。中庸，皆已發之理。人之性本實，而釋氏以性爲空也。」煇。

在天只是陰陽五行，在人得之只是剛柔五常之德。泳。以下五常。

大而天地萬物，小而起居食息，皆太極陰陽之理也。又曰：「仁木，義金，禮火，智水，信土。」祖道。

或問：「仁義禮智，性之四德，又添『信』字，謂之『五性』，如何？」曰：「信是誠實此四者，實有是仁，實有是義，禮智皆然。如五行之有土，非土不足以載四者。又如土於四時各寄王十八日，或謂王於戊己。然季夏乃土之本宫，故尤王。月令載『中央土』，以此。」人傑。

問：「向蒙戒喻，説仁意思云：『義禮智信上著不得，又須見義禮智信上少不得，方見得仁統五常之意。』大雅今以樹爲喻：夫樹之根固有生氣，然貫徹首尾，豈可謂榦與枝、花與葉無生氣也？」曰：「固然。只如四時：春爲仁，有箇生意；在夏，則見其有箇亨通意；在秋，則見其有箇誠實意；在冬，則見其有箇貞固意。在夏秋冬，生意何嘗息！本雖彫零，生意則常存。大抵天地間只一理，隨其到處，分許多名字出來。四者於五行各有配，惟信配土，以見仁義禮智實有此理，不是虛說。又如乾四德，元最重，其次貞亦重，以明終始之義。非元則無以生，非貞則無以終，非終則無以爲始，不始則不能成終矣。如此循環無窮，此所謂『大明終始』也。」大雅。

得此生意以有生，然後有禮智義信。以先後言之，則仁爲先；以大小言之，則仁爲大。閎祖。

問：「先生以爲一分爲二，二分爲四，四分爲八，又細分將去。程子說：『性中只有仁義禮智四者而已。』只分到四便住，何也？」曰：「周先生亦止分到五行住。若要細分，則如易樣分。」節。以下仁義禮智。

嘗言仁義禮智，而以手指畫扇中心，曰：「只是一箇道理，分爲兩箇。」又橫畫一畫，曰：「兩箇分爲四箇。」又以手指逐一指所分爲四箇處，曰：「一箇是仁，一箇是義，一箇是禮，一箇是智，這四箇便是箇種子。惻隱、羞惡、恭敬、是非便是種子所生底苗。」節。

人只是此仁義禮智四種心。如春夏秋冬，千頭萬緒，只是此四種心發出來。銖。

吉甫問：「仁義禮智，立名還有意義否？」曰：「說仁，便有慈愛底意思；說義，便有剛果底意思。聲音氣象，自然如此。」直卿云：「六經中專言仁者，包四端也；言仁義而不言禮智者，仁包禮，義包智。」方子。節同。佐同。

仁與義是柔軟底，禮智是堅實底。仁義是頭，禮智是尾。一似説春秋冬夏相似，仁義一作「禮」。是陽底一截，禮智一作「義智」。是陰底一截。淵。方子録云：「仁義是發出來嫩底，禮智是堅硬底。」

問仁義禮智體用之别。曰：「自陰陽上看下來，仁禮屬陽，義智屬陰；仁禮是用，義智是體。春夏是陽，秋冬是陰。只將仁義説，則『春作夏長』，仁也；『秋斂冬藏』，義也。若將仁義禮智説，則春，仁也；夏，禮也；秋，義也；冬，智也。仁禮是敷施出來底，義是肅殺果斷底，智便是收藏底。如人肚臟有許多事，如何見得！其智愈大，其藏愈深。正如易中道：『立天之道，曰陰與陽；立地之道，曰柔與剛；立人之道，曰仁與義。』解者多以仁爲柔，以義爲剛，非也。却是以仁爲剛，義爲柔。蓋仁是箇發出來了，便硬而强；義便是收斂向裏底，外面見之便是柔。」僩。

仁禮屬陽，義智屬陰。袁機仲却説：「義是剛底物，合屬陽；仁是柔底物，合屬陰。」殊不知舒暢發達，便是那剛底意思；收斂藏縮，便是那陰底意思。他只念得「於仁也柔，於義也剛」兩句，便如此説。殊不知正不如此。又云：「以氣之呼吸言之，則呼爲陽，吸爲陰，吸便是收斂底意。鄉飲酒義云：『温厚之氣盛於東南，此天地之仁氣也；嚴凝之氣盛於西北，此天地之義氣也。』」僩。

「仁禮屬陽，屬健；義知屬陰，屬順。」問：「義則截然有定分，有收斂底意思，自是屬陰順。不知智如何解？」曰：「智更是截然，更是收斂。如知得是，知得非，知得便了，更無作用，不似仁義禮三者有作用。智只是知得了，便交付惻隱、羞惡、辭遜三者。他那箇更收斂得快。」僩。

生底意思是仁，殺底意思是義，發見會通是禮，收一作「深」。藏不測是智。節。

仁義禮智，便是元亨利貞。若春間不曾發生，得到夏無緣得長，秋冬亦無可收藏。泳。

問：「元亨利貞有次第，仁義禮智因發而感，則無次第。」曰：「發時無次第，生時有次第。」佐。

百行皆仁義禮智中出。節。

仁義禮智，性之大目，皆是形而上者，豈可分也！人傑。

問：「仁得之最先，蓋言仁具義禮智。」曰：「先有是生理，三者由此推之。」可學。

仁，渾淪言，則渾淪都是一箇生意，義禮智都是仁；對言，則仁與義禮智一般。淳。

鄭問：「仁是生底意，義禮智則如何？」曰：「天只是一元之氣。春生時，全見是生；到夏長時，也只是這底；到秋來成遂，也只是這底；到冬天藏斂，也只是這底。仁義禮智割做四段，一箇便是一箇；渾淪看，只是一箇。」淳。

問：「仁是天地之生氣，義禮智又於其中分別。然其初只是生氣，故爲全體。」曰：「然。」問：「肅殺之氣，亦只是生氣？」曰：「不是二物，只是斂些。春夏秋冬，亦只是一氣。」可學。

仁與智包得，義與禮包不得。方子。

仁所以包三者，蓋義禮智皆是流動底物，所以皆從仁上漸漸推出。仁智、元貞，是終始之事，這兩頭却重。如坎與震，是始萬物、終萬物處，艮則是中間接續處。

味道問：「仁包義禮智，惻隱包羞惡、辭遜、是非，元包亨利貞，春包夏秋冬。以五行言之，不知木如何包得火金水？」曰：「木是生氣。有生氣，然後物可得而生；若無生氣，則火金水皆無自而能生矣，故木能包此三者。仁義禮智，性也。性無形影可以摸索，只是有這理耳。惟情乃可得而見，惻隱、羞惡、辭遜、是非是也。故孟子言性曰：『乃若其情，則可以爲善矣。』蓋性無形影，惟情可見。觀其發處既善，則知其性之本善必矣。」時舉。

問：「孟子說仁義禮智，義在第二；太極圖以義配利，則在第三。」曰：「禮是陽，故曰亨。仁義禮智，猶言東西南北；元亨利貞，猶言東南西北。一箇是對說，一箇是從一邊說起。」夔孫。

四端猶四德。逐一言之，則各自爲界限；分而言之，則仁義又是一大界限，故曰：「仁，人心也；義，人路也。」如乾文言，既曰「四德」，又曰「乾元者，始而亨者也；利貞者，性情也」。文蔚。

正淳言：「性之四端，迭爲賓主，然仁智其總統也。『恭而無禮則勞』，是以禮爲主也；『君子義以爲質』，是以義爲主也。蓋四德未嘗相離，遇事則迭見層出，要在人默而識之。」曰：「説得是。」大雅。

學者疑問中謂：「就四德言之，仁却是動，智却是静。」曰：「周子太極圖中是如此説。」又曰：「某前日答一朋友書云：『仁體剛而用柔，義體柔而用剛。』」人傑。

問：「仁義禮智四者皆一理。舉仁，則義禮智在其中；舉義與禮，則亦然。如中庸言：『舜其大智也歟。』其下乃云，『好問，好察邇言，隱惡而揚善』，謂之仁亦可；『執其兩端，用其中於民』，謂之義亦可。然統言之，只是發明『智』字。故知理只是一理，聖人特於盛處發明之爾。」曰：「理固是一貫。謂之一理，則又不必疑其多。自一理散爲萬事，則燦然有條而不可亂，逐事自有一理，逐物自有一名，各有攸當，但當觀當理與不當理耳。既當理後，又何必就上更生疑！」大雅。

仁義禮智，才去尋討他時，便動了，便不是本來底。又曰：「心之所以會做許多，蓋具得許多道理。」又曰：「何以見得有此四者？因其惻隱，知其有仁；因其羞惡，知其有義。」又曰：「伊川穀種之説最好。」又曰：「冬飲湯，是宜飲湯；夏飲水，是宜飲水。冬飲水，夏飲湯，便不宜。人之所以羞惡者，是觸着這宜，如兩箇物事樣。觸着宜便羞惡者，是獨只是一事。」節。末數語疑有脱誤。

「仁」字須兼義禮智看，方看得出。仁者，仁之本體；禮者，仁之節文；義者，仁之斷制；知者，仁之分别。猶春夏秋冬雖不同，而同出於春：春則生意之生也，夏則生意之長也，秋則生意之成，冬則生意之藏也。自四而兩，兩而一，則統之有宗，會之有元，故曰：「五行一陰陽，陰陽一太極。」又曰：「仁爲四端之首，而智則能成始而成終；猶元爲四德之長，然元不生於元而生於貞。蓋天地之化，不翕聚則不能發散也。仁智交際之間，乃萬化之機軸。此理循環不窮，脗合無間，故不貞則無以爲元也。」又曰：「貞而不固，則非貞。貞，如板築之有榦，不貞則無以爲元。」又曰：「文言上四句説天德之自然，下四句説人事之當然。元者，乃衆善之長也；亨者，乃嘉之會也。嘉會，猶言一齊好也。會，猶齊也，言萬物至此通暢茂盛，一齊皆好也。利者，義之和處也；貞者，乃事之楨榦也。『體仁足以長人』，以仁爲體，而温厚慈愛之理由此發出也。體，猶所謂『公而以人體之』之『體』。嘉會者，嘉其所會也。一一以禮文節之，使之無不中節，乃嘉其所會也。『利物足以和義』，義者，事之宜也；利物，則合乎事之宜矣。此句乃翻轉，『義』字愈明白，不利物則非義矣。貞固以貞爲骨子，則堅定不可移易。」銖。

問仁。曰：「將仁義禮智四字求。」又問：「仁是統體底否？」曰：「且理會義禮智令分明，其空闕一處便是仁。」又曰：「看公時一般氣象如何，私時一般氣象如何。」德明。

蜚卿問：「仁恐是生生不已之意。人唯爲私意所汩，故生意不得流行。克去己私，則全體大用，無時不流行矣。」曰：「此是衆人公共説底，畢竟緊要處不知如何。今要見『仁』字意思，須將仁義禮智四者共看，便見『仁』字分明。如何是義，如何是禮，如何是智，如何是仁，便『仁』字自分明。若只看『仁』字，越看越不出。」曰：「『仁』字恐只是生意，故其發而爲惻隱，爲羞惡，爲辭遜，爲是非。」曰：「且只得就『惻隱』字上看。」道夫問：「先生嘗説『仁』字就初處看，只是乍見孺子入井，而怵惕惻隱之心蓋有不期然而然，便是初處否？」曰：「恁地靠着他不得。大抵人之德性上，自有此四者意思：仁，便是箇溫和底意思；義，便是慘烈剛斷底意思；禮，便是宣著發揮底意思；智，便是箇收斂無痕迹底意思。性中有此四者，聖門却只以求仁爲急者，緣仁却是四者之先。若常存得溫厚底意思在這裏，到宣著發揮時，便自然會宣著發揮；到剛斷時，便自然會剛斷；到收斂時，便自然會收斂。若將別箇做主，便都對副不着了。此仁之所以包四者也。」問：「仁即性，則『性』字可以言仁否？」曰：「性是統言。性如人身，仁是左手，禮是右手，義是左脚，智是右脚。」蜚卿問：「仁包得四者，謂手能包四支可乎？」曰：「且是譬喻如此。手固不能包四支，然人言手足，亦須先手而後足；言左右，亦須先左而後右。」直卿問：「此恐如五行之木，若不是先有箇木，便亦自生下面四箇不得。」曰：「若無木便無火，無火便無土，無土便無金，無金便無水。」道夫問：「向聞先生語學者：『五行不是相生，合下有時都有。』如何？」曰：「此難説。若會得底，便自然不相悖，喚做一齊有也得，喚做相生也得。便雖不是相生，他氣亦自相灌注。如人五臟，固不曾有先後，但其灌注時，自有次序。」久之，又曰：「『仁』字如人釀酒：酒方微發時，帶些温氣，便是仁；到發得極熱時，便是禮；到得熟時，便是義；到得成酒後，却只與水一般，便是智。又如一日之間，早間天氣清明，便是仁；午間極熱時，便是禮；晚下漸涼，便是義；到夜半全然收斂，無些形迹時，便是智。只如此看，甚分明。」道夫。

「今日要識得仁之意思是如何。聖賢説仁處最多，那邊如彼説，這邊如此説，文義各不同。看得箇意思定了，將聖賢星散説體看，處處皆是這意思，初不相背，始得。集注説：『愛之理，心之德。』愛是惻隱，惻隱是情，其理則謂之仁。心之德，德又只是愛。謂之心之德，却是愛之本柄。人之所以爲人，其理則天地之理，其氣則天地之氣。理無迹，不可見，故於氣觀之。要識仁之意思，是一箇渾然温和之氣，其氣則天地陽春之氣，其理則天地生物之心。今只就人身己上看有這意思是如何。纔有這意思，便自恁地好，便不恁地乾燥。將此意看聖賢許多説仁處，都只是這意。告顏子以『克己復禮』，克去己私以復於禮，自然都是這意思。這不是待人旋安排，自是合下都有這箇渾全流行物事。此意思纔無私意間隔，便自見得人與己一，物與己一，公道自流行。須是如此看。孔門弟子所問，都只是問做工夫。若是仁之體段意思，也各各自理會得了。今却是這箇未曾理會得，如何説要做工夫！且如程先生云：『偏言則一事，專言則包四者。』上云：『四德之元，猶五常之仁。』恰似有一箇小小底仁，有一箇大大底仁。『偏言則一事』，是小小底仁，只做得仁之一事；『專言則包四者』，是大大底仁，又是包得禮義智底。若如此説，是有兩樣仁。不知仁只是一箇，雖是偏言，那許多道理也都在裏面；雖是專言，那許多道理也都在裏面。」致道云：「如春是生物之時，已包得夏長、秋成、冬藏意思在。」曰：「春是生物之時，到夏秋冬，也只是這氣流注去。但春則是方始生榮意思，到夏便是結裏定了，是這生意到後只漸老了。」賀孫曰：「如温和之氣，固是見得仁。若就包四者意思看，便自然有節文，自然得宜，自然明辨。」曰：「然。」賀孫。

或問論語言仁處。曰：「理難見，氣易見。但就氣上看便見，如看元亨利貞是也。元亨利貞也難看，且看春夏秋冬。春時盡是温厚之氣，仁便是這般氣象。夏秋冬雖不同，皆是陽春生育之氣行乎其中。故『偏言則一事，專言則包四者』。如知福州是這箇人，此偏言也；及專言之，爲九州安撫，亦是這一箇人，不是兩人也。故明道謂：『義禮智，皆仁也。若見得此理，則聖人言仁處，或就人上説，或就事上説，皆是這一箇道理。』正叔云：『滿腔子是惻隱之心。』」曰：「仁便是惻隱之母。」又曰：「若曉得此理，便見得『克己復禮』，私欲盡去，便純是温和沖粹之氣，乃天地生物之心。其餘人所以未仁者，只是心中未有此氣象。論語但云求仁之方者，是其門人必嘗理會得此一箇道理。今但問其求仁之方，故夫子隨其人而告之。」趙致道云：「李先生云：『仁是天理之統體。』」先生曰：「是。」南升。疑與上條同聞。

「仁有兩般：有作爲底，有自然底。看來人之生便自然如此，不待作爲。如説父子欲其親，君臣欲其義，是他自會如此，不待欲也。父子自會親，君臣自會義，既自會恁地，便活潑潑地，便是仁。」因舉手中扇云：「只如搖扇，熱時人自會恁地搖，不是欲他搖。孟子説『乍見孺子入井時，皆有怵惕惻隱之心』，最親切。人心自是會如此，不是内交、要譽，方如此。大凡人心中皆有仁義禮智，然元只是一物，發用出來，自然成四派。如破梨相似，破開成四片。如東對着西，便有南北相對；仁對着義，便有禮智相對。以一歲言之，便有寒暑；以氣言之，便有春夏秋冬；以五行言之，便有金木水火土。且如陰陽之間，儘有次第。大寒後，不成便熱，須是且做箇春温，漸次到熱田地。大熱後，不成便寒，須是且做箇秋涼，漸次到寒田地。所以仁義禮智自成四派，各有界限。仁流行到那田地時，義處便成義，禮、智處便成禮、智。且如萬物收藏，何嘗休了，都有生意在裏面。如穀種、桃仁、杏仁之類，種着便生，不是死物，所以名之曰『仁』，見得都是生意。如春之生物，夏是生物之盛，秋是生意漸漸收斂，冬是生意收藏。」又曰：「春夏是行進去，秋冬是退後去。正如人呵氣，呵出時便熱，吸入時便冷。」明作。

百行萬善，固是都合着力，然如何件件去理會得！百行萬善摠於五常，五常又摠於仁，所以孔孟只教人求仁。求仁只是「主敬」，「求放心」，若能如此，道理便在這裏。方子。拱壽同。

學者須是求仁。所謂求仁者，不放此心。聖人亦只教人求仁。蓋仁義禮智四者，仁足以包之。若是存得仁，自然頭頭做着，不用逐事安排。故曰：「苟志於仁矣，無惡也。」今看大學，亦要識此意，所謂「顧諟天之明命」，「無他，求其放心而已」。方子。拱壽同。

問求仁。曰：「看來『仁』字只是箇渾淪底道理。如大學致知、格物，所以求仁也；中庸博學、審問、慎思、明辨、力行，亦所以求仁也。」又問：「諸先生皆令人去認仁，必要人體認得這仁是甚物事。」曰：「而今别把仁做一物事認，也不得；衮説鶻突了，亦不得。」燾。

或問：「存得此心，便是仁？」曰：「且要存得此心，不爲私欲所勝，遇事每每着精神照管，不可隨物流去，須要緊緊守着。若常存得此心，應事接物，雖不中不遠。思慮紛擾於中，都是不能存此心。此心不存，合視處也不知視，合聽處也不知聽。」或問：「莫在於敬否？」曰：「敬非别是一事，常唤醒此心便是。人每日只鶻鶻突突過了，心都不曾收拾得在裏面。」又曰：「仁雖似有剛直意，畢竟本是箇温和之物。但出來發用時有許多般，須得是非、辭遜、斷制三者，方成仁之事。及至事定，三者各退，仁仍舊温和，緣是他本性如此。人但見有是非、節文、斷制，却謂都是仁之本意，則非也。春本温和，故能生物，所以説仁爲春。」明作。

或曰：「存得此心，即便是仁。」曰：「此句甚好。但下面説『合於心者爲之，不合於心者勿爲』，却又從義上去了，不干仁事。今且只以孟子『仁，人心也；義，人路也』，便見得仁義之别。蓋仁是此心之德，才存得此心，即無不仁。如説『克己復禮』，亦只是要得私欲去後，此心常存耳，未説到行處也。纔説合於心者行之，便侵過義人路底界分矣。然義之所以能行，却是仁之用處。學者須是此心常存，方能審度事理，而行其所當行也。此孔門之學所以必以求仁爲先。蓋此是萬理之原，萬事之本，且要先識認得，先存養得，方有下手立脚處耳。」

夫仁，亦在乎熟之而已矣！文蔚。

耳之德聰，目之德明，心之德仁，且將這意去思量體認。○將愛之理在自家心上自體認思量，便見得仁。○仁是箇温和柔軟底物事。老子說：「柔弱者，生之徒；堅强者，死之徒。」見得自是。看石頭上如何種物事出！「藹乎若春陽之温，汎乎若醴酒之醇。」此是形容仁底意思。○當來得於天者只是箇仁，所以爲心之全體。却自仁中分四界子：一界子上是仁之仁，一界子是仁之義，一界子是仁之禮，一界子是仁之智。一箇物事，四脚撐在裏面，唯仁兼統之。心裏只有此四物，萬物萬事皆自此出。○天之春夏秋冬最分曉：春生，夏長，秋收，冬藏。雖分四時，然生意未嘗不貫；縱雪霜之慘，亦是生意。○以「生」字說仁，生自是上一節事。當來天地生我底意，我而今須要自體認得。○試自看一箇物堅硬如頑石，成甚物事！此便是不仁。○試自看温和柔軟時如何，此所以「孝悌爲仁之本」。若如頑石，更下種不得。俗說「硬心腸」，可以見。硬心腸，如何可以與他說話！○惻隱、羞惡、辭遜、是非，都是兩意：惻是初頭子，隱是痛；羞是羞己之惡，惡是惡人之惡；辭在我，遜在彼；是、非自分明。○才仁，便生出禮，所以仁配春，禮配夏；義是裁制，到得智便了，所以配秋，配冬。○既認得仁如此分明，到得做工夫，須是「克己復禮」，「出門如見大賓，使民如承大祭；己所不欲，勿施於人」，方是做工夫處。先生令思「仁」字。至第三夜，方說前三條。以後八條，又連三四夜所說。今依次第，不敢移動。泳。

仁兼義言者，是言體；專言仁者，是兼體用而言。節。

孔子說仁，多說體；孟子說仁，多說用，如「克己復禮」，「惻隱之心」之類。閎祖。節同。

直卿云：「聖賢言仁，有專指體而言者，有包體、用而言者。」先生曰：「仁對義、禮、智言之，則爲體；專言之，則兼體、用。此等處，須人自看，如何一一說得。日日將來看，久後須會見得。」佐。

周明作問仁。曰：「聖賢說話，有說自然道理處，如『仁，人心』是也；有說做工夫處，如『克己復禮』是也。」雉。

前輩教人求仁，只說是淵深溫粹，義理飽足。榦。

仁在事。若不於事上看，如何見仁。方。

做一方便事，也是仁；不殺一蟲，也是仁；「三月不違」，也是仁。節。

「仁則固一，一所以爲仁。」言所以一者是仁也。方。

熟底是仁，生底是恕；自然底是仁，勉強底是恕；無計較、無覩當底是仁，有計較、有覩當底是恕。道夫。

公在前，恕在後，中間是仁。公了方能仁，私便不能仁。可學。

仁是愛底道理，公是仁底道理，故公則仁，仁則愛。端蒙。

公是仁之方法，人身是仁之材料。銖。

公却是仁發處。無公，則仁行不得。可學。

仁，將「公」字體之。及乎脱落了「公」字，其活底是仁。季通語。方。

或問仁與公之别。曰：「仁在内，公在外。」又曰：「惟仁，然後能公。」又曰：「仁是本有之理，公是克己工夫極至處。故惟仁然後能公，理甚分明。故程子曰：『公而以人體之。』則是克盡己私之後，只就自身上看，便見得仁也。」

公不可謂之仁，但公而無私便是仁。敬不可謂之中，但敬而無失便是中。道夫。

無私以閒之則公，公則仁。譬如水，若一些子礙，便成兩截，須是打併了障塞，便滔滔地去。從周。拱壽同。

做到私欲净盡，天理流行，便是仁。道夫。

余正叔嘗於先生前論仁，曰：「仁是體道之全。」曰：「只是一箇渾然天理。」文蔚。

王景仁問仁。曰：「無以爲也。須是試去屏疊了私欲，然後子細體驗本心之德是甚氣象，無徒講其文義而已也。」壯祖。

周明作謂：「私欲去則爲仁。」曰：「謂私欲去後，仁之體見，則可；謂私欲去後便爲仁，則不可。譬如日月之光，雲霧蔽之，固是不見。若謂雲霧去，則便指爲日月，亦不可。如水亦然。沙石雜之，固非水之本然。然沙石去後，自有所謂水者，不可便謂無沙無石爲水也。」雉。

余正叔謂：「無私欲是仁。」曰：「謂之無私欲然後仁，則可；謂無私便是仁，則不可。蓋惟無私欲而後仁始見，如無所壅底而後水方行。」方叔曰：「與天地萬物爲一體是仁。」曰：「無私，是仁之前事；與天地萬物爲一體，是仁之後事。惟無私，然後仁；惟仁，然後與天地萬物爲一體。要在二者之間識得畢竟仁是甚模樣。欲曉得仁名義，須并『義、禮、智』三字看。欲真箇見得仁底模樣，須是從『克己復禮』做工夫去。今人説仁，如糖，皆道是甜；不曾喫着，不知甜是甚滋味。聖人都不説破，在學者以身體之而已矣。」閎祖。

或問：「仁當何訓？」曰：「不必須用一字訓，但要曉得大意通透。」

「仁」字説得廣處，是全體。惻隱、慈愛底，是説他本相。高。

仁是根，惻隱是萌芽。親親、仁民、愛物，便是推廣到枝葉處。夔孫。

仁固有知覺；喚知覺做仁，却不得。閎祖。

以名義言之，仁自是愛之體，覺自是智之用，本不相同。但仁包四德。苟仁矣，安有不覺者乎！道夫。

問：「以愛名仁，是仁之迹；以覺言仁，是仁之端。程子曰：『仁道難名，惟公近之，不可便以公爲仁。』畢竟仁之全體如何識認？『克己復禮，天下歸仁』，孟子所謂『萬物皆備於我』，是仁之體否？」先生曰：「覺，決不可以言仁，雖足以知仁，自屬智了。愛分明是仁之迹。」浩曰：「惻隱是仁情之動處。要識仁，須是兼義、禮、智看。有箇宜底意思是義，有箇讓底意思是禮，有箇別白底意思是智，有箇愛底意思是仁。仁是天理，公是天理。故伊川謂：『惟公近之。』又恐人滯着，隨即曰：『不可便以公爲仁。』『萬物皆備』固是仁，然仁之得名却不然。」「浩曰」二字可疑。浩。

問：「先生答湖湘學者書，以『愛』字言仁，如何？」曰：「緣上蔡説得『覺』字太重，便相似説禪。」問：「龜山却推『惻隱』二字。」曰：「龜山言『萬物與我爲一』云云，説亦太寬。」問：「此還是仁之體否？」曰：「此不是仁之體，却是仁之量。仁者固能覺，謂覺爲仁，不可；仁者固能與萬物爲一，謂萬物爲一爲仁，亦不可。譬如説屋，不論屋是木做柱，竹做壁，却只説屋如此大，容得許多物。如萬物爲一，只是説得仁之量。」因舉禪語是説得量邊事云云。德明。

問：「程門以知覺言仁，克齋記乃不取，何也？」曰：「仁離愛不得。上蔡諸公不把愛做仁，他見伊川言：『博愛非仁也，仁是性，愛是情。』伊川也不是道愛不是仁。若當初有人會問，必説道『愛是仁之情，仁是愛之性』，如此方分曉。惜門人只領那意，便專以知覺言之，於愛之説，若將浼焉，遂蹉過仁地位去説，將仁更無安頓處。『見孺子匍匐將入井，皆有怵惕惻隱之心』，這處見得親切。聖賢言仁，皆從這處説。」又問：「知覺亦有生意。」曰：「固是。將知覺説來冷了。覺在知上却多，只些小搭在仁邊。仁是和底意。然添一句，又成一重。須自看得，便都理會得。」淳。寓同。

余景思問仁之與心。曰：「『仁』字是虚，『心』字是實。如水之必有冷，『冷』字是虚，『水』字是實。心之於仁，亦猶水之冷，火之熱。學者須當於此心未發時加涵養之功，則所謂惻隱、羞惡、辭遜、是非發而必中。方其未發，此心之體寂然不動，無可分别，且只恁混沌養將去。若必察其所謂四者之端，則既思便是已發。」道夫。

仁。○雞雛初生可憐意與之同。○意思鮮嫩。○天理著見，一段意思可愛，發出即皆是。○切脈同體。説多不能記，蓋非言語可喻也。○孟子便説箇樣子。今不消理會樣子，只如顔子學取。○孔子教人〔一〕仁，只要自尋得了後自知，非言可喻。○只是天理，當其私欲解剥，天理自是完備。只從生意上説仁。○其全體固是仁，所謂專言之也。又從而分，則亦

〔一〕「人」下，賀疑脱「求」字。

有仁義分言之仁。今不可於名言上理會，只是自到便有知得。○上蔡所謂「飲食知味」也。方。

湖南學者説仁，舊來都是深空説出一片。頃見王日休解孟子云：「麒麟者，獅子也。」仁本是惻隱温厚底物事，却被他們説得擡虚打險，瞠眉弩眼，却似説麒麟做獅子，有吞伏百獸之狀，蓋自「知覺」之説起之。麒麟不食生肉，不食生草；獅子則百獸聞之而腦裂。㽦。

若説得本源，則不犯「仁」字。禪家曹洞有「五位法」，固可笑。以黑爲正位，白爲偏位。若説時，只是形容箇黑白道理，更不得犯「黑白」二字。皆是要從心中流出，不犯紙上語。從周。

義，便作「宜」字看。洽。

不可執定，隨他理去如此，自家行之便是義。節。

義是箇毅然説話，如利刀着物。季札。

義如利刀相似，人傑録云：「似一柄快刀相似。」都割斷了許多牽絆。祖道。

義如利刀相似，胸中許多勞勞攘攘，到此一齊割斷了。聖賢雖千言萬語，千頭萬項，然一透都透。如孟子言義，伊川言敬，都徹上徹下。

「義」字如一横劍相似，凡事物到前，便兩分去。「君子義以爲質」，「義以爲上」，「義不食也」，「義弗乘也」，「精義入神，以致用也」：是此義十分精熟，用便見也。

「克己復禮爲仁」，善善惡惡爲義。驤。

仁義，其體亦有先後。節。

仁對義爲體、用。仁自有仁之體、用，義又有義之體、用。伯羽。

趙致道問：「仁義體用、動靜何如？」曰：「仁固爲體，義固爲用。然仁義各有體用，各有動靜，自詳細驗之。」賀孫。

仁義互爲體用、動靜。仁之體本靜，而其用則流行不窮；義之用本動，而其體則各止其所。

義之嚴肅，即是仁底收斂。淳。

以仁屬陽，以義屬陰。仁主發動而言，義主收斂而言。若揚子云：「於仁也柔，於義也剛。」又自是一義。便是這物事不可一定名之，看他用處如何。䕫。

問「於仁也柔，於義也剛」。曰：「仁體柔而用剛，義體剛而用柔〔一〕。」銖曰：「此豈所謂『陽根陰，陰根陽』邪？」曰：「然。」銖。

〔一〕賀疑「體柔」以下「剛」、「柔」互誤。

先生答叔重疑問曰：「仁體剛而用柔，義體柔而用剛。」廣請曰：「自太極之動言之，則仁爲剛，而義爲柔；自一物中陰陽言之，則仁之用柔，義之用剛。」曰：「也是如此。仁便有箇流動發越之意，然其用則慈柔；義便有箇商量從宜之義，然其用則決裂。」廣。

「尋常人施恩惠底心，便發得易，當刑殺時，此心便疑。可見仁屬陽，屬剛；義屬陰，屬柔。」直卿云：「即將『舒斂』二字看，便見：喜則舒，怒則斂。」方子。

仁義如陰陽，只是一氣。陽是正長底氣，陰是方消底氣；仁便是方生底義，義便是收回頭底仁。要之，仁未能盡得道體，道則平鋪地散在裏，仁固未能盡得。然仁却是足以該道之體。若識得陽，便識得陰；識得仁，便識得義。識得一箇，便曉得其餘箇。道夫。

問：「義者仁之質？」曰：「義有裁制割斷意，是把定處，便發出許多仁來。如非禮勿視聽言動，便是把定處；『一日克己復禮，天下歸仁』，便是流行處。」淳。

問：「孟子以惻隱爲仁之端，羞惡爲義之端。周子曰：『愛曰仁，宜曰義。』然以其存於心者而言，則惻隱與愛固爲仁心之發。然羞惡乃就恥不義上反説，而非直指義之端也。『宜』字乃是就事物上説。不知義在心上，其體段如何。」曰：「義之在心，乃是決裂果斷者也。」柄。

天下之物，未嘗無對：有陰便有陽，有仁便有義，有善便有惡，有語便有默，有動便有靜。然又却只是一箇道理。如人行出去是這脚,行歸亦是這脚。譬如口中之氣,噓則爲温,吸則爲寒耳。雉。

禮者,節文也。禮數。節。

直卿曰:「五常中説知有兩般:就知識處看,用着知識者是知;就理上看,所以爲是爲非者亦知也。一屬理,一屬情。」曰:「固是。道德皆有體有用。」寓。

禮者,仁之發;智者,義之藏。且以人之資質言之:温厚者多謙遜,通曉者多刻剥。燾。

問仁、敬。曰:「上蔡以來,以敬爲小,不足言,須加『仁』字在上。其實敬不須言仁,敬則仁在其中矣。」方。以下兼論恭敬忠信。

恭主容,敬主事。有事著心做,不易其心而爲之,是敬。恭形於外,敬主於中。自誠身而言,則恭較緊;自行事而言,則敬爲切。淳。

初學則不如敬之切,成德則不如恭之安,敬是主事。然專言,則又如「修己以敬」,「敬以直内」。只偏言是主事。恭是容貌上説。端蒙。

問:「『恭敬』二字,以謂恭在外,功夫猶淺;敬在内,功夫大段細密。」曰:「二字不可以深淺論。恭敬,猶『忠信』兩字。」文蔚曰:「恭即是敬之發見。」先生默然良久,曰:「本領雖在敬上，若論那大處，恭反大如敬。若不是裏面積盛，無緣發出來做得恭。」文蔚。

吉甫問恭敬。曰：「『恭』字軟，『敬』字硬。」直卿云：「恭似低頭，敬似擡頭。」至。

因言「恭敬」二字如忠信，或云：「敬，主於中者也；恭，發於外者也。」曰：「凡言發於外，比似主於中者較大。蓋必充積盛滿，而後發於外，則發於外者豈不如主於中者！然主於中者却是本，不可不知。」僩。

忠信者，真實而無虛僞也；無些欠闕，無些間斷，樸實頭做去，無停住也。敬者，收斂而不放縱也。祖道。

忠自裏面發出，信是就事上說。忠，是要盡自家這箇心；信，是要盡自家這箇道理。

朱子語類卷第七

學一

小學

古者初年入小學，只是教之以事，如禮樂射御書數及孝弟忠信之事。自十六七入大學，然後教之以理，如致知、格物及所以爲忠信孝弟者。驤。

古人自入小學時，已自知許多事了；至入大學時，只要做此工夫。今人全未曾知此。古人只去心上理會，至去治天下，皆自心中流出。今人只去事上理會。泳。

古者小學已自養得小兒子這裏定，已自是聖賢坯璞了，但未有聖賢許多知見。及其長也，令入大學，使之格物、致知，長許多知見。節。

古人小學養得小兒子誠敬善端發見了。然而大學等事，小兒子不會推將去，所以又入大學教之。璘。

小學是直理會那事；大學是窮究那理，因甚恁地。寓。

小學者，學其事；大學者，學其小學所學之事之所以。節。

小學是事，如事君、事父、事兄、處友等事，只是教他依此規矩做去。大學是發明此事之理。銖。

古人便都從小學中學了，所以大來都不費力，如禮樂射御書數，大綱都學了。及至長大，也更不大段學，便只理會窮理、致知工夫。而今自小失了，要補填，實是難。但須莊敬誠實，立其基本，逐事逐物，理會道理。待此通透，意誠心正了，就切身處理會，旋旋去理會禮樂射御書數。今則無所用乎御。如禮樂射書數，也是合當理會底，皆是切用。但不先就切身處理會得道理，便教考究得些禮文制度，又干自家身己甚事！賀孫。

古者，小學已自暗養成了，到長來，已自有聖賢坯模，只就上面加光飾。如今全失了小學工夫，只得教人且把敬爲主，收斂身心，却方可下工夫。又曰：「古人小學教之以事，便自養得他心，不知不覺自好了。到得漸長，漸更歷通達事物，將無所不能。今人既無本領，只去理會許多閑汩董，百方措置思索，反以害心。」賀孫。

問：「大學與小學，不是截然爲二。小學是學其事，大學是窮其理，以盡其事否？」曰：「只是一箇事。小學是學事親，學事長，且直理會那事。大學是就上面委曲詳究那理，其所以事親是如何，所以事長是如何。古人於小學存養已熟，根基已深厚，到大學，只就上面點化出些精彩。古人自能食能言，便已教了，一歲有一歲工夫。到二十時，聖人資質已自有十分。寓作「三分」。大學只出治光彩。今都蹉過，不能轉去做，只據而今當地頭立定脚做去，補填前日欠闕，栽種後來合做底。寓作「根株」。如二十歲覺悟，便從二十歲立定脚力做去；三十歲覺悟，便從三十歲立定脚力做去。縱待八九十歲覺悟，也當據見定劄住硬寨做去。」淳。寓同。

器遠前夜說：「敬當不得小學。」某看來，小學却未當得敬。敬已是包得小學。敬是徹上徹下工夫。雖做得聖人田地，也只放下這敬不得。如堯舜，也終始是一箇敬。如說「欽明文思」，頌堯之德，四箇字獨將這箇「敬」做擗初頭。如說「恭己正南面而已」，如說「篤恭而天下平」，皆是。賀孫。

陸子壽言：「古者教小子弟，自能言能食，即有教，以至灑掃應對之類，皆有所習，故長大則易語。今人自小即教做對，稍大即教作虛誕之文，皆壞其性質。某當思欲做一小學規，使人自小教之便有法，如此亦須有益。」先生曰：「只做禪苑清規樣做，亦自好。」大雅。

天命，非所以教小兒。教小兒，只說箇義理大概，只眼前事。或以灑掃應對之類作段子，亦可。每嘗疑曲禮「衣毋撥，足毋蹶；將上堂，聲必揚；將入户，視必下」等叶韻處，皆是古人初教小兒語。列女傳孟母又添兩句曰：「將入門，問孰存。」淳。義剛同。

教小兒讀詩，不可破章。道夫。

先生初令義剛訓二三小子，見教曰：「授書莫限長短，但文理斷處便住。若文勢未斷者，雖多授數行，亦不妨。蓋兒時讀書，終身改口不得。嘗見人教兒讀書限長短，後來長大後，都念不轉。如訓詁，則當依古注。」問：「向來承教，謂小兒子讀書，未須把近代解説底音訓教之。却不知解與他時如何？若依古注，恐他不甚曉。」曰：「解時却須正説，始得。若大段小底，又却只是粗義，自與古注不相背了。」義剛。

余正叔嘗言：「今人家不善教子弟。」先生曰：「風俗弄得到這裏，可哀！」文蔚。

小童添炭，撥開火散亂。先生曰：「可拂殺了，我不愛人恁地，此便是燒火不敬。所以聖人教小兒灑掃應對，件件要謹。某外家子姪，未論其賢否如何，一出來便齊整，緣是他家長上元初教誨得如此。只一人外居，氣習便不同。」義剛。

問：「女子亦當有教。自孝經之外，如論語，只取其面前明白者教之，何如？」曰：「亦可。如曹大家女戒、温公家範，亦好。」義剛。

後生初學，且看小學之書，那是做人底樣子。廣。

先生下學，見説小學，曰：「前賢之言，須是真箇躬行佩服，方始有功。不可只如此説過，不濟事。」淳。

和之問小學所疑。曰：「且看古聖人教人之法如何。而今全無這箇。『天佑下民，作之君，作之師』，蓋作之君，便是作之師也。」時舉。

或問：「某今看大學，如小學中有未曉處，亦要理會。」曰：「相兼看亦不妨。學者於文爲度數，不可存終理會不得之心。須立箇大規模，都要理會得。至於其明其暗，則係乎人之才如何耳。」人傑。

問：「小學載樂一段，不知今人能用得否？」曰：「姑使知之。古人自小皆以樂教之，乃是人執手提誨。到得大來涵養已成，稍能自立便可。今人既無此，非志大有所立，因何得成立！」可學。

因論小學，曰：「古者教必以樂，後世不復然。」問：「此是作樂使之聽，或其自作？」曰：「自作。若自理會不得，自作何益！古者，國君備樂，士無故不去琴瑟，日用之物，無時不列於前。」問：「鄭人賂晉以女樂，乃有歌鐘二肆，何故？」曰：「所謂『鄭聲』，特其聲異耳，其器則同。今之教坊樂乃胡樂。此等事，久則亡。歐陽公集古録載寇萊公好舞柘枝，有五十曲。文忠時，其亡已多，舉此可見。舊見升朝官以上，前導一物，用水晶爲之，謂之『主斧』，今亦無之。」某云：「今之籍妓，莫是女樂之遺否？」曰：「不知當時女樂如何。」通老問「左手執籥，右手秉翟」。曰：「所謂『文舞』也。」又問：「古人舞不回旋？」曰：「既謂之『舞』，安得不回旋？」某問：「『漢家周舞』，注云：『此舜舞。』」曰：「遭秦之暴，古帝王樂盡亡，惟韶樂獨存，舜舞乃此舞也。」又問通老，大學祭孔子樂。渠云：「亦分堂上堂下，但無大鐘。」曰：「竟未知今之樂是何樂。」可學。

元興問：「禮樂射御書數，書，莫只是字法否？」曰：「此類有數法：如『日月』字，是象其形也；『江河』字，是諧其聲也；『考老』字，是假其類也。如此數法，若理會得，則天下之字皆可通矣。」時舉。論小學書，餘見本類。

弟子職一篇，若不在管子中，亦亡矣。此或是他存得古人底，亦未可知。或是自作，亦未可知。竊疑是他作内政時，士之子常爲士，因作此以教之。想他平日這樣處都理會來。然自身又却在規矩準繩之外！義剛。

弟子職「所受是極」，云受業去後，須窮究道理到盡處也。「毋驕恃力」，如恃氣力欲胡亂打人之類。蓋自小便教之以德，教之以尚德不尚力之事。卓。

朱子語類卷第八

學二

總論爲學之方

這道體，饒本作「理」。浩浩無窮。

道體用雖極精微，聖賢之言則甚明白。若海。

聖人之道，如飢食渴飲。人傑。

聖人之道，有高遠處，有平實處。道夫。

夫道若大路然，豈難知哉！人病不由耳。道夫。

道未嘗息，而人自息之。非道亡也，幽厲不由也。道夫。

聖人教人，大概只是説孝弟忠信日用常行底話。人能就上面做將去，則心之放者自收，性之昏者自著。如心、性等字，到子思、孟子方説得詳。因説象山之學。儒用。

聖人教人有定本。舜「使契爲司徒，教以人倫：父子有親，君臣有義，夫婦有别，長幼有序，朋友有信」。夫子對顔淵曰：「克己復禮爲仁。」「非禮勿視，非禮勿聽，非禮勿言，非禮勿動。」皆是定本。人傑。

聖門日用工夫，甚覺淺近。然推之理，無有不包，無有不貫，及其充廣，可與天地同其廣大。故爲聖，爲賢，位天地，育萬物，只此一理而已。

常人之學，多是偏於一理，主於一説，故不見四旁，以起争辨。聖人則中正和平，無所偏倚。人傑。

聖賢所説工夫，都只一般，只是一箇「擇善固執」。論語則説「學而時習之」，孟子則説「明善誠身」，只是隨他地頭所説不同，下得字來，各自精細。其實工夫只是一般，須是盡知其所以不同，方知其所謂同也。僩。

這箇道理，各自有地頭，不可只就一面説。在這裏時是恁地説，在那裏時又如彼説，其賓主彼此之勢各自不同。僩。

學者工夫，但患不得其要。若是尋究得這箇道理，自然頭頭有箇着落，貫通浹洽，各有條理。如或不然，則處處窒礙。學者常談，多説持守未得其要，不知持守甚底。説擴充，説體驗，説涵養，皆是揀好底言語做箇説話，必有實得力處方可。所謂要於本領上理會者，蓋緣如此。謨。

爲學須先立得箇大腔當了，却旋去裏面修治壁落教綿密。今人多是未曾知得箇大規模，先去修治得一間半房，所以不濟事。僩。

識得道理原頭，便是地盤。如人要起屋，須是先築教基址堅牢，上面方可架屋。若自無好基址，空自今日買得多少木去起屋，少間只起在別人地上，自家身己自没頓放處。賀孫。

須就源頭看教大底道理透，闊開基，廣開址。如要造百間屋，須着有百間屋基；要造十間屋，須着有十間屋基。緣這道理本同，甲有許多，乙也有許多，丙也有許多。賀孫。

學須先理會那大底。理會得大底了，將來那裏面小底自然通透。今人却是理會那大底不得，只去搜尋裏面小小節目。植。

學問須是大進一番，方始有益。若能於一處大處攻得破，見那許多零碎，只是這一箇道理，方是快活。然零碎底非是不當理會，但大處攻不破，縱零碎理會得些少，終不快活。「曾點、漆雕開已見大意」，只緣他大處看得分曉。今且道他那大底是甚物事？天下只有一箇道理，學只要理會得這一箇道理。這裏纔通，則凡天理、人欲、義利、公私、善惡之辨，莫不皆通。

或問：「氣質之偏，如何救得？」曰：「才説偏了，又着一箇物事去救他偏，越見不平正了，越討頭不見。要緊只是看教大底道理分明，偏處自見得。如暗室求物，把火來，便照見。若只管去摸索，費盡心力，只是摸索不見。若見得大底道理分明，有病痛處，也自會變移不自知，不消得費力。」賀孫。

成己方能成物，成物在成己之中。須是如此推出，方能合義理。聖賢千言萬語，教人且從近處做去。如灑掃大廳大廊，亦只是如灑掃小室模樣；掃得小處浄潔，大處亦然。若有大處開拓不去，即是於小處便不曾盡心。學者貪高慕遠，不肯從近處做去，如何理會得大頭項底！而今也有不曾從裏做得底，外面也做得好。此只是才高，以智力勝將去。中庸説細處，只是謹獨，謹言，謹行；大處是武王、周公達孝，經綸天下，無不載。小者便是大者之驗。須是要謹行，謹言，從細處做起，方能克得如此大。又曰：「如今爲學甚難，緣小學無人習得。如今却是從頭起。古人於小學小事中，便皆存箇大學大事底道理在。大學，只是推將開闊去。向來小時做底道理存其中，正似一箇坯素相似。」明作。

學者做工夫，莫説道是要待一箇頓段大項目工夫後方做得，即今逐些零碎積累將去。才等待大項目後方做，即今便蹉過了！學者只今便要做去，斷以不疑，鬼神避之。「需者，事之賊也！」至。

「如今學問未識箇入路，就他自做，倒不覺。惟既識得箇入頭，却事事須着理會。且道世上多多少少事！」江文卿云：「只先生一言一語，皆欲爲一世法，所以須着如此。」曰：「不是説要爲世法。既識得路頭，許多事都自是合着如此，不如此不得。自是天理合下當然。」賀孫。

若不見得入頭處，緊也不可，慢也不得。若識得些路頭，須是莫斷了。若斷了，便不成。待得再新整頓起來，費多少力！如雞抱卵，看來抱得有甚煖氣，只被他常常恁地抱得成。若把湯去盪，便死了；若抱才住，便冷了。然而實是見得入頭處，也自不解住了，自要做去，他自得些滋味了。如喫果子相似：未識滋味時，喫也得，不消喫也得；到識滋味了，要住，自住不得。賀孫。

「待文王而後興者，凡民也。若夫豪傑之士，雖無文王猶興。」豪傑質美，生下來便見這道理，何用費力。今人至於沉迷而不反，聖人爲之屢言，方始肯來，已是下愚了。況又不知求之，則終於爲禽獸而已！蓋人爲萬物之靈，自是與物異。若迷其靈而昏之，則與禽獸何別？大雅。

學問是自家合做底。不知學問，則是欠闕了自家底；知學問，則方無所欠闕。今人把學問來做外面添底事看了。廣。

聖賢只是做得人當爲底事盡。今做到聖賢，止是恰好，又不是過外。祖道。

「凡人須以聖賢爲己任。世人多以聖賢爲高，而自視爲卑，故不肯進。抑不知，使聖賢本自高，而己别是一樣人，則早夜孜孜，别是分外事，不爲亦可，爲之亦可。然聖賢稟性與常人一同。既與常人一同，又安得不以聖賢爲己任？自開闢以來，生多少人，求其盡己者，千萬人中無一二，只是衮同枉過一世！詩曰：『天生烝民，有物有則。』今世學者，往往有物而不能有其則。中庸曰：『尊德性而道問學，極高明而道中庸。』此數句乃是徹首徹尾。人性本善，只爲嗜慾所迷，利害所逐，一齊昏了。聖賢能盡其性，故耳極天下之聰，目極天下之明，爲子極孝，爲臣極其忠。」某問：「明性須以敬爲先？」曰：「固是。但敬亦不可混淪說，須是每事上檢點。論其大要，只是不放過耳。大抵爲己之學，於他人無一毫干預。聖賢千言萬語，只是使人反其固有而復其性耳。」可學。

學者大要立志。所謂志者，不道將這些意氣去蓋他人，只是直截要學堯舜。「孟子道性善，言必稱堯舜。」此是真實道理。「世子自楚反，復見孟子。孟子曰：『世子疑吾言乎？夫道一而已矣。』」這些道理，更無走作，只是一箇性善可至堯舜，别没去處了。下文引成覸、顔子、公明儀所言，便見得人人皆可爲也。學者立志，須教勇猛，自當有進。志不足以有爲，此學者之大病。謨。

世俗之學，所以與聖賢不同者，亦不難見。聖賢直是真箇去做，説正心，直要心正；説誠意，直要意誠；修身齊家，皆非空言。今之學者説正心，但將正心吟咏一晌；説誠意，又將誠意吟咏一晌；説修身，又將聖賢許多説修身處諷誦而已。或掇拾言語，綴緝時文。如此爲學，却於自家身上有何交涉？這裏須要着意理會。今之朋友，固有樂聞聖賢之學，而終不能去世俗之陋者，無他，只是志不立爾。學者大要立志，纔學，便要做聖人是也。謨。

學者須是立志。今人所以悠悠者，只是把學問不曾做一件事看，遇事則且胡亂恁地打過了。此只是志不立。雉。

問：「人氣力怯弱，於學有妨否？」曰：「爲學在立志，不干氣禀强弱事。」又曰：「爲學何用憂惱，但須令平易寬快去。」寓舉聖門弟子，唯稱顏子好學，其次方説及曾子，以此知事大難。曰：「固是如此。某看來亦有甚難，有甚易！只是堅立着志，順義理做去，他無蹺欹也。」寓。

英雄之主所以有天下，只是立得志定，見得大利害。如今學者只是立得志定，講究得義理分明。賀孫。

立志要如飢渴之於飲食。才有悠悠，便是志不立。祖道。

爲學須是痛切懇惻做工夫，使飢忘食，渴忘飲，始得。砥。

這箇物事要得不難。如飢之欲食，渴之欲飲，如救火，如追亡，似此年歲間，看得透，活潑潑地在這裏流轉，方是。僩。

學者做工夫，當忘寢食做一上，使得些入處，自後方滋味接續。浮浮沉沉，半上落下，不濟得事。振。

而今緊要且看聖人是如何，常人是如何，自家因甚便不似聖人，因甚便只是常人。就此理會得透，自可超凡入聖。淳。

爲學，須思所以超凡入聖。如何昨日爲鄉人，今日便爲聖人！須是竦拔，方始有進！砥。

爲學須覺今是而昨非，日改月化，便是長進。砥。

今之學者全不曾發憤。升卿。

爲學不進，只是不勇！燾。

不可倚靠師友。方子。

不要等待。方子。

今人做工夫，不肯便下手，皆是要等待。如今日早間有事，午間無事，則午間便可下手，午間有事，晚間便可下手，却須要待明日。今月若尚有數日，必直待後月，今年尚有數月，不做工夫，必曰，今年歲月無幾，直須來年。如此，何緣長進！因康叔臨問致知，先生曰：「如此説得，不濟事。」蓋卿。

道不能安坐等其自至，只待別人理會來，放自家口裏！淳。

學者須是奈煩，奈辛苦。方子。

必須端的自省，特達自肯，然後可以用力，莫如「下學而上達」也。去僞。

凡人便是生知之資，也須下困學、勉行底工夫，方得。蓋道理縝密，去那裏捉摸！若不下工夫，如何會了得！敬仲。

今之學者，本是困知、勉行底資質，却要學他生知、安行底工夫。便是生知、安行底資質，亦用下困知、勉行工夫，況是困知、勉行底資質！文蔚。

大抵爲學雖有聰明之資，必須做遲鈍工夫，始得。既是遲鈍之資，却做聰明底樣工夫，如何得！伯羽。

今人不肯做工夫。有先覺得難，後遂不肯做；有自知不可爲，公然遜與他人。如退産相似，甘伏批退，自己不願要。蓋卿。

爲學勿責無人爲自家剖析出來，須是自家去裏面講究做工夫，要自見得。道夫。

小立課程，大作工夫。可學。

工夫要趲，期限要寬。從周。

且理會去，未須計其得。德明。

纔計於得，則心便二，頭便低了。至。

嚴立功程，寬着意思，久之，自當有味，不可求欲速之功。道夫。

自早至暮，無非是做工夫時節。道夫。

人多言爲事所奪，有妨講學，此爲「不能使船嫌溪曲」者也。遇富貴，就富貴上做工夫；遇貧賤，就貧賤上做工夫。兵法一言甚佳，「因其勢而利導之」也。人謂齊人弱，田忌乃因其弱以取勝，今日三萬竈，明日二萬竈，後日一萬竈。又如韓信特地送許多人安於死地，乃始得勝。學者若有絲毫氣在，必須進力！除非無了此氣，只口不會說話，方可休也。因舉浮屠語曰：「假使鐵輪頂上旋，定慧圓明終不失！」力行。

聖賢千言萬語，無非只說此事。須是策勵此心，勇猛奮發，拔出心肝與他去做！如兩邊擂起戰鼓，莫問前頭如何，只認捲將去！如此，方做得工夫。若半上落下，半沉半浮，濟得甚事！僩。

又如大片石，須是和根拔。今只於石面上薄削，濟甚事！作意向學，不十日五日又懶，孟子曰：「一日暴之，十日寒之！」可學。

宗杲云：「如載一車兵器，逐件取出來弄，弄了一件又弄一件，便不是殺人手段。我只有寸鐵，便可殺人！」僩。

且如項羽救趙，既渡，沈船破釜，持三日糧，示士必死，無還心，故能破秦。若瞻前顧後，便做不成。僩。

如居燒屋之下！如坐漏船之中！可學。

爲學極要求把篙處着力。到工夫要斷絶處，又更增工夫，着力不放令倒，方是向進處。爲學正如上水船，方平穩處，儘行不妨。及到灘脊急流之中，舟人來這上一篙，不可放緩。直須着力撐上，不得一步不緊。放退一步，則此船不得上矣！洽。

學者爲學，譬如煉丹，須是將百十斤炭火煅一餉，方好用微微火養教成就。今人未曾將百十斤炭火去煅，便要將微火養將去，如何得會成！恪。

今語學問，正如煮物相似，須爇猛火先煮，方用微火慢煮。若一向只用微火，何由得熟？欲復自家元來之性，乃恁地悠悠，幾時會做得？大要須先立頭緒。頭緒既立，然後有所持守。書曰：「若藥弗瞑眩，厥疾弗瘳。」今日學者皆是養病。可學。

譬如煎藥：先猛火煎，教百沸大衮，直至湧坌出來，然後却可以慢火養之。僩。

須磨礪精神去理會。天下事，非燕安暇豫之可得。淳。

萬事須是有精神，方做得。振。

陽氣發處，金石亦透。精神一到，何事不成！驤。

凡做事，須着精神。這箇物事自是剛，有鋒刃。如陽氣發生，雖金石也透過！賀孫。

人氣須是剛，方做得事。如天地之氣剛，故不論甚物事皆透過。人氣之剛，其本相亦如此。若只遇着一重薄物事，便退轉去，如何做得事！從周。方子録云：「天地之氣，雖至堅如金石，無所不透，故人之氣亦至剛，蓋其本相如此。」

「學者識得箇脈路正，便須剛決向前。若半青半黄，非惟無益。」因舉酒云：「未嘗見有衰底聖賢。」德明。

學者不立，則一齊放倒了！升卿。

不帶性氣底人，爲僧不成，做道不了。方。

因言，前輩也多是背處做幾年，方成。振。

進取得失之念放輕，却將聖賢格言處研窮考究。若悠悠地似做不做，如捕風捉影，有甚長進！今日是這箇人，明日也是這箇人。季札。

學者只是不爲己，故日間此心安頓在義理上時少，安頓在閑事上時多，於義理却生，於閑事却熟。方子。

今學者要緊且要分別箇路頭，要緊是爲己爲人之際。爲己者直拔要理會這箇物事，欲自家理會得；不是漫恁地理會，且恁地理會做好看，教人説道自家也曾理會來。這假饒理會得十分是當，也都不關自身己事。要須先理會這箇路頭。若分別得了，方可理會文字。賀孫。

學者須是爲己。譬如喫飯，寧可逐些喫，令飽爲是乎？寧可鋪攤放門外，報人道我家有許多飯爲是乎？近來學者，多是以自家合做底事報與人知。又言，此間學者多好高，只是將義理略從肚裏過，却翻出許多説話。舊見此間人做婚書，亦説天命人倫。男婚女嫁，自是常事。蓋有厭卑近之意，故須將日用常行底事裝荷起來。如此者，只是不爲己，不求益；只是好名，圖好看。亦聊以自誑，如南越王黄屋左纛，聊以自娱爾。方子。

近世講學不着實，常有夸底意思。譬如有飯不將來自喫，只管鋪攤在門前，要人知得我家裏有飯。打疊得此意盡，方有進。振。

今人爲學，多只是謾且恁地，不曾真實肯做。方子。

今之學者，直與古異，今人只是强探向上去，古人則逐步步實做將去。廣。

只是實去做工夫。議論多，轉鬧了。德明。

每論諸家學，及己學，大指要下學着實。方。

爲學須是切實爲己，則安靜篤實，承載得許多道理。若輕揚淺露，如何探討得道理？縱使探討得，説得去，也承載不住。銖。

入道之門，是將自家身己入那道理中去。漸漸相親，久之與己爲一。而今入道理在這裏，自家身在外面，全不曾相干涉。僩。

或問爲學。曰："今人將作箇大底事説，不切己了，全無益。一向去前人説中乘虛接渺，妄取許多枝蔓，只見遠了，只見無益於己。聖賢千言萬語，儘自多了。前輩説得分曉了，如何不切己去理會！如今看文字，且要以前賢程先生等所解爲主，看他所説如何，聖賢言語如何，將己來聽命於他，切己思量體察，就日用常行中着衣喫飯，事親從兄，盡是問學。若是不切己，只是説話。今人只憑一己私意，瞥見些子説話，便立箇主張，硬要去説，便要聖賢從我言語路頭去，如何會有益。此其病只是要説高説妙，將來做箇好看底物事做弄。如人喫飯，方知滋味；如不曾喫，只要攤出在外面與人看，濟人濟己都不得。"謙。

或問："爲學如何做工夫？"曰："不過是切己，便的當。此事自有大綱，亦有節目。常存大綱在我，至於節目之間，無非此理。體認省察，一毫不可放過。理明學至，件件是自家物事，然亦須各有倫序。"問："如何是倫序？"曰："不是安排此一件爲先，此一件爲後，此一件爲大，此一件爲小。隨人所爲，先其易者，闕其難者，將來難者亦自可理會。且如讀書：三禮、春秋有制度之難明，本末之難見，且放下未要理會，亦得。如書、詩，直是不可不先理會。又如詩之名數，書之盤誥，恐難理會。且先讀典謨之書，雅頌之詩，何嘗一言一句不説道理？何嘗深潛諦玩，無有滋味？只是人不曾子細看。若子細看，裏面有多少倫序，須是子細參研方得。此便是格物窮理。如遇事亦然，事中自有一箇平平當當道理，只是人討不出，只隨事衮將去，亦做得，却有掣肘不中節處。亦緣鹵莽了，所以如此。聖賢言語，何曾誤天下後世？人自學不至耳。」謙。

佛家一向撤去許多事，只理會自身己；其教雖不是，其意思却是要自理會。所以他那下常有人，自家這下自無人。今世儒者，能守經者，理會講解而已；看史傳者，計較利害而已。那人直是要理會身己，從自家身己做去。不理會自身己，説甚別人長短！明道曰：「不立己後，雖向好事，猶爲化物。不得以天下萬物撓己，己立後，自能了當得天下萬物。」只是從程先生後，不再傳而已衰。所以某嘗説自家這下無人。佛家有三門：曰教，曰律，曰禪。禪家不立文字，只直截要識心見性。律本法甚嚴，毫髮有罪。如云不許飲水，纔飲水便有罪過。如今小院號爲律院，乃不律之尤者也！教自有三項：曰天台教，曰慈恩教，曰延壽教。延壽教南方無傳，有此文字，無能通者。其學近禪，故禪家以此爲得。天台教專理會講解。慈恩教亦只是講解。吾儒家若見得道理透，就自家身心上理會得本領，便自兼得禪底；講説辨討，便自兼得教底；動由規矩，便自兼得律底。事事是自家合理會。顔淵問爲邦。看他陋巷簞瓢如此，又却問爲邦之事，只是合當理會，看得是合做底事。若理會得入頭，意思一齊都轉；若不理會得入頭，少間百事皆差錯。若差了路頭底亦多端：有纔出門便錯了路底，有行過三兩條路了方差底，有略差了便轉底，有一向差了煞遠，終於不轉底。賀孫。

不可只把做面前物事看了，須是向自身上體認教分明。如道家存想，有所謂龍虎，亦是就身上存想。士毅。

爲學須是專一。吾儒惟專一於道理，則自有得。砥。

既知道自家患在不專一，何不便專一去！逍遥。

須是在己見得只是欠闕，他人見之却有長進，方可。僩。

人白睚不得，要將聖賢道理扶持。振。

爲學之道，須先存得這箇道理，方可講究事情。

今人口略依稀説過，不曾心曉。淳。

發得早時不費力。升卿。

有資質甚高者，一了一切了，即不須節節用工。也有資質中下者，不能盡了，却須節節用工。振。

博學，謂天地萬物之理，修己治人之方，皆所當學。然亦各有次序，當以其大而急者爲先，不可雜而無統也。

今之學者多好説得高，不喜平。殊不知這箇只是合當做底事。節。

譬如登山，人多要至高處。不知自低處不理會，終無至高處之理。德明。

於顯處平易處見得，則幽微底自在裏許。德明。

且於切近處加功。升卿。

著一些急不得。方子。

學者須是直前做去，莫起計獲之心。如今説底，恰似畫卦影一般。吉凶未應時，一場鶻突，知他是如何。到應後，方始知元來是如此。廣。

某適來，因澡浴得一説：大抵揩背，須從頭徐徐用手，則力省，垢可去。若於此處揩，又於彼處揩，用力雜然，則終日勞而無功。學問亦如此，若一番理會不了，又作一番理會，終不濟事。蓋卿。

學者須是熟。熟時，一喚便在目前；不熟時，須着旋思索。到思索得來，意思已不如初了。士毅。

道理生，便縛不住。淳。

見，須是見得確定。淳。

須是心廣大似這箇，方包裹得過，運動得行。方子。

學者立得根脚闊，便好。升卿。

須是有頭有尾，成箇物事。方子。

徹上徹下，無精粗本末，只是一理。賜。

最怕粗看了，便易走入不好處去。士毅。

學問不只於一事一路上理會。振。

貫通，是無所不通。

「未有耳目狹而心廣者。」其説甚好。振。

帖底謹細做去，所以能廣。振。

大凡學者，無有徑截一路可以教他了得；須是博洽，歷涉多，方通。振。

不可涉其流便休。方子。

天下更有大江大河，不可守箇土窟子，謂水專在是。力行。

學者若有本領，相次千枝萬葉，都來湊着這裏，看也須易曉，讀也須易記。方子。

大本不立，小規不正。可學。

刮落枝葉，栽培根本。可學。

大根本流爲小根本。舉前説。因先説：「欽夫學大本如此，則發處不能不受病。」方。

學問須嚴密理會，銖分毫析。道夫。

因論爲學，曰：「愈細密，愈廣大；愈謹確，愈高明。」僩。

開闊中又着細密，寬緩中又着謹嚴。廣。

如其窄狹，則當涵泳廣大氣象；頹惰，則當涵泳振作氣象。方子。

學者須養教氣宇開闊弘毅。升卿。

常使截斷嚴整之時多，膠膠擾擾之時少，方好。德明。

只有一箇界分，出則便不是。廣。

義理難者便不是。振。

體認爲病，自在即好〔一〕。振。

〔一〕賀疑此條有誤。

須是玩味。方子。

咬得破時，正好咀味。文蔚。

若只是握得一箇鶻崙底果子，不知裏面是酸，是鹹，是苦，是澁。須是與他嚼破，便見滋味。僩。

易曰：「學以聚之，問以辨之，寬以居之，仁以行之。」語曰：「執德不弘，信道不篤，焉能爲有！焉能爲亡！」學問之後，繼以寬居。信道篤而又欲執德弘者，人之爲心不可促迫也。人心須令著得一善，又著一善，善之來無窮，而吾心受之有餘地，方好。若只着得一善，第二般來又未便容得，如此，無緣心廣而道積也。洽。

自家猶不能快自家意，如何他人却能盡快我意！要在虛心以從善。升卿。

「虛心順理」，學者當守此四字。人傑。

聖人與理爲一，是恰好。其他以心處這理，却是未熟，要將此心處理。可學。

今人言道理，說要平易，不知到那平易處極難。被那舊習纏繞，如何便擺脱得去！譬如作文一般，那箇新巧者易作，要平淡便難。然須還他新巧，然後造於平淡。又曰：「自高險處移下平易處，甚難。」端蒙。

人之資質有偏，則有縫罅。做工夫處，蓋就偏處做將去。若資質平底，則如死水然，終激作不起。謹愿底人，更添些無狀，便是鄉原。不可以爲知得些子便了。燾。

只聞「下學而上達」，不聞「上達而下學」。德明。

今學者之於大道，其未及者雖是遲鈍，却須終有到時。唯過之者，便不肯復回來耳。必大。

或人性本好，不須矯揉。教人一用此，極害理。又有讀書見義理，釋書，義理不見，亦可慮。可學。

學者議論工夫，當因其人而示以用工之實，不必費辭。使人知所適從，以入於坦易明白之域，可也。若泛爲端緒，使人迫切而自求之，適恐資學者之病。人傑。

師友之功，但能示之於始而正之於終爾。若中間三十分工夫，自用喫力去做。既有以喻之於始，又自勉之於中，又其後得人商量是正之，則所益厚矣。不爾，則亦何補於事。道夫。

或論人之資質，或長於此而短於彼。曰：「只要長善救失。」或曰：「長善救失，不特教者當如此，人自爲學亦當如此。」曰：「然。」燾。

凡言誠實，都是合當做底事；不是説道誠實好了方去做，不誠實不好了方不做。自是合當誠實。僩。

「言必忠信」，言自合着忠信，何待安排。有心去要恁地，便不是活，便不能久矣。若如此，便是剩了一箇字在信見邊〔一〕自是着不得。如事親必於孝，事長必於弟，孝弟自是道理合當如此。何須安一箇「必」字在心頭，念念要恁地做？如此，便是辛苦，如何得會長久？又如集義久，然後浩然之氣自生。若着一箇意在這裏等待氣生，便爲害。今日集得許多，又等待氣生，却是私意了。「必有事焉而勿正」，正，便是期必也。爲學者須從窮理上做工夫。若物格、知至，則意自誠；意誠，則道理合做底事自然行將去，自無下面許多病痛也。「擴然而大公，物來而順應。」

切須去了外慕之心！力行。

有一分心向裏，得一分力；有兩分心向裏，得兩分力。文蔚。

須是要打疊得盡，方有進。從周。

看得道理熟後，只除了這道理是真實法外，見世間萬事，顛倒迷妄，耽嗜戀着，無一不是戲劇，真不堪着眼也。又答人書云：「世間萬事，須臾變滅，皆不足置胸中，惟有窮理修身爲究竟法耳。」僩。

〔一〕賀疑「在信見邊」有誤。

大凡人只合講明道理而謹守之，以無愧於天之所與者。若乃身外榮辱休戚，當一切聽命而已。驤。

因説索麵，曰：「今人於飲食動使之物，日極其精巧。到得義理，却不理會，漸漸昏蔽了都不知。」廣。

朱子語類卷第九

學三

論知行

知、行常相須，如目無足不行，足無目不見。論先後，知爲先；論輕重，行爲重。閎祖。

論知之與行，曰：「方其知之而行未及之，則知尚淺。既親歷其域，則知之益明，非前日之意味。」公謹。

聖賢説知，便説行。大學説「如切如磋，道學也」；便説「如琢如磨，自修也」。中庸説「學、問、思、辨」，便説「篤行」。顔子説「博我以文」，謂致知、格物；「約我以禮」，謂「克己復禮」。泳。

致知、力行，用功不可偏。偏過一邊，則一邊受病。如程子云：「涵養須用敬，進學則在致知。」分明自作兩脚説，但只要分先後輕重。論先後，當以致知爲先；論輕重，當以力行爲重。端蒙。

問：「南軒云：『致知、力行互相發。』」曰：「未須理會相發，且各項做將去。若知有未至，則就知上理會；行有未至，則就行上理會，少間自是互相發。今人知不得，便推說我行未到，行得不是，便說我知未至，只管相推，没長進。」因說一朋友有書來，見人說他說得不是，却來說我只是踐履未至，涵養未熟，我而今且未須考究，且理會涵養。「被他截斷，教人與他說不得，都只是這箇病。」胡泳。

汪德輔問：「須是先知，然後行？」曰：「不成未明理，便都不持守了！且如曾點與曾子，便是兩箇樣子：曾點便是理會得底，而行有不揜；曾子便是合下持守，旋旋明理，到一唯處。」德明。

聖賢千言萬語，只是要知得，守得。節。

只有兩件事：理會，踐行。節。

學者以玩索、踐履爲先。道夫。

某與一學者言，操存與窮格，不解一上做了。如窮格工夫，亦須銖積寸累，工夫到後，自然貫通。若操存工夫，豈便能常操？其始也，操得一霎，旋旋到一食時；或有走作，亦無如之何。能常常警覺，久久自能常存，自然光明矣。人傑。

操存涵養，則不可不緊；進學致知，則不可不寬。祖道。

所謂窮理，大底也窮，小底也窮，少間都成一箇物事。所謂持守者，人不能不牽於物欲，才覺得，便收將來。久之，自然成熟。非謂截然今日爲始也。夔孫。

千言萬語，説得只是許多事。大概在自家操守講究，只是自家存得些在這裏，便在這裏。若放去，便是自家放了。道夫。

思索義理，涵養本原。儒用。

涵養中自有窮理工夫，窮其所養之理；窮理中自有涵養工夫，養其所窮之理，兩項都不相離。纔見成兩處，便不得。賀孫。

擇之問：「且涵養去，久之自明。」曰：「亦須窮理。涵養、窮索，二者不可廢一，如車兩輪，如鳥兩翼。如温公，只恁行將去，無致知一段。」德明。

人之爲學，如今雨下相似：雨既下後，到處濕潤，其氣易得蒸鬱。才略晴，被日頭略照，又蒸得雨來。前日亢旱時，只緣久無雨下，四面乾枯；縱有些少，都滋潤不得，故更不能蒸鬱得成。人之於義理，若見得後，又有涵養底工夫，日日在這裏面，便意思自好，理義也容易得見，正如雨蒸鬱得成後底意思。若是都不去用力者，日間只恁悠悠，都不曾有涵養工夫。設或理會得些小道理，也滋潤他不得，少間私欲起來，又間斷去，正如亢旱不能得雨相似也。時舉。

學者工夫，唯在居敬、窮理二事。此二事互相發。能窮理，則居敬工夫日益進；能居敬，則窮理工夫日益密。譬如人之兩足，左足行，則右足止；右足行，則左足止。又如一物懸空中，右抑則左昂，左抑則右昂，其實只是一事。廣。

人須做工夫，方有疑。初做工夫時，欲做此一事，又礙彼一事，便没理會處。只如居敬、窮理兩事便相礙。居敬是箇收斂執持底道理，窮理是箇推尋究竟底道理。只此二者，便是相妨。若是熟時，則自不相礙矣。廣。

主敬、窮理雖二端，其實一本。

持敬是窮理之本；窮得理明，又是養心之助。夔孫。

學者若不窮理，又見不得道理。然去窮理，不持敬，又不得。不持敬，看道理便都散，不聚在這裏。淳。

持敬觀理，如病人相似。自將息，固是好，也要討些藥來服。泳。

文字講説得行，而意味未深者，正要本原上加功，須是持敬。持敬以靜爲主。此意須要於不做工夫時頻頻體察，久而自熟。但是着實自做工夫，不干別人事。「爲仁由己，而由人乎哉！」此語的當，更看有何病痛。知有此病，必去其病，此便是療之之藥。如覺言語多，便用簡默；意思疏闊，便加細密；覺得輕浮淺易，便須深沉重厚。張先生所謂「矯輕警惰」，蓋如此。謨。

或問：「致知必須窮理，持敬則須主一。然遇事則敬不能持，持敬則又爲事所惑，如何？」曰：「孟子云：『操則存，舍則亡。』人才一把捉，心便在這裏。孟子云『求放心』，已是說得緩了。心不待求，只警省處便見。『我欲仁，斯仁至矣。』『爲仁由己，而由人乎哉？』其快如此。蓋人能知其心不在，則其心已在了，更不待尋。」祖道。

致知、敬、克己，此三事，以一家譬之：敬是守門户之人，克己則是拒盜，致知却是去推察自家與外來底事。伊川言：「涵養須用敬，進學則在致知。」不言克己。蓋敬勝百邪，便自有克，如誠則便不消言閑邪之意。猶善守門户，則與拒盜便是一等事，不消更言別有拒盜底。若以涵養對克己言之，則各作一事亦可。涵養，則譬如將息；克己，則譬如服藥去病。蓋將息不到，然後服藥。將息則自無病，何消服藥。能純於敬，則自無邪僻，何用克己。若有邪僻，只是敬心不純，只可責敬。故敬則無己可克，乃敬之效。若初學，則須是功夫都到，無所不用其極。端蒙。

學者喫緊是要理會這一箇心，那紙上說底，全然靠不得。或問「心之體與天地同其大，而其用與天地流通」云云。先生曰：「又不可一向去無形迹處尋，更宜於日用事物、經書指意、史傳得失上做工夫。即精粗表裏，融會貫通，而無一理之不盡矣。」

爲學先要知得分曉。泳。以下論知爲先。

問致知涵養先後。曰：「須先致知而後涵養。」問：「伊川言：『未有致知而不在敬。』如何？」曰：「此是大綱説。要窮理，須是着意。不着意，如何會理會得分曉？」文蔚。

堯卿問：「窮理、集義孰先？」曰：「窮理爲先。然亦不是截然有先後。」曰：「窮是窮在物之理，集是集處物之義否？」曰：「是。」淳。

萬事皆在窮理後。經不正，理不明，看如何地持守，也只是空。道夫。

痛理會一番，如血戰相似，然後涵養將去。因自云：「某如今雖便静坐，道理自見得。未能識得，涵養箇甚！」德明。

有人專要理會躬行，此亦是孤。去僞。

王子充問：「某在湖南，見一先生只教人踐履。」曰：「義理不明，如何踐履？」曰：「他説：『行得便見得。』」曰：「如人行路，不見，便如何行。今人多教人踐履，皆是自立標致去教人。自有一般資質好底人，便不須窮理、格物、致知。聖人作箇大學，便使人齊入於聖賢之域。若講得道理明時，自是事親不得不孝，事兄不得不弟，交朋友不得不信。」榦。

而今人只管説治心、修身。若不見這箇理，心是如何地治？身是如何地修？若如此說，資質好底便養得成，只是箇無能底人；資質不好，便都執縛不住了。傅說云：「學於古訓乃有獲。事不師古，以克永世，匪說攸聞。」古訓何消讀他做甚？蓋聖賢說出，道理都在裏，必學乎此，而後可以有得。又云：「惟學遜志，務時敏，厥修乃來。允懷於兹，道積於厥躬。惟斆學半。念終始典於學，厥德修罔覺。」自古未有人說「學」字，自傅說說起。他這幾句，水潑不入，便是說得密。若終始典於學，則其德不知不覺自進也。夔孫。義剛録云：「人如何不博學得！若不博學，說道修身行己，也猛撞做不得。大學『誠意』，只是說『如好好色，如惡惡臭』。及到說修身處時，已自寬了。到後面也自無甚事。其大本只是理會致知、格物。若是不致知、格物，便要誠意、正心、修身；氣質純底，將來只便成一箇無見識底獃人。若是意思高廣底，將來遏不下，便都顛了，如劉淳叟之徒。六經說『學』字，自傅說方說起來：『王，人求多聞，時惟建事。學于古訓，乃有獲。』先生至此，諷誦『念終始典于學，厥德修罔覺』，曰：『這數句，只恁地說，而其曲折意思甚密。便是學時自不知不覺，其德自修。而今不去講學，要修身，身如何地修！』」

見，不可謂之虛見。見無虛實，行有虛實。見只是見，見了後却有行，有不行。若不見後，只要硬做，便所成者窄狹。㽦。

學者須常存此心，漸將義理只管去灌溉。若卒乍未有進，即且把見成在底道理將去看認。認來認去，更莫放着，便只是自家底。緣這道理，不是外來物事，只是自家本來合有底，只是常常要點檢。如人一家中，合有許多家計，也須常點認過。若不如此，被外人驀然捉將去，也不知。又曰：「『温故而知新』，不是離了故底別有一箇新，須是常常將故底只管温習，自有新意：一則向時看與如今看，明晦便不同；一則上面自有好意思；一則因這上面却別生得意思。伊川云：『某二十以前讀論語，已自解得文義。到今來讀，文義只一般，只是意思別。』」賀孫。

學聚、問辨，明善、擇善，盡心、知性，此皆是知，皆始學之功也。道夫。以下專論知。

人爲學，須是要知箇是處，千定萬定。知得這箇徹底是，那箇徹底不是，方是見得徹、見得是，則這心裏方有所主。且如人學射：若志在紅心上，少間有時只射得那帖上；志在帖上，少間有時只射得那垜上；志在垜上，少間都射在別處去了！卓。

只爭箇知與不知，爭箇知得切與不切。且如人要做好事，到得見不好事，也似乎可做。方要做好事，又似乎有箇做不好事底心從後面牽轉去，這只是知不切。賀孫。

許多道理，皆是人身自有底。雖說道昏，然又那曾頑然恁地暗！也都知是善好做，惡不好做。只是見得不完全，見得不的確。所以說窮理，便只要理會這些子。賀孫。以下窮理。

這箇道理，與生俱生。今人只安頓放那空處，都不理會，浮生浪老，也甚可惜！要之，理會出來，亦不是差異底事。不知如何理會箇得恁少，看他自是甘於無知了。今既要理會，也須理會取透；莫要半青半黄，下梢都不濟事。道夫。

人生天地間，都有許多道理。不是自家硬把與他，又不是自家鑿開他肚腸，白放在裏面。賀孫。

一心具萬理。能存心，而後可以窮理。季札。

心包萬理，萬理具於一心。不能存得心，不能窮得理；不能窮得理，不能盡得心。陽。

窮理以虚心静慮爲本。淳。

虚心觀理。方子。

或問："而今看道理不出，只是心不虚静否？"曰："也是不曾去看。會看底，就看處自虚静，這箇互相發。"義剛。

而今看道理不見，不是不知，只是爲物塞了。而今粗法，須是打疊了胷中許多惡雜，方可。張子云："義理有疑，則濯去舊見，以來新意。"人多是被那舊見戀不肯舍。除是大故聰明，見得不是，便翻了。夒孫。

理不是在面前别爲一物，即在吾心。人須是體察得此物誠實在我，方可。譬如修養家所謂鉛汞、龍虎，皆是我身内之物，非在外也。廣。

"窮理，如性中有箇仁義禮智，其發則爲惻隱、羞惡、辭遜、是非。只是這四者，任是世間萬事萬物，皆不出此四者之内。"曹問："有可一底道理否？"曰："見多後，自然貫。"又曰：「會之於心，可以一得，心便能齊。但心安後，便是義理。」卓。

器遠問：「窮事物之理，還當窮究箇總會處，如何？」曰：「不消説總會。凡是眼前底，都是事物。只管恁地逐項窮教到極至處，漸漸多，自貫通。然爲之總會者，心也。」賀孫。

凡看道理，要見得大頭腦處分明。下面節節，只是此理散爲萬殊。如孔子教人，只是逐件逐事説箇道理，未嘗説出大頭腦處。然四面八方合聚湊來，也自見得箇大頭腦。若孟子，便已指出教人。周子説出太極，已是太煞分明矣。且如惻隱之端，從此推上，則是此心之仁；仁即所謂天德之元；元即太極之陽動。如此節節推上，亦自見得大總腦處。若今看得太極處分明，則必能見得天下許多道理條件皆自此出，事事物物上皆有箇道理，元無虧欠也。銖。

今之學者自是不知爲學之要。只要窮得這道理，便是天理。雖聖人不作，這天理自在天地間。「天高地下，萬物散殊；流而不息，合同而化」，天地間只是這箇道理流行周徧。不應説道聖人不言，這道理便不在。這道理自是長在天地間，只借聖人來説一遍過。且如易，只是一箇陰陽之理而已。伏羲始畫，只是畫此理；文王、孔子皆是發明此理。吉凶悔吝，亦是從此推出。及孔子言之，則曰：「君子居其室，出其言善，則千里之外應之；出其言不善，則千里之外違之。言行，君子之樞機；樞機之發，榮辱之主也。言行，君子之所以動天地也，可不謹乎！」聖人只要人如此。且如書載堯舜禹許多事業，與夫都俞吁咈之言，無非是至理。恪。

這道理，若見得到，只是合當如此。如竹椅相似：須着有四隻脚，平平正正，方可坐；若少一隻脚，決定是坐不得。若不識得時，只約摸恁地説，兩隻脚也得，三隻脚也得；到坐時，只是坐不得。如穿牛鼻，絡馬首，這也是天理合當如此。若絡牛首，穿馬鼻，定是不得。如適來説克己，伊川只説箇敬。今人也知道敬，只是不常如此。常常如此，少間自見得是非道理分明。若心下有些子不安穩，便不做。到得更有一項心下習熟底事，却自以爲安；外來卒未相入底，却又不安。這便着將前聖所説道理，所做樣子，看教心下是非分明。賀孫。

人見得義理熟時，自然好。振。

心熟後，自然有見理處。熟則心精微。不見理，只緣是心粗〔一〕。辭達而已矣。去僞。

今人口略依稀説過，不曾心曉〔二〕。淳。

〔一〕賀疑有闕文。

〔二〕已見卷八。

學者理會道理，當深沉潛思。從周。

義理儘無窮，前人恁地說，亦未必盡。須是自把來横看豎看，儘入深，儘有在。士毅。

道理既知縫罅，但當窮而又窮，不可安於小成而遽止也。燾。

今只是要理會道理。若理會得一分，便有一分受用；理會得二分，便有二分受用。理會得一寸，便是一寸；一尺，便是一尺。漸漸理會去，便多。賀孫。

看得一件是，未可便以爲是，且頓放一所，又窮他語。相次看得多，相比並，自然透得。德明。

道理無窮。你要去做，又做不辦；極力做得三五件，又倦了。蓋是不能包括得許多事。人傑。

大凡義理積得多後，貫通了，自然見效。不是今日理會得一件，便要做一件用。譬如富人積財，積得多了，自無不如意。又如人學作文，亦須廣看多後，自然成文可觀。不然，讀得這一件，却將來排湊做。韓昌黎論爲文，便也要讀書涵味多後，自然好。柳子厚云本之於六經云云之意，便是要將這一件做那一件，便不及韓。端蒙。

只守着一些地，做得甚事！須用開闊看去。天下萬事都無阻礙，方可。從周。

大着心胸，不可因一説相礙。看教平闊，四方八面都見。方子。

理會道理，到衆説紛然處，却好定着精神看一看。驤。

看理到快活田地，則前頭自磊落地去。淳。

道理有面前底道理。平易自在説出來底，便説；説得出來崎嶇底，便不好。節。

今日且將自家寫得出、説得出底去窮究。士毅。

今人凡事所以説得倲地支離，只是見得不透。

看道理，須是見得實，方是有功效處。若於上面添些玄妙奇特，便是見他實理未透。道夫。

理只要理會透徹，更不理會文辭，恐未達而便欲已也。去僞。

或問：「如何是反身窮理？」曰：「反身是着實之謂，向自家體分上求。」廣。

今之學者不曾親切見得，而臆度揣摸爲説，皆助長之病也。道理只平看，意思自見，不須先立説。僩。

便是看義理難，又要寬着心，又要緊着心。這心不寬，則不足以見其規模之大；不緊，則不足以察其文理一作「義」。之細密。若拘滯於文義，少間又不見他大規模處。

以聖賢之意觀聖賢之書，以天下之理觀天下之事。人多以私見自去窮理，只是你自家所見，去聖賢之心尚遠在！祖道。

自家既有此身，必有主宰。理會得主宰，然後隨自家力量窮理格物，而合做底事不可放過些子。因引程子言：「如行兵，當先做活計。」銖。

萬理洞開。○衆理參會。如説「思事親」至「不可不知天」，又事親乃能事天之類，無不互備。方。

不可去名上理會。須求其所以然。方子。

「事要知其所以然。」指花斛曰：「此兩箇花斛，打破一箇，一箇在。若只恁地，是人知得，説得。須知所以破，所以不破者如何。」從周。

思索譬如穿井，不解便得清水。先亦須是濁，漸漸刮將去，却自會清。賀孫。

這箇物事廣録作「道理」。密，分毫間便相争。如不曾下工夫，一時去旋揣摸他，只是疏闊。真箇下工夫見得底人，説出來自是膠粘。旋揣摸得，是亦何補！士毅。廣同。

只是見不透，所以千言萬語，費盡心力，終不得聖人之意。大學説格物，都只是要人見得透。且如「楊氏爲我，墨氏兼愛」，他欲以此教人，他豈知道是不是，只是見不透。如釋氏亦設教授徒，他豈道自不是，只是不曾見得到，但知虚，而不知虚中有理存焉。此大學所以貴窮理也。賀孫。

知，只有箇真與不真分别。如説有一項不可言底知，便是釋氏之惧。士毅。

若曰，須待見得箇道理然後做去，則「利而行之，勉強而行之」，工夫皆爲無用矣！頓悟之説，非學者所宜盡心也，聖人所不道。人傑。

務反求者，以博觀爲外馳；務博觀者，以内省爲狹隘，墮於一偏。此皆學者之大病也！道夫。

朱子語類卷第十

學四

讀書法上

讀書乃學者第二事。方子。

讀書已是第二義。蓋人生道理合下完具，所以要讀書者，蓋是未曾經歷見許多。聖人是經歷見得許多，所以寫在册上與人看。而今讀書，只是要見得許多道理。及理會得了，又皆是自家合下元有底，不是外面旋添得來。至。

學問，就自家身已上切要處理會方是，那讀書底已是第二義。自家身上道理都具，不曾外面添得來。然聖人教人，須要讀這書時，蓋爲自家雖有這道理，須是經歷過，方得。聖人説底，是他曾經歷過來。佐。

學問，無賢愚，無小大，無貴賤，自是人合理會底事。且如聖賢不生，無許多書册，無許多發明，不成不去理會，也只當理會。今有聖賢言語，有許多文字，却不去做。師友只是發明得。人若不自向前，師友如何着得力！謙。

爲學之道，聖賢教人，説得甚分曉。大抵學者讀書，務要窮究。「道問學」是大事。要識得道理去做人。大凡看書，要看了又看，逐段、逐句、逐字理會，仍參諸解、傳，説教通透，使道理與自家心相肯，方得。讀書要自家道理浹洽透徹。杜元凱云：「優而柔之，使自求之。厭而飫之，使自趨之。若江海之浸，膏澤之潤，渙然冰釋，怡然理順，然後爲得也。」椿。

今讀書緊要，是要看聖人教人做工夫處是如何。如用藥治病，須看這病是如何發，合用何方治之；方中使何藥材，何者幾兩，何者幾分，如何炮，如何炙，如何製，如何切，如何煎，如何喫，只如此而已。淳。

讀書以觀聖賢之意；因聖賢之意，以觀自然之理。節。

做好將聖人書讀，見得他意思如當面説話相似。賀孫。

聖賢之言，須常將來眼頭過，口頭轉，心頭運。方子。

開卷便有與聖賢不相似處，豈可不自鞭策！祖道。

聖人言語，一重又一重，須入深去看。若只要皮膚，便有差錯，須深沉方有得。從周。

人看文字，只看得一重，更不去討他第二重。僩。

讀書，須是看着他那縫罅處，方尋得道理透徹。若不見得縫罅，無由入得。看見縫罅時，脈絡自開。植。

文字大節目痛理會三五處，後當迎刃而解。學者所患，在於輕浮，不沉着痛快。方子。

學者初看文字，只見得箇渾淪物事。久久看作三兩片，以至於十數片，方是長進。如庖丁解牛，目視無全牛，是也。人傑。

讀書，須是窮究道理徹底。如人之食，嚼得爛，方可嚥下，然後有補。杞。

看文字，須逐字看得無去處。譬如前後門塞定，更去不得，方始是。從周。

關了門，閉了户，把斷了四路頭，此正讀書時也。道夫。

學者只知觀書，都不知有四邊，方始有味。㽦。

「學者讀書，須是於無味處當致思焉。至於羣疑並興，寢食俱廢，乃能驟進。」因歎：「驟進二字，最下得好，須是如此。若進得些子，或進或退，若存若亡，不濟事。如用兵相殺，争得些兒小可一二十里地，也不濟事。須大殺一番，方是善勝。爲學之要，亦是如此。」賀孫。

看文字，須大段着精彩看。聳起精神，樹起筋骨，不要困，如有刀劍在後一般！就一段中，須要透。擊其首則尾應，擊其尾則首應，方始是。不可按册子便在，掩了册子便忘却；看注時便忘了正文，看正文又忘了注。須這一段透了，方看後板。淳。

看文字，須要入在裏面，猛滾一番。要透徹，方能得脱離。若只畧畧地看過，恐終久不能得脱離，此心又自不能放下也。時舉。

人言讀書當從容玩味，此乃自怠之一説。若是讀此書未曉道理，雖不可急迫，亦不放下，猶可也。若徜徉終日，謂之從容，却無做工夫處。譬之煎藥，須是以大火煮滚，然後以慢火養之，却不妨。人傑。

須是一棒一條痕！一摑一掌血！看人文字，要當如此，豈可忽略！僩。

看文字，須是如猛將用兵，直是鏖戰一陣；如酷吏治獄，直是推勘到底，决是不恕他，方得。夔孫。

看文字，正如酷吏之用法深刻，都没人情，直要做到底。若只恁地等閑看過了，有甚滋味！大凡文字有未曉處，須下死工夫，直要見得道理是自家底，方住。賜。

看文字如捉賊，須知道盗發處，自一文以上贓罪情節，都要勘出。若只描摸箇大綱，縱使知道此人是賊，却不知何處做賊。賜。

看文字，當如高艥大艑，順風張帆，一日千里，方得。如今只纔離小港，便着淺了，濟甚事！文字不通如此看。僩。

讀書看義理，須是胸次放開，磊落明快，恁地去。第一不可先責效。纔責效，便有憂愁底意。只管如此，胸中便結聚一餅子不散。今且放置閑事，不要閑思量。只專心去玩味義理，便會心精；心精，便會熟。淳。

讀書，放寬著心，道理自會出來。若憂愁迫切，道理終無緣得出來。

讀書，須是知貫通處，東邊西邊，都觸着這關捩子，方得。只認下着頭去做，莫要思前算後，自有至處。而今說已前不曾做得，又怕遲晚，又怕做不及，又怕那箇難，又怕性格遲鈍，又怕記不起，都是閑說。只認下着頭去做，莫問遲速，少間自有至處。既是已前不曾做得，今便用下工夫去補填。莫要瞻前顧後，思量東西，少間擔閣一生，不知年歲之老！僩。

天下書儘多在，只恁地讀，幾時得了。須大段用着工夫，無一件是合少得底。而今只是那一般合看過底文字也未看，何況其他！僩。

讀書，須是偏布周滿。某嘗以爲寧詳毋略，寧下毋高，寧拙毋巧，寧近毋遠。方子。

讀書之法，先要熟讀。須是正看背看，左看右看。看得是了，未可便說道是，更須反覆玩味。時舉。

少看熟讀，反覆體驗，不必想像計獲。只此三事，守之有常。夔孫。

大凡看文字：少看熟讀，一也；不要鑽研立説，但要反覆體驗，二也；埋頭理會，不要求效，三也。三者，學者當守此。人傑。

書宜少看，要極熟。小兒讀書記得，大人多記不得者，只爲小兒心專。一日授一百字，則只是一百字；二百字，則只是二百字。大人一日或看百板，不恁精專。人多看一分之十，今宜看十分之一。寬着期限，緊着課程。淳。

讀書，只逐段逐些子細理會。小兒讀書所以記得，是渠不識後面字，只專讀一進耳。今人讀書，只衮衮讀去。假饒讀得十遍，是讀得十遍不曾理會得底書耳。「得寸，則王之寸也；得尺，則王之尺也。」讀書當如此。璘。

讀書，小作課程，大施功力。如會讀得二百字，只讀得一百字，却於百字中猛施工夫，理會子細，讀誦教熟。如此，不會記性人自記得，無識性人亦理會得。若泛泛然念多，只是皆無益耳。讀書，不可以兼看未讀者，却當兼看已讀者。璘。

讀書不可貪多，且要精熟。如今日看得一板，且看半板，將那精力來更看前半板，兩邊如此，方看得熟。直須看得古人意思出，方好。洽。

讀書不要貪多。向見州郡納税，數萬鈔總作一結。忽錯其數，更無推尋處。其後有

一某官乃立法，三二十鈔作一結。觀此，則讀書之法可見。可學

「讀書不可貪多，常使自家力量有餘。」正淳云：「欲將諸書循環看。」曰：「不可如此，須看得一書徹了，方再看一書。若雜然並進，却反爲所困。如射弓，有五斗力，且用四斗弓，便可拽滿，己力欺得他過。今學者不忖自己力量去觀書，恐自家照管他不過。」螢。

讀書，只恁逐段子細看，積累去，則一生讀多少書！若務貪多，則反不曾讀得。又曰：「須是緊着工夫，不可悠悠，又不須忙。只常抖擻得此心醒，則看愈有力。」道夫。

不可都要衮去，如人一日只喫得三碗飯，不可將十數日飯都一齊喫了。一日只看得幾段，做得多少工夫，亦有限，不可衮去都要了。淳。

讀書，只看一箇册(了)〔子〕[一]，每日只讀一段，方始是自家底。若看此又看彼，雖從眼邊過得一遍，終是不熟。履孫。

今人讀書，看未到這裏，心已在後面；纔看到這裏，便欲舍去了。如此，只是不求自家曉解。須是徘徊顧戀，如不欲去，方會認得。至。

某最不要人摘撮。看文字，須是逐一段、一句理會。賀孫。

〔一〕據陳本改。

讀書是格物一事。今且須逐段子細玩味，反來覆去，或一日，或兩日，只看一段，則這一段便是我底。脚踏這一段了，又看第二段。如此逐旋捱去，捱得多後，却見頭頭道理都到。這工夫須用行思坐想，或將已曉得者再三思省，却自有一箇曉悟處出，不容安排也。書之句法義理，雖只是如此解說，但一次看，有一次見識。所以某書，一番看，有一番改。亦有已說定，一番看，一番見得穩當，愈加分曉。故某說讀書不貴多，只貴熟爾。然用工亦須是勇做進前去，莫思退轉，始得。大雅。

讀書，且就那一段本文意上看，不必又生枝節。看一段，須反覆看來看去，要十分爛熟，方見意味，方快活，令人都不愛去看別段，始得。人多是向前趲去，不曾向後反覆，只要去看明日未讀底，不曾去紬繹前日已讀底。須玩味反覆，始得。用力深，便見意味長；意味長，便受用牢固。又曰：「不可信口依希略綽說過，須是心曉。」寓。

大凡讀書，須是熟讀。熟讀了，自精熟；精熟後，理自見得。如喫果子一般，劈頭方咬開，未見滋味，便喫了。須是細嚼教爛，則滋味自出，方始識得這箇是甜是苦是甘是辛，始爲知味。又云：「園夫灌園，善灌之夫，隨其蔬果，株株而灌之。少間灌溉既足，則泥水相和，而物得其潤，自然生長。不善灌者，忙急而治之，擔一擔之水，澆滿園之蔬。人見其治園矣，而物未嘗沾足也。」又云：「讀書之道，用力愈多，收功愈遠。先難而後獲，先事而後得，皆是此理。」又云：「讀書之法，須是用工去看。先一書費許多工夫，後則無許多矣。始初一書費十分工夫，後一書費八九分，後則費六七分，又後則費四五分矣。」卓。

因説「進德居業」「進」字、「居」字曰：「今看文字未熟，所以鶻突，都只見成一片黑淬淬地。須是只管看來看去，認來認去。今日看了，明日又看；早上看了，晚間又看；飯前看了，飯後又看。久之，自見得開，一箇字都有一箇大縫罅。今常説見得，又豈是懸空見得！亦只是玩味之久，自見得。文字只是舊時文字，只是見得開，如織錦上用青絲，用紅絲，用白絲。若見不得，只是一片皂布。」賀孫。

讀書須是專一。讀這一句，且理會這一句；讀這一章，且理會這一章。須是見得此一章徹了，方可看別章，未要思量別章別句。只是平心定氣在這邊看，亦不可用心思索太過，少間却損了精神。前輩云：「讀書不可不敬。」敬便精專，不走了這心。其始也，自謂百事能；其終也，一事不能！言人讀書不專一，而貪多廣閲之弊。僩。

泛觀博取，不若熟讀而精思。道夫。

大抵觀書先須熟讀，使其言皆若出於吾之口；繼以精思，使其意皆若出於吾之心，然後可以有得爾。然熟讀精思既曉得後，又須疑不止如此，庶幾有進。若以爲止如此矣，則終不復有進也。

書須熟讀。所謂書，只是一般。然讀十遍時，與讀一遍時終别；讀百遍時，與讀十遍又自不同也。履孫。

爲人自是爲人，讀書自是讀書。凡人若讀十遍不會，則讀二十遍；又不會，則讀三十遍至五十遍，必有見到處。五十遍暝然不曉，便是氣質不好。今人未嘗讀得十遍，便道不可曉。力行。

李敬子説先生教人讀書云：「既識得了，須更讀百十遍，使與自家相乳入，便説得也響。今學者本文尚且未熟，如何會有益！」方子。

讀書不可記數，數足則止矣。壽昌。

「誦數以貫之。」古人讀書，亦必是記遍數，所以貫通也。又曰：「凡讀書，且從一條正路直去。四面雖有好看處，不妨一看，然非是要緊。」佐。

温公答一學者書，説爲學之法，舉荀子四句云：「誦數以貫之，思索以通之，爲其人以處之，除其害以持養之。」荀子此説亦好。「誦數」云者，想是古人誦書亦記遍數。「貫」字訓熟，如「習貫如自然」；又訓「通」，誦得熟，方能通曉。若誦不熟，亦無可得思索。廣。

山谷與李幾仲帖云：「不審諸經、諸史，何者最熟。大率學者喜博，而常病不精。汎濫百書，不若精於一也。有餘力，然後及諸書，則涉獵諸篇亦得其精。蓋以我觀書，則處處得益；以書博我，則釋卷而茫然。」先生深喜之，以爲有補於學者。若海。

讀書，理會一件，便要精這一件；看得不精，其他文字便亦都草草看了。一件看得精，其他亦易看。山谷帖説讀書法甚好。淳。

學者貪做工夫，便看得義理不精。讀書須是子細，逐句逐字要見着落。若用工粗鹵，不務精思，只道無可疑處。非無可疑，理會未到，不知有疑爾。大抵爲學老少不同：年少精力有餘，須用無書不讀，無不究竟其義。若年齒向晚，却須擇要用功，讀一書，便覺後來難得工夫再去理會；須沉潛玩索，究極至處，可也。蓋天下義理只有一箇是與非而已。是便是是，非便是非。既有着落，雖不再讀，自然道理浹洽，省記不忘。譬如飲食，從容咀嚼，其味必長；大嚼大咽，終不知味也。謨。

書只貴讀，讀多自然曉。今即思量得，寫在紙上底，也不濟事，終非我有，只貴乎讀。這箇不知如何，自然心與氣合，舒暢發越，自是記得牢。縱饒熟看過，心裏思量過，也不如讀。讀來讀去，少間曉不得底，自然曉得；已曉得者，越有滋味。若是讀不熟，都没這般滋味。而今未説讀得注，且只熟讀正經，行住坐卧，心常在此，自然曉得。嘗思之，讀便是學。夫子説「學而不思則罔，思而不學則殆」，學便是讀。讀了又思，思了又讀，自然有意。若讀而不思，又不知其意味；思而不讀，縱使曉得，終是卼臲不安。一似倩得人來守屋相似，不是自家人，終不屬自家使喚。若讀得熟，而又思得精，自然心與理一，永遠不忘。某舊苦記文字不得，後來只是讀。今之記得者，皆讀之功也。老蘇只取孟子、論語、韓子與諸聖人之書，安坐而讀之者七八年，後來做出許多文字如此好。他資質固不可及，然亦須着如此讀。只是他讀時，便只要模寫他言語，做文章。若移此心與這樣資質去講究義理，那裏得來！是知書只貴熟讀，別無方法。僩。

讀書之法：讀一遍了，又思量一遍；思量一遍，又讀一遍。讀誦者，所以助其思量，常教此心在上面流轉。若只是口裏讀，心裏不思量，看如何也記不子細。又云：「今緣文字印本多，人不着心讀。漢時諸儒以經相授者，只是暗誦，所以記得牢，故其所引書句，多有錯字。如孟子所引詩、書亦多錯，以其無本，但記得耳。」僩。

今人所以讀書苟簡者，緣書皆有印本多了。如古人皆用竹簡，除非大段有力底人方做得。若一介之士，如何置。所以後漢吴恢欲殺青以寫漢書，其子吴祐諫曰：「此書若成，則載之車兩。昔馬援以薏苡興謗，王陽以衣囊徼名，正此謂也。」如黄霸在獄中從夏侯勝受書，凡再踰冬而後傳。蓋古人無本，除非首尾熟背得方得。至於講誦者，也是都背得，然後從師受學。如東坡作李氏山房藏書記，那時書猶自難得。晁以道嘗欲得公、穀傳，遍求無之，後得一本，方傳寫得。今人連寫也自厭煩了，所以讀書苟簡。銖。

講論一篇書，須是理會得透。把這一篇書與自家袞作一片，方是。去了本子，都在心中，皆説得去，方好。敬仲。

莫説道見得了便休。而今看一千遍，見得又别；看一萬遍，看得又别。須是無這册子時，許多節目次第都恁地歷歷落落，在自家肚裏，方好。方子。

放下書册，都無書之意義在胸中。升卿。

歐公言："作文有三處思量：枕上，路上，廁上。"他只是做文字，尚如此，況求道乎！今人對着册子時，便思量；册子不在，心便不在，如此，濟得甚事！義剛。

今之學者，看了也似不曾看，不曾看也似看了。方子。

看文字，於理會得了處更能看過，尤妙。過。

看文字須子細。雖是舊曾看過，重温亦須子細。每日可看三兩段。不是於那疑處看，正須於那無疑處看，蓋工夫都在那上也。廣。

聖人言語如千花，遠望都見好。須端的真見好處，始得。須着力子細看。工夫只在子細看上，别無術。淳。

聖人言語皆枝枝相對，葉葉相當，不知怎生排得恁地齊整。今人只是心粗，不子細窮究。若子細窮究來，皆字字有着落。道夫。

某自潭州來，其他盡不曾説得，只不住地説得一箇教人子細讀書。節。

讀書不精深，也只是不曾專一子細。伯羽。

看文字有兩般病：有一等性鈍底人，向來未曾看，看得生，卒急看不出，固是病；又有一等敏鋭底人，多不肯子細，易得有忽略之意，不可不戒。賀孫。

爲學讀書，須是耐煩細意去理會，切不可粗心。若曰何必讀書，自有箇捷徑法，便是悮人底深坑也。未見道理時，恰如數重物色包裹在裏許，無緣可以便見得。須是今日去了一重，又見得一重；明日又去了一重，又見得一重。去盡皮，方見肉；去盡肉，方見骨；去盡骨，方見髓。使粗心大氣不得。廣。

觀書初得味，即坐在此處，不復精研。故看義理，則汗漫而不別白；遇事接物，則頹然而無精神。揚。

讀書只要將理會得處，反覆又看。夔孫。

今人讀書，看未到這裏，心已在後面；才看到這裏，便欲捨去。如此，只是不求自家曉解。須是徘徊顧戀，如不欲捨去，方能體認得。又曰：「讀書者譬如觀此屋，若在外面見有此屋，便謂見了，即無緣識得。須是入去裏面，逐一看過，是幾多間架，幾多窗櫺。看了一遍，又重重看過，一齊記得，方是。」講筵亦云：「氣象匆匆，常若有所迫逐。」方子。

看書非止看一處便見道理。如服藥相似，一服豈能得病便好！須服了又服，服多後，藥力自行。道夫。

讀書着意玩味，方見得義理從文字中迸出。季札。

讀得通貫後，義理自出。方子。

讀書，須看他文勢語脈。芝。

看文字，要便有得。

看文字，若便以爲曉得，則便住了。須是曉得後，更思量後面尚有也無。且如今有人把一篇文字來看，也未解盡知得他意，況於義理。前輩説得恁地，雖是易曉，但亦未解便得其意。須是看了又看，只管看，只管有。義剛。

讀者不可有欲了底心，才有此心，便心只在背後白紙處了，無益。揚。

大抵學者只在是白紙無字處莫看，有一箇字，便與他看一箇。如此讀書三年，無長進處，則如趙州和尚道：「截取老僧頭去！」節。

人讀書，如人飲酒相似。若是愛飲酒人，一盞了，又要一盞喫。若不愛喫，勉强一盞便休。泳。

讀書不可不先立程限。政如農功，如農之有畔。爲學亦然。今之始學者不知此理，初時甚鋭，漸漸懶去，終至都不理會了。此只是當初不立程限之故。廣。

曾裘父詩話中載東坡教人讀書小簡，先生取以示學者，曰：「讀書要當如是。」按：裘父詩話載東坡與王郎書云：「少年爲學者，每一書皆作數次讀之。當如入海，百貨皆有。人之精力不能兼收盡取，但得其所欲求者爾。故願學者每次作一意求之。如欲求古今興亡治亂，聖賢作用，且只作此意求之，勿生餘念。又別作一次求事迹文物之類，亦如之。他皆放此。若學成，八面受敵，與慕涉獵者不可同日而語。」方子。

「尹先生門人言尹先生讀書云：『耳順心得，如誦己言。功夫到後，誦聖賢言語，都一似自己言語。』」良久，曰：「佛所謂心印是也。印第一箇了，印第二箇，只與第一箇一般。又印第三箇，只與第二箇一般。惟堯舜孔顔方能如此。堯老，遜位與舜，教舜做。及舜做出來，只與堯一般，此所謂真同也。孟子曰：『得志行乎中國，若合符節。』不是且恁地說。」廣。

讀書須教首尾貫穿。若一番只草草看過，不濟事。某記舅氏云：「當新經行時，有一先生教人極有條理。時既禁了史書，所讀者止是荀、揚、老、莊、列子等書，他便將諸書劃定次第。初入學，只看一書。讀了，理會得都了，方看第二件。每件須要貫穿，從頭到尾，皆有次第。既通了許多書，斯爲必取科第之計：如刑名度數，也各理會得些；天文地理，也曉得些；五運六氣，也曉得些；如素問等書，也略理會得。又如讀得聖製經，便須於諸書都曉得些。聖製經者，乃是諸書節略本，是昭武一士人作，將去獻梁師成，要覓官爵。及投進，累月不見消息。忽然一日，只見内降一書云：『御製聖製經，令天下皆誦讀。』方伯謨尚能記此士人姓名。」又云：「是時既禁史學，更無人敢讀史。時奉使叔祖教授鄉里，只就蒙求逐事開説本末，時人已相尊敬，謂能通古今。有一士人，以犯法被黥，在都中，因計會在梁師成手裏直書院，與之打併書册甚整齊。師成喜之，因問其故，他以情告，遂與之補官，令常直書院。一日，傳聖駕將幸師成家，師成遂令此人打併裝疊書册。此人以經史次第排，極可觀。師成來點檢，見諸史亦列桌上，因大駭，急移下去，云：『把這般文字將出來做甚麽！』此非獨不好此，想只怕人主取去，看見興衰治亂之端耳。」賀孫。

近日真箇讀書人少，也緣科舉時文之弊也，纔把書來讀，便先立箇意思，要討新奇，都不理會他本意着實。纔討得新奇，便準擬作時文使，下梢弄得熟，只是這箇將來使。雖是朝廷甚麽大典禮，也胡亂信手捻合出來使，不知一撞百碎。前輩也是讀書。某曾見大東萊呂居仁。之兄，他於六經、三傳皆通，親手點注，並用小圈點。注所不足者，並將疏楷書，用朱點。無點畫草。某只見他禮記如此，他經皆如此。諸呂從來富貴，雖有官，多是不赴銓，亦得安樂讀書。他家這法度却是到伯恭打破了。自後既弄時文，少有肯如此讀書者。賀孫。

精神長者，博取之，所得多。精神短者，但以詞義簡易者涵養。中年以後之人，讀書不要多，只少少玩索，自見道理。千載而下，讀聖人之書，只看得他箇影象，大概路脈如此。若邊旁四畔，也未易理會得。燾。

朱子語類卷第十一

學五

讀書法下

人之爲學固是欲得之於心，體之於身。但不讀書，則不知心之所得者何事。道夫。

讀書窮理，當體之於身。凡平日所講貫窮究者，不知逐日常見得在心目間否。不然，則隨文逐義，趕趁期限，不見悦處，恐終無益。

人常讀書，庶幾可以管攝此心，使之常存。橫渠有言：「書所以維持此心。一時放下，則一時德性有懈。其何可廢！」蓋卿。

初學於敬不能無間斷，只是才覺間斷，便提起此心。只是覺處，便是接續。某要得人只就讀書上體認義理。日間常讀書，則此心不走作；或只去事物中衮，則此心易得汩没。知得如此，便就讀書上體認義理，便可喚轉來。賀孫。

本心陷溺之久，義理浸灌未透，且宜讀書窮理。常不間斷，則物欲之心自不能勝，而本心之義理自安且固矣。

須是存心與讀書爲一事，方得。方子。

人心不在軀殼裏，如何讀得聖人之書。只是杜撰鑿空説，元與他不相似。僩。

讀書須將心貼在書册上，逐句逐字，各有着落，方始好商量。大凡學者須是收拾此心，令專静純一，日用動静間都無馳走散亂，方始看得文字精審。如此，方是有本領。

今人看文字，多是以昏怠去看，所以不子細。故學者且於静處收拾教意思在裏，然後虚心去看，則其義理未有不明者也。祖道。

昔陳烈先生苦無記性。一日，讀孟子「學問之道無他，求其放心而已矣」，忽悟曰：「我心不曾收得，如何記得書！」遂閉門静坐，不讀書百餘日，以收放心；却去讀書，遂一覽無遺。僩。

學者讀書，多緣心不在，故不見道理。聖賢言語本自分曉，只略略加意，自見得。若是專心，豈有不見！文蔚。

心不定，故見理不得。今且要讀書，須先定其心，使之如止水，如明鏡。暗鏡如何照物！伯羽。

立志不定，如何讀書？芝。

讀書有箇法，只是刷刮净了那心後去看。若不曉得，又且放下；待他意思好時，又將來看。而今却說要虚心，心如何解虚得？而今正要將心在那上面。義剛。

讀書，須是要身心都入在這一段裏面，更不問外面有何事，方見得一段道理出。如「博學而篤志，切問而近思」，如何却說箇「仁在其中」？蓋自家能常常存得此心，莫教走作，則理自然在其中。今人却一邊去看文字，一邊去思量外事，只是枉費了工夫。不如放下了文字，待打疊教意思静了，却去看。祖道。

學者觀書多走作者，亦恐是根本上功夫未齊整，只是以紛擾雜亂心去看，不曾以湛然凝定心去看。不若先涵養本原，且將已熟底義理玩味，待其浹洽，然後去看書，便自知。只是如此。老蘇自述其學爲文處有云：「取古人之文而讀之，始覺其出言用意與己大異。及其久也，讀之益精，胸中豁然以明，若人之言固當然者。」此是他於學文上功夫有見處，可取以喻今日讀書，其功夫亦合如此。又曰：「看得一兩段，却且放心胸寬閑，不可貪多。」又曰：「陸子静嘗有旁人讀書之説，亦可且如此。」

凡人看文字，初看時心尚要走作，道理尚見得未定，猶没奈他何。到看得定時，方入規矩，又只是在印板上面説相似，都不活。不活，則受用不得。須是玩味反覆，到得熟後，方始會活，方始會動，方有得受用處。若只恁生記去，這道理便死了。時舉。

不可終日思量文字，恐成硬將心去馳逐了。亦須空閑少頃，養精神，又來看。淳。

讀書閑暇，且静坐，教他心平氣定，見得道理漸次分曉。季札録云：「庶幾心平氣和，可以思索義理。」這箇却是一身總會處。且如看大學「在明明德」一句，須常常提醒在這裏。他日長進，亦只在這裏。人只是一箇心做本，須存得在這裏，識得他條理脈絡，自有貫通處。賜。季札録云：「問：『伊川見人静坐，如何便歎其善學？』曰：『這却是一箇總要處。』」又云：「大學『在明明德』一句，當常常提撕。能如此，便有進步處。蓋其原自此發見。人只一心爲本。存得此心，於事物方知有脈絡貫通處。」

大凡讀書，且要讀，不可只管思。口中讀，則心中閑，而義理自出。某之始學，亦如是爾，更無别法。節。

學者讀書，須要斂身正坐，緩視微吟，虚心涵泳，切己省一作「體」。察。又云：「讀一句書，須體察這一句，我將來甚處用得。」又云：「文字是底固當看，不是底也當看；精底固當看，粗底也當看。」震。

讀書須是虚心切己。虚心，方能得聖賢意；切己，則聖賢之言不爲虚説。

看文字須是虚心。莫先立己意，少刻多錯了。又曰：「虚心切己。虚心則見道理明；切己，自然體認得出。」舉。

聖人言語，皆天理自然，本坦易明白在那裏。只被人不虛心去看，只管外面捉摸。及看不得，便將自己身上一般意思說出，把做聖人意思。淳。

聖賢言語，當虛心看，不可先自立說去撑拄，便喎斜了。不讀書者，固不足論；讀書者，病又如此。淳。

凡看書，須虛心看，不要先立說。看一段有下落了，然後又看一段。須如人受詞訟，聽其說盡，然後方可決斷。泳。

看前人文字，未得其意，便容易立說，殊害事。蓋既不得正理，又枉費心力。不若虛心静看，即涵養、究索之功，一舉而兩得之也。時舉。

大抵義理，須是且虛心隨他本文正意看。必大。

讀書遇難處，且須虛心搜討意思。有時有思繹底事，却去無思量處得。敬仲。

問：「如先生所言，推求經義，將來到底還別有見處否？」曰：「若說如釋氏之言有他心通，則無也。但只見得合如此爾。」再問：「所說『尋求義理，仍須虛心觀之』，不知如何是虛心？」曰：「須退一步思量。」次日，又問退一步思量之旨。曰：「從來不曾如此做工夫，後亦是難說。今人觀書，先自立了意後方觀，盡率古人語言入做自家意思中來。如此，只是推廣得自家意思，如何見得古人意思！須得退步者，不要自作意思，只虛此心將古人語言放前面，看他意思倒殺向何處去。如此玩心，方可得古人意，有長進處。且如孟子說詩，要『以意逆志，是爲得之』。逆者，等待之謂也。如前途等待一人，未來時且須耐心等待，將來自有來時候。他未來，其心急切，又要進前尋求，却不是『以意逆志』，是以意捉志也。如此，只是牽率古人言語，入做自家意中來，終無進益。」大雅。

某嘗見人云：「大凡心不公底人，讀書不得。」今看來，是如此。如解說聖經，一向都不有自家身己，全然虛心，只把他道理自看其是非。恁地看文字，猶更自有牽於舊習，失點檢處。全然把一己私意去看聖賢之書，如何看得出！賀孫。

或問：「看文字爲衆說雜亂，如何？」曰：「且要虛心，逐一說看去，看得一說，却又看一說。看來看去，是非長短，皆自分明。譬如人欲知一箇人是好人，是惡人，且隨他去看。隨來隨去，見他言語動作，便自知他好惡。」又曰：「只要虛心。」又云：「濯去舊聞，以來新見。」

觀書，當平心以觀之。大抵看書不可穿鑿，看從分明處，不可尋從隱僻處去。聖賢之言，多是與人說話。若是嶢崎，却教當時人如何曉。節。

觀書，須靜著心，寬著意思，沈潛反覆，將久自會曉得去。儒用。

放寬心，以他說看他說。以物觀物，無以己觀物。道夫。

以書觀書，以物觀物，不可先立己見。

讀書，須要切己體驗。不可只作文字看，又不可助長。方。

學者當以聖賢之言反求諸身，一一體察。須是曉然無疑，積日既久，當自有見。但恐用意不精，或貪多務廣，或得少爲足，則無由明耳。祖道。

讀書，不可只專就紙上求理義，須反來就自家身上以手自指。推究。秦漢以後無人説到此，亦只是一向去書册上求，不就自家身上理會。自家見未到，聖人先説在那裏。自家只借他言語來就身上推究，始得。淳。

今人讀書，多不就切己上體察，但於紙上看，文義上説得去便了。如此，濟得甚事！「何必讀書，然後爲學？」子曰：「是故惡夫佞者！」古人亦須讀書始得。但古人讀書，將以求道。不然，讀作何用？今人不去這上理會道理，皆以涉獵該博爲能，所以有道學、俗學之别。因提案上藥囊起，曰：「如合藥，便要治病，終不成合在此看。如此，於病何補！文字浩瀚，難看，亦難記。將已曉得底體在身上，却是自家易曉易做底事。解經已是不得已，若只就注解上説，將來何濟！如畫那人一般，畫底却識那人。别人不識，須因這畫去求那人，始得。今便以畫喚做那人，不得。」寓。

或問讀書工夫。曰：「這事如今似難説。如世上一等人説道不須就書册上理會，此固是不得。然一向只就書册上理會，不曾體認着自家身己，也不濟事。如説仁義禮智，曾認得自家如何是仁？自家如何是義？如何是禮？如何是智？須是着身己體認得。如讀『學而時習之』，自家曾如何學？自家曾如何習？『不亦説乎』！曾見得如何是説？須恁地認，始得。若只逐段解過去，解得了便休，也不濟事。如世上一等説話，謂不消得讀書，不消理會，别自有箇覺處，有箇悟處，這箇是不得。若只恁地讀書，只恁地理會，又何益！」賀孫。

學須做自家底看，便見切己。今人讀書，只要科舉用；已及第，則爲雜文用；其高者，則爲古文用，皆做外面看。淳。

讀書之法，有大本大原處，有大綱大目處，又有逐事上理會處，又其次則解釋文義。雉。

玩索、窮究，不可一廢。升卿。

或問讀書未知統要。曰：「統要如何便會知得？近來學者，有一種則舍去册子，却欲於一言半句上便要見道理；又有一種，則一向汎濫不知歸着處，此皆非知學者。須要熟看熟思，久久之間，自然見箇道理四停八當，而所謂統要者自在其中矣。」履孫。

凡看文字，專看細密處，而遺却緩急之間者，固不可；專看緩急之間，而遺却細密者，亦不可。今日之看，所以爲他日之用。須思量所以看者何爲。非只是空就言語上理會得多而已也。譬如拭桌子，只拭中心，亦不可；但拭四弦，亦不可。須是切己用功，使將來自得之於心，則視言語誠如糟粕。然今不可便視爲糟粕也，但當自期向到彼田地爾。方子。

學者有所聞，須便行，始得。若得一書，須便讀便思便行，豈可又安排停待而後下手！且如得一片紙，便來一片紙上道理行之，可也。履孫。

讀書便是做事。凡做事，有是有非，有得有失。善處事者，不過稱量其輕重耳。讀書而講究其義理，判別其是非，臨事即此理。可學。

真理會得底，便道真理會得；真理會不得底，便道真理會不得。真理會得底固不可忘，真理會不得底，須看那處有礙。須記那緊要處，常勿忘。所謂「智者利仁」，方其求時，心固在此；不求時，心亦在此。淳。

學得此事了，不可自以爲了，恐怠意生。如讀得此書，須終身記之。壽昌。

讀書推類反求，固不害爲切己，但却又添了一重事。不若且依文看，逐處各自見箇道理。久之自然貫通，不須如此費力也。

學者理會文義，只是要先理會難底，遂至於易者亦不能曉。學記曰：「善問者如攻堅木，先其易者，後其節目。」所謂「攻瑕，則堅者瑕；攻堅，則瑕者堅」，不知道理好處又却多在平易處。璘。

只看自家底。不是自家底，枉了思量。燾。

凡讀書，且須從一條正路直去。四面雖有可觀，不妨一看，然非是緊要。方子。

看書不由直路，只管枝蔓，便於本意不親切。淳。

看文字不可相妨，須各自逐一著地頭看他指意。若牽窒著，則件件相礙矣。端蒙。

看文字，且逐條看。各是一事，不相牽合。

讀書要周遍平正。夔孫。

看文字不可落於偏僻，須是周匝。看得四通八達，無些窒礙，方有進益。又云：「某解語孟，訓詁皆存。學者觀書，不可只看緊要處，閑慢處要都周匝。今說『求放心』，未問其他，只此便是『博學而篤志，切問而近思，仁在其中矣』。『博學而篤志，切問而近思』，方是讀書，却說『仁在其中』，蓋此便是『求放心』也。」人傑。

看文字，且依本句，不要添字。那裏元有縫罅，如合子相似。自家只去抉開，不是渾淪底物，硬去鑿；亦不可先立說，牽古人意來湊。且如「逆詐、億不信」與「先覺」之辨：逆詐，是那人不曾詐我，先去揣摩道，那人必是詐我；億不信，是那人未有不信底意，便道那人必是不信；先覺，則分明見得那人已詐我，不信我。如高祖知人善任使，亦是分明見其才耳。

讀書若有所見，未必便是，不可便執着。且放在一邊，益更讀書，以來新見。若執着一見，則此心便被此見遮蔽了。譬如一片净潔田地，若上面纔安一物，便須有遮蔽了處。聖人七通八達，事事説到極致處。學者須是多讀書，使互相發明，事事窮到極致處。所謂「本諸身，徵諸庶民，考諸三王而不繆，建諸天地而不悖，質諸鬼神而無疑，百世以俟聖人而不惑」。直到這箇田地，方是。語云：「執德不弘。」易云：「寬以居之。」聖人多説箇廣大寬洪之意，學者要須體之。廣。

看書，不可將自己見硬參入去。須是除了自己所見，看他册子上古人意思如何。如程先生解「直方大」，乃引孟子。雖是程先生言，畢竟迫切。節。

看文字先有意見，恐只是私意。謂如粗厲者觀書，必以勇果强毅爲主；柔善者觀書，必以慈祥寬厚爲主，書中何所不有！人傑。

凡讀書，先須曉得他底言詞了，然後看其説於理當否。當於理則是，背於理則非。今人多是心下先有一箇意思了，却將他人説話來説自家底意思；其有不合者，則硬穿鑿之使合。廣。

學者不可用己意遷就聖賢之言。德明。

讀書，如問人事一般。欲知彼事，須問彼人。今却不問其人，只以己意料度，謂必是如此。揚。

看人文字，不可隨聲遷就。我見得是處，方可信。須沉潛玩繹，方有見處。不然，人說沙可做飯，我也說沙可做飯，如何可喫！謙。

大凡讀書，不要般涉。但温尋舊底不妨，不可將新底來攙。道夫。

文字不可硬說，但當習熟，漸漸分明。

凡看聖賢言語，不要迫得太緊。振。

大凡看文字要急迫不得。有疑處，且漸漸思量。若一下便要理會得，也無此理。廣。

看文字，須是退步看，方可見得。若一向近前迫看，反爲所遮蔽，轉不見矣。力行。

學者觀書，病在只要向前，不肯退步看。愈向前，愈看得不分曉。不若退步，却看得審。大概病在執着，不肯放下。正如聽訟：心先有主張乙底意思，便只尋甲底不是；先有主張甲底意思，便只見乙底不是。不若姑置甲乙之說，徐徐觀之，方能辨其曲直。橫渠云：「濯去舊見，以來新意。」此說甚當。若不濯去舊見，何處得新意來。今學者有二種病，一是主私意，一是舊有先入之說，雖欲擺脱，亦被他自來相尋。𠾱。

學者不可只管守從前所見，須除了，方見新意。如去了濁水，然後清者出焉。力行。

到理會不得處，便當「濯去舊見，以來新意」，仍且只就本文看之。伯羽。

某向時與朋友説讀書，也教他去思索，求所疑。近方見得，讀書只是且恁地虛心就上面熟讀，久之自有所得，亦自有疑處。蓋熟讀後，自有窒礙，不通處是自然有疑，方好較量。今若先去尋箇疑，便不得。又曰：「這般也有時候。舊日看論語，合下便有疑。蓋自有一樣事，被諸先生説成數樣，所以便着疑。今却有集注了，且可傍本看教心熟。少間或有説不通處，自見得疑，只是今未可先去疑着。」賀孫。

看文字，且自用工夫，先已切至，方可舉所疑，與朋友講論。假無朋友，久之自能自見得。蓋蓄積多者忽然爆開，便自然通，此所謂「何天之衢亨」也。蓋蓄極則通，須是蓄之極，則通。㽦。人傑録云：「讀書須是先看一件了，然後再看一件。若是蓄積處多，忽然爆開來時，自然所得者大，易所謂『何天之衢亨』，是也。」

讀書無疑者，須教有疑；有疑者，却要無疑，到這裏方是長進。道夫。

問：「看理多有疑處。如百氏之言，或疑其爲非，又疑其爲是，當如何斷之？」曰：「不可强斷，姑置之可也。」人傑。

人之病，只知他人之説可疑，而不知己説之可疑。試以詰難他人者以自詰難，庶幾自見得失。必大。

因求講學言論傳之，答曰：「聖賢之言，明如日月。」又曰：「人有欲速之病。舊嘗與一人讀詩集，每略過題一行。不看題目，却成甚讀詩也！又嘗見龔實之轎中只着一册文字看，此其專静也。且云：『尋常出外，轎中着三四册書，看一册厭，又看一册，此是甚功夫也！』」方。

因僉出文字，偶失僉子，遂不能記，云：「舊有人老不識字，然隔年瑣瑣出入，皆心記口數之，既爲寫下，覆之無差。蓋其人忠寔，又專一無他事，所以記得。今學者不能記，又往往只靠着筆墨文字，所以愈忘之也。」方。

先生戲引禪語云：「一僧與人讀碑，云：『賢讀著，總是字；某讀著，總是禪。』潙山作一書戒僧家整齊。有一川僧最蠢苴，讀此書，云：『似都是説我！』善財五十三處見善知識，問皆如一，云：『我已發三藐三菩提心，而未知如何行菩薩行，成菩薩道。』」

問讀諸經之法。曰：「亦無法，只是虛心平讀去。」淳。以下讀諸經法。

學不可躐等，不可草率，徒費心力。須依次序，如法理會。一經通熟，他書亦易看。閎祖。

聖人千言萬語，只是説箇當然之理。恐人不曉，又筆之於書。自書契以來，二典、三謨、伊尹、武王、箕子、周公、孔、孟都只是如此，可謂盡矣。只就文字間求之，句句皆是。做得一分，便是一分工夫，非茫然不可測也，但患人不子細求索之耳。須要思量聖人之言是説箇甚麽，要將何用。若只讀過便休，何必讀！明作。

讀六經時，只如未有六經，只就自家身上討道理，其理便易曉。敬仲。

讀書只就一直道理看，剖析自分曉，不必去偏曲處看。易有箇陰陽，詩有箇邪正，書有箇治亂，皆是一直路逕，可見别無嶢崎。寓。

人惟有私意，聖賢所以留千言萬語，以掃滌人私意，使人人全得惻隱、羞惡之心。六經不作可也，裏面着一點私意不得。節。

許多道理，孔子恁地説一番，孟子恁地説一番，子思又恁地説一番，都恁地懸空掛在那裏。自家須自去體認，始得。賀孫。

爲學須是先立大本。其初甚約，中間一節甚廣大，到末梢又約。孟子曰：「博學而詳説之，將以反説約也。」故必先觀論、孟、大學、中庸，以考聖賢之意；讀史，以考存亡治亂之迹；讀諸子百家，以見其駁雜之病。其節目自有次序，不可踰越。近日學者多喜從約，而不於博求之。不知不求於博，何以考驗其約！如某人好約，今只做得一僧，了得一身。又有專於博上求之，而不反其約，今日考一制度，明日又考一制度，空於用處作工夫，其病又甚於約而不博者。要之，均是無益。可學。

學者只是要熟，工夫純一而已。讀時熟，看時熟，玩味時熟。如孟子、詩、書，全在讀時工夫。孟子每章説了，又自解了。蓋他直要説得盡方住，其言一大片，故後來老蘇亦拖他來做文章説。須熟讀之，便得其味。今觀詩，既未寫得傳，且除了小序而讀之。亦不要將做好底看，亦不要將做惡底看，只認本文語意，亦須得八九。畚。

人做功課若不專一，東看西看，則此心先已散漫了，如何看得道理出。須是看論語，專只看論語；看孟子，專只看孟子。讀這一章，更不看後章；讀這一句，更不得看後句；這一字理會未得，更不得看下字。如此，則專一而功可成。若所看不一，汎濫無統，雖卒歲窮年，無有透徹之期。某舊時文字，只是守此拙法，以至於今。思之，只有此法，更無他法。僩。

「凡讀書，須有次序。且如一章三句，先理會上一句，待通透；次理會第二句，第三句，待分曉；然後將全章反覆紬繹玩味。如未通透，却看前輩講解，更第二番讀過。須見得身分上有長進處，方爲有益。如語、孟二書，若便恁地讀過，只一二日可了。若要將來做切己事玩味體察，一日多看得數段，或一兩段耳。」又云：「看講解，不可專狥他説，不求是非，便道前賢言語皆的當。如遺書中語，豈無過當失實處，亦有説不及處。」又云：「初看時便先斷以己意，前聖之説皆不可入。此正當今學者之病，不可不知。」寓。

人只讀一書不得，謂其傍出多事。禮記、左傳最不可不讀。揚。

看經書與看史書不同：史是皮外物事，没緊要，可以劄記問人。若是經書有疑，這箇是切己病痛。如人負痛在身，欲斯須忘去而不可得。豈可比之看史，遇有疑則記之紙邪！僩。

浩曰：「趙書記云：『自有見後，只是看六經語孟，其他史書雜學皆不必看。』其説謂買金須問賣金人，雜賣店中那得金銀。不必問也。」曰：「如此，即不見古今成敗，便是荆公之學。書那有不可讀者？只怕無許多心力讀得。六經是三代以上之書，曾經聖人手，全是天理。三代以下文字有得失，然而天理却在這邊自若也。要有主，覷得破，皆是學。」浩。

向時有一截學者，貪多務得，要讀周禮、諸史、本朝典故，一向盡要理會得許多没緊要底工夫，少刻身己都自恁地顛顛倒倒没頓放處。如喫物事相似：將甚麽雜物事，不是時節，一頓都喫了，便被他撑腸拄肚，没奈何他。賀孫。

看經傳有不可曉處，且要旁通。待其浹洽，則當觸類而可通矣。人傑。

經旨要子細看上下文義。名數制度之類，略知之便得，不必大段深泥，以妨學問。理明後，便讀申韓書，亦有得。方子。以下雜論。

諸先生立言有差處，如橫渠〔一〕知言。當知其所以差處，不宜一切委之，所以自廣其志，自進其知也。

讀書理會道理，只是將勤苦捱將去，不解得不成。「文王猶勤，而況寡德乎！」今世上有一般議論，成就後生懶惰。如云不敢輕議前輩，不敢妄立論之類，皆中怠惰者之意。前輩固不敢妄議，然論其行事之是非，何害？固不可鑿空立論，然讀書有疑，有所見，自不容不立論。其不立論者，只是讀書不到疑處耳。將精義諸家説相比並，求其是，便自有合辨處。璘。

因言讀書法，曰：「且先讀十數過，已得文義四五分；然後看解，又得三二分；又却讀正文，又得一二分。向時不理會得孟子，以其章長故也。因如此讀。元來他章雖長，意味却自首末相貫。」又問讀書心多散亂。曰：「便是心難把捉處。知得此病者，亦早少了。向時舉中庸『誠者物之終始，不誠無物』，説與直卿云：『且如讀十句書，上九句有心記得，心不走作，則是心在此九句内，是誠，是有其物，故終始得此九句用。若下一句心不在焉，便是不誠，便無物也。』」明作。以下論看注解。

〔一〕賀疑「渠」下有闕。

「大凡人讀書，且當虛心一意，將正文熟讀，不可便立見解。看正文了，却着深思熟讀，便如己說，如此方是。今來學者一般是專要作文字用，一般是要說得新奇，人說得不如我說得較好，此學者之大病。譬如聽人說話一般，且從他說盡，不可勦斷他說，便以己意見抄說。若如此，全不見得他說是非，只說得自家底，終不濟事。」久之，又曰：「須是將本文熟讀，字字咀嚼教有味。若有理會不得處，深思之；又不得，然後却將注解看，方有意味。如人飢而後食，渴而後飲，方有味。不飢不渴而强飲食之，終無益也。」又曰：「某所集注論語，至於訓詁皆子細者，蓋要人字字與某着意看，字字思索到，莫要只作等閑看過了。」又曰：「讀書，第一莫要先立箇意去看他底；莫要才領略些大意，不耐煩，便休了。」祖道。

學者觀書，先須讀得正文，記得注解，成誦精熟。注中訓釋文意、事物、名義，發明經指，相穿紐處，一一認得，如自己做出來底一般，方能玩味反覆，向上有透處。若不如此，只是虛設議論，如舉業一般，非爲己之學也。曾見有人說詩，問他關雎篇，於其訓詁名物全未曉，便說：「樂而不淫，哀而不傷。」某因說與他道：「公而今說詩，只消這八字，更添『思無邪』三字，共成十一字，便是一部毛詩了。其他三百篇，皆成渣滓矣！」因憶頃年見汪端明說：「沈元用問和靖：『伊川易傳何處是切要？』尹云：『「體用一源，顯微無間。」此是切要處。』」後舉似李先生，先生曰：「尹説固好。然須是看得六十四卦、三百八十四爻都有下落，方始説得此話。若學者未曾子細理會，便與他如此説，豈不誤他！」某聞之悚然！始知前日空言無實，不濟事，自此讀書益加詳細云。此一段，係先生親書示書堂學者。

凡人讀書，若窮得到道理透處，心中也替他饒本作「替地」。快活。若有疑處，須是參諸家解熟看。看得有差互時，此一段終是不穩在心頭，不要放過。敬仲。

凡看文字，諸家説有異同處，最可觀。謂如甲説如此，且挦扯住甲，窮盡其詞；乙説如此，且挦扯住乙，窮盡其詞。兩家之説既盡，又參考而窮究之，必有一真是者出矣。學蒙。

經之有解，所以通經。經既通，自無事於解，借經以通乎理耳。理得，則無俟乎經。今意思只滯在此，則何時得脱然會通也？且所貴乎簡者，非謂欲語言之少也，乃在中與不中爾。若句句親切，雖多何害。若不親切，愈少愈不達矣！某嘗説：「讀書須細看得意思通融後，都不見注解，但見有正經幾箇字在，方好。」大雅。

句心。方子。

看注解時，不可遺了緊要字。蓋解中有極散緩者，有緩急之間者，有極緊要者。某下一字時，直是稱輕等重，方敢寫出！上言句心，即此意。方子。

且尋句内意。方子。

凡讀書，須看上下文意是如何，不可泥著一字。如揚子：「於仁也柔，於義也剛。」到易中，又將剛來配仁，柔來配義。如論語：「學不厭，智也；教不倦，仁也。」到中庸又謂：「成己，仁也；成物，智也。」此等須是各隨本文意看，便自不相礙。淳。

問：「一般字，却有淺深輕重，如何看？」曰：「當看上下文。」節。

讀書，須從文義上尋，次則看注解。今人却於文義外尋索。蓋卿。

傳注，惟古注不作文，却好看。只隨經句分說，不離經意，最好。疏亦然。今人解書，且圖要作文，又加辨說，百般生疑。故其文雖可讀，而經意殊遠。程子易傳亦成作文，說了又說。故今人觀者更不看本經，只讀傳，亦非所以使人思也。大雅。以下附論解經。

解經謂之解者，只要解釋出來。將聖賢之語解開了，庶易讀。泳。

聖經字若箇主人，解者猶若奴僕。今人不識主人，且因奴僕通名，方識得主人，畢竟不如經字也。泳。

隨文解義。方子。

解經當如破的。方子。

經書有不可解處，只得闕。若一向去解，便有不通而謬處。

今之談經者，往往有四者之病：本卑也，而抗之使高；本淺也，而鑿之使深；本近也，而推之使遠；本明也，而必使至於晦，此今日談經之大患也。蓋卿。

後世之解經者有三：（一）儒者之經；（一）文人之經，東坡、陳少南輩是也；（一）禪者之經，張子韶輩是也。

解書，須先還他成句，次還他文義。添無緊要字却不妨，添重字不得。今人所添者，恰是重字。端蒙。

聖賢說出來底言語，自有語脈，安頓得各有所在，豈似後人胡亂說了也！須玩索其旨，所以學不可以不講。講學固要大綱正，然其間子細處，亦不可以不講。只緣當初講得不子細，既不得聖賢之意，後來胡亂執得一說，便以爲是，只胡亂解將去！畬。必大録此下云：「古人似未嘗理會文義。今觀其說出底言語，不曾有一字用不當者。」

解經，若於舊說一向人情他，改三字不若改兩字，改兩字不若且改一字，至於甚不得已乃始改，這意思終爲害。升卿。

凡學者解書，切不可與他看本。看本，則心死在本子上。只教他恁地說，則他心便活，亦且不解失忘了。壽昌。

「學者輕於著書，皆是氣識淺薄，使作得如此，所謂『聖雖學作兮，所貴者資；便儇皎厲兮，去道遠而』！蓋此理醲厚，非便儇皎厲不克負荷者所能當。子張謂『執德不弘』，人多以寬大訓『弘』字，大無意味，如何接連得『焉能爲有，焉能爲亡』，文義相貫。蓋『弘』字有深沉重厚之意。橫渠謂：『義理，深沉方有造，非淺易輕浮所可得也。』此語最佳。」問：「集注解此，謂『守所得而心不廣，則德孤』，如何？」曰：「孤，只是孤單。所得只是這些道理，別無所有，故謂之德孤。」謨。論著書。

編次文字，須作草簿，抄記項頭。如此，則免得用心去記他。兵法有云：「車載糗糧兵仗，以養力也。」編次文字，用簿抄記，此亦養心之法。廣。論編次文字。

今人讀書未多，義理未至融會處，若便去看史書，考古今治亂，理會制度典章，譬如作陂塘以溉田，須是陂塘中水已滿，然後決之，則可以流注滋殖田中禾稼。若是陂塘中水方有一勺之多，遽決之以溉田，則非徒無益於田，而一勺之水亦復無有矣。讀書既多，義理已融會，胸中尺度一一已分明，而不看史書，考治亂，理會制度典章，則是猶陂塘之水已滿，而不決以溉田。若是讀書未多，義理未有融會處，而汲汲焉以看史爲先務，是猶決陂塘一勺之水以溉田也，其涸也可立而待也。廣。以下讀史。

先看語、孟、中庸，更看一經，却看史，方易看。先讀史記，史記與左傳相包。次看左傳，次看通鑑，有餘力則看全史。只是看史，不如今之看史有許多嶢崎。看治亂如此，成敗如此，「與治同道罔不興，與亂同事罔不亡」，知得次第。節。

今人只爲不曾讀書，衹是讀得粗書。凡讀書，先讀語、孟，然後觀史，則如明鑑在此，而妍醜不可逃。若未讀徹語、孟、中庸、大學便去看史，胷中無一箇權衡，多爲所惑。又有一般人都不曾讀書，便言我已悟得道理，如此便是惻隱之心，如此便是羞惡之心，如此便是是非之心，渾是一箇私意，如近時祧廟可見。杞。

問讀史之法。曰：「先讀史記及左氏，却看西漢、東漢及三國志，次看通鑑。温公初作編年，起於威烈王；後又添至共和後，又作稽古録，始自上古。然共和以上之年，已不能推矣。獨邵康節却推至堯元年，皇極經世書中可見。編年難得好者。前日周德華所寄來者亦不好。温公於本朝又作大事記。若欲看本朝事，當看長編。若精力不及，其次則當看國紀。國紀只有長編十分之二耳。」時舉。

史亦不可不看。看通鑑固好，然須看正史一部，却看通鑑。一代帝紀，更逐件大事立箇綱目，其間節目疏之於下，恐可記得。人傑。

饒宰問看通鑑。曰：「通鑑難看，不如看史記、漢書。史記、漢書事多貫穿，紀裹也有，傳裹也有，表裹也有，志裹也有。通鑑是逐年事，逐年過了，更無討頭處。」道夫録云：「更無蹤跡。」饒廷老曰：「通鑑歷代具備。看得大概，且未免求速耳。」曰：「求速，却依舊不曾看得。須用大段有記性者，方可。且如東晉以後，有許多小國夷狄姓名，頭項最多。若是看正史後，却看通鑑，見他姓名，却便知得他是某國人。某舊讀通鑑，亦是如此。且草草看正史一上，然後却來看他。」芝。

問：「讀通鑑與正史如何？」曰：「好且看正史，蓋正史每一事關涉處多。只如高祖鴻門一事，本紀與張良、灌嬰諸傳互載，又却意思詳盡，讀之使人心地懽洽，便記得起。通鑑則一處説便休，直是無法，有記性人方看得。」又問：「致堂管見，初得之甚喜。後見南軒集中云：『病敗不可言。』又以爲專爲檜設。豈有言天下之理而專爲一人者！」曰：「儘有好處，但好惡不相掩爾。」曰：「只如頭一章論三晉事，人多不以爲然。自今觀之，只是祖温公爾。」曰：「誠是祖。但如周王不分封，也無箇出場。」道夫。

讀史當觀大倫理、大機會、大治亂得失。節。

凡觀書史，只有箇是與不是。觀其是，求其不是；觀其不是，求其是，然後便見得義理。壽昌。

史且如此看讀去，待知首尾稍熟後，却下手理會。讀書皆然。

讀史有不可曉處，劄出待去問人，便且讀過。有時讀別處，撞着有文義與此相關，便自曉得。義剛。

問讀史。曰：「只是以自家義理斷之。大概自漢以來，只是私意，其間有偶合處爾。只如此看他，已得大概。范唐鑑亦是此法，然稍疏。更看得密如他，尤好。然得似他，亦得了。」端蒙。

讀史亦易見作史者意思，後面成敗處，他都説得意思在前面了。如陳蕃殺宦者，但讀前面，許多疏脱都可見了。「甘露」事亦然。賀孫。

問芝：「史書記得熟否？蘇丞相頌看史，都在手上輪得。他那資性直是會記。」芝曰：「亦緣多忘。」曰：「正緣如此，也須大約記得某年有甚麽事，某年有甚麽事。纔記不起，無緣會得浹洽。」芝云：「正緣是不浹洽。」曰：「合看兩件，且看一件，若兩件是四百字，且二百字，有何不可。」芝。

人讀史書，節目處須要背得，始得。如讀漢書，高祖辭沛公處，義帝遣沛公入關處，韓信初説漢王處，與史贊過秦論之類，皆用背得，方是。若只是略綽看過，心下似有似無，濟得甚事！讀一件書，須心心念念只在這書上，令徹頭徹尾，讀教精熟，這説是如何，那説是如何，這説同處是如何，不同處是如何，安有不長進！而今人只辨得十日讀書，下着頭不與閑事，管取便别。莫説十日，只讀得一日，便有功驗。人若辨得十來年讀書，世間甚書讀不了！今公們自正月至臘月三十日，管取無一日專心致志在書上。」又云：「人做事，須是專一。且如張旭學草書，見公孫大娘舞劍器而悟。若不是他專心致志，如何會悟！」

楊志之患讀史無記性，須三五遍方記得，而後又忘了。曰：「只是一遍讀時，須用功，作相別計，止此更不再讀，便記得。有一士人，讀周禮疏，讀第一板訖，則焚了；讀第二板，則又焚了；便作焚舟計。若初且草讀一遍，準擬三四遍讀，便記不牢。」又曰：「讀書須是有精力。」至之曰：「亦須是聰明。」曰：「雖是聰明，亦須是静，方運得精神。昔見延平說：『羅先生解春秋也淺，不似胡文定。後來隨人入廣，在羅浮山住三兩年，去那裏心静，須看得較透。』淳録云：「那裏静，必做得工夫有長進處。只是歸來道死，不及叩之。」某初疑解春秋，干心静甚事，後來方曉。蓋静則心虛，道理方看得出。」義剛曰：「前輩也多是在背後處做幾年，方成。」曰：「也有不恁地底。如明道自二十歲及第，一向出來做官，自恁地便好了。」義剛。

朱子語類卷第十二

學六

持守

自古聖賢皆以心地爲本。士毅。

聖賢千言萬語，只要人不失其本心。夔孫。

古人言志帥、心君，須心有主張，始得。升卿。

心若不存，一身便無所主宰。祖道。

纔出門，便千岐萬轍，若不是自家有箇主宰，如何得是！道夫。

心在，羣妄自然退聽。文蔚。

人只有箇心，若不降伏得，做甚麽人！一作：「如何做得事成！」僩。

人只一心。識得此心，使無走作，雖不加防閑，此心常在。季札。

人精神飛揚，心不在殼子裏面，便害事。節。

未有心不定而能進學者。人心萬事之主，走東走西，如何了得！砥。

「只外面有些隙罅，便走了。」問：「莫是功夫間斷，心便外馳否？」曰：「只此心纔向外，便走了。」端蒙。

人昏時，便是不明；纔知那昏時，便是明也。廣。

人心常炯炯在此，則四體不待羈束，而自入規矩。只爲人心有散緩時，故立許多規矩來維持之。但常常提警，教身入規矩內，則此心不放逸，而炯然在矣。心既常惺惺，又以規矩繩檢之，此内外交相養之道也。升卿。

今人心聳然在此，尚無惰慢之氣，況心常能惺惺者乎！故心常惺惺，自無客慮。升卿。

古人瞽史誦詩之類，是規戒警誨之意，無時不然。便被他恁地炒，自是使人住不着。大抵學問須是警省。且如瑞巖和尚每日間常自問：「主人翁惺惺否？」又自答曰：「惺惺。」今時學者却不如此。文蔚。

人之本心不明，一如睡人都昏了，不知有此身。須是喚醒，方知。恰如磕睡，彊自喚醒，喚之不已，終會醒。某看來，大要工夫只在喚醒上。然如此等處，須是體驗教自分明。士毅。

人有此心，便知有此身。人昏昧不知有此心，便如人困睡不知有此身。人雖困睡，得人喚覺，則此身自在。心亦如此，方其昏蔽，得人警覺，則此心便在這裏。廣。

「學者工夫只在喚醒上。」或問：「人放縱時，自去收斂，便是喚醒否？」曰：「放縱只爲昏昧之故。能喚醒，則自不昏昧；不昏昧，則自不放縱矣。」廣。

心只是一箇心，非是以一箇心治一箇心。所謂存，所謂收，只是喚醒。廣。

人惟有一心是主，要常常喚醒。敬仲。

須是猛省！淳。

人不自知其病者，是未嘗去體察警省也。升卿。

只是頻頻提起，久之自熟。文蔚。

學者常用提省此心，使如日之升，則羣邪自息。他本自光明廣大，自家只着些子力去提省照管他，便了。不要苦着力，着力則反不是。伯羽。

試定精神看一看，許多暗昧魍魎各自冰散瓦解。太祖月詩曰：「未離海底千山黑，才到天中萬國明！」日未上時，黑漫漫地，才一絲線，路上便明。伯羽。

人常須收斂箇身心，使精神常在這裏。似擔百十斤擔相似，須硬着筋骨擔！賀孫。

大抵是且收斂得身心在這裏，便已有八九分了。却看道理有窒礙處，却於這處理會。

爲學且要專一。理會這一件，便只且理會這一件。若行時，心便只在行上；坐時，心便只在坐上。賀孫。

學者須常收斂，不可恁地放蕩。只看外面如此，便見裏面意思。如佛家説，只於□□都看得見。才高，須着實用工，少間許多才都爲我使，都濟事。若不細心用工收斂，則其才愈高，而其爲害愈大。又曰：「昔林艾軒在臨安，曾見一僧與説話。此僧出入常頂一笠，眼視不曾出笠影外。某所以常道，他下面有人，自家上面没人。」賀孫。

學者爲學，未問真知與力行，且要收拾此心，令有箇頓放處。若收斂都在義理上安頓，無許多胡思亂想，則久久自於物欲上輕，於義理上重。須是教義理心重於物欲，如秤令有低昂，即見得義理自端的，自有欲罷不能之意，其於物欲，自無暇及之矣。苟操舍存亡之間無所主宰，縱説得，亦何益！銖。

今於日用間空閑時，收得此心在這裏截然，這便是「喜怒哀樂未發之中」，便是渾然天理。事物之來，隨其是非，便自見得分曉：是底，便是天理；非底，便是逆天理。常常恁地收拾得這心在，便如執權衡以度物。賀孫。

人若要洗刷舊習都净了，却去理會此道理者，無是理。只是收放心，把持在這裏，便須有箇真心發見，從此便去窮理。敬仲。

大概人只要求箇放心，日夕常照管令在。力量既充，自然應接從容。敬仲。

今説求放心，説來説去，却似釋老説入定一般。但彼到此便死了；吾輩却要得此心主宰得定，方賴此做事業，所以不同也。如中庸説「天命之謂性」，即此心也；「率性之謂道」，亦此心也；「修道之謂教」，亦此心也；以至於「致中和」，「贊化育」，亦只此心也。致知，即心知也；格物，即心格也；克己，即心克也。非禮勿視聽言動，勿與不勿，只争毫髮地爾。所以明道説：「聖賢千言萬語，只是欲人將已放之心收拾入身來，自能尋向上去。」今且須就心上做得主定，方驗得聖賢之言有歸着，自然有契。如中庸所謂「尊德性」，「致廣大」，「極高明」，蓋此心本自如此廣大，但爲物欲隔塞，故其廣大有虧；本自高明，但爲物欲係累，故於高明有蔽。若能常自省察警覺，則高明廣大者常自若，非有所增損之也。其「道問學」，「盡精微」，「道中庸」等工夫，皆自此做，儘有商量也。若此心上工夫，則不待商量賭當，即今見得如此，則更無閑時。行時，坐時，讀書時，應事接物時，皆有着力處。大抵只要見得，收之甚易而不難也。大雅。

學者須是求放心，然後識得此性之善。人性無不善，只縁自放其心，遂流於惡。「天命之謂性」，即天命在人，便無不善處。發而中節，亦是善；不中節，便是惡。人之一性，完然具足，二氣五行之所禀賦，何嘗有不善。人自不向善上去，茲其所以爲惡爾。韓愈論孟子之後不得其傳，只爲後世學者不去心上理會。堯舜相傳，不過論人心道心，精一執中而已。天下只是善惡兩端。譬如陰陽在天地間，風和日暖，萬物發生，此是善底意思；及羣陰用事，則萬物彫悴。惡之在人亦然。天地之理固是抑遏陰氣，勿使常勝。學者之於善惡，亦要於兩夾界處攔截分曉，勿使纖惡間絶善端。動静日用，時加體察，持養久之，自然成熟。謨。

求放心，乃是求這物；克己，則是漾着這一物也。端蒙。

許多言語，雖隨處説得有淺深大小，然而下工夫只一般。如存其心與持其志，亦不甚争。存其心，語雖大，却寬；持其志，語雖小，却緊。只持其志，便收斂；只持其志，便内外肅然。又曰：「持其志，是心之方漲處便持着。」賀孫。

再問存心。曰：「非是别將事物存心。賜録云：「非是活捉一物來存着。」孔子曰：『居處恭，執事敬，與人忠。』便是存心之法。如説話覺得不是，便莫説；做事覺得不是，便莫做；亦是賜録作「只此便是」。存心之法。」季札。賜同。

存得此心，便是要在這裏常常照管。若不照管，存養要做甚麽用！

問存心。曰：「存心不在紙上寫底，且體認自家心是何物。聖賢説得極分曉。孟子恐後人不識，又説四端，於此尤好玩索。」季札。

或問存心。曰：「存心只是知有此身。謂如對客，但知道我此身在此對客。」方子。

記得時，存得一霎時，濟得甚事！文蔚。

但操存得在時，少間他喜怒哀樂，自有一箇則在。祖道。

心存時少，亡時多。存養得熟後，臨事省察不費力。祖道。

「平日涵養之功，臨事持守之力。涵養、持守之久，則臨事愈益精明。平日養得根本，固善，若平日不曾養得，臨事時便做根本工夫，從這裏積將去。若要去討平日涵養，幾時得！」又曰：「涵養之則，凡非禮勿視聽言動，禮儀三百，威儀三千，皆是。」僩。

明底人便明了，其他須是養。養，非是如何椎鑿用工，只是心虛靜，久則自明。士毅。

持養之說，言之，則一言可盡；行之，則終身不窮。榦。

或言靜中常用存養。曰：「說得有病。一動一靜，無時不養。」僩。

惜取那無事底時節。因說存養。儒用。

人之一心，當應事時，常如無事時，便好。人傑。

平居須是儼然若思。升卿。

三國時，朱然終日欽欽，如在行陣。學者持此，則心長不放矣。升卿。

或問：「初學恐有急迫之病？」曰：「未要如此安排，只須常恁地執持。待到急迫時，又旋理會。」賀孫。

學者須敬守此心，不可急迫，當栽培深厚。栽，只如種得一物在此。但涵養持守之功繼繼不已，是謂栽培深厚。如此而優游涵泳於其間，則浹洽而有以自得矣。苟急迫求之，則此心已自躁迫紛亂，只是私己而已，終不能優游涵泳以達於道。端蒙。

大凡氣俗不必問，心平則氣自和。惟心粗一事，學者之通病。横渠云：「顏子未至聖人，猶是心粗。」一息不存，即爲粗病。要在精思明辨，使理明義精；而操存涵養無須臾離，無毫髮間；則天理常存，人欲消去，其庶幾矣哉！大雅。

人能操存此心，卓然而不亂，亦自可與入道。況加之學問探討之功，豈易量耶！蓋卿。

人心本明，只被物事在上蓋蔽了，不曾得露頭面，故燭理難。且徹了蓋蔽底事，待他自出來行兩匝看。他既唤做心，自然知得是非善惡。伯羽。

或問：「此心未能把得定，如何？」曰：「且論是不是，未須論定不定。」此人曾學禪。柄。

心須常令有所主。做一事未了，不要做别事。心廣大如天地，虚明如日月。要閑，心却不閑，隨物走了；不要閑，心却閑，有所主。

人須將那不錯底心去驗他那錯底心。不錯底是本心，錯底是失其本心。廣。

心得其正，方能知性之善。祖道。

今説性善。一日之間，動多少思慮，萌多少計較，如何得善！可學。

學者工夫，且去翦截那浮泛底思慮。文蔚。

人心無不思慮之理。若當思而思，自不當苦苦排抑，反成不静。異端之學，以性自私，固爲大病。然又不察氣質情欲之偏，率意妄行，便謂無非至理，此尤害事。近世儒者之論，亦有流入此者，不可不察。

凡學須要先明得一箇心，然後方可學。譬如燒火相似，必先吹發了火，然後加薪，則火明矣。若先加薪而後吹火，則火滅矣。如今時人不求諸六經而貪時文是也。壽昌。

人亦須是通達萬變，方能湛然純一。砥。

一者，其心湛然，只在這裏。伯羽。

把定生死路頭！方子。

扶起此心來鬭！方子。

聖人相傳，只是一箇字。堯曰「欽明」，舜曰「温恭」。「聖敬日躋」。「君子篤恭而天下平」。節。以下論敬。

堯是初頭出治第一箇聖人。尚書堯典是第一篇典籍，説堯之德，都未下别字，「欽」是第一箇字。如今看聖賢千言萬語，大事小事，莫不本於敬。收拾得自家精神在此，方看得道理盡。看道理不盡，只是不曾專一。或云：「『主一之謂敬。』敬莫只是主一？」曰：「主一又是『敬』字注解。要之，事無小無大，常令自家精神思慮盡在此。遇事時如此，無事時也如此。」伯羽。

孔子所謂「克己復禮」，中庸所謂「致中和」，「尊德性」，「道問學」，大學所謂「明明德」，書曰「人心惟危，道心惟微，惟精惟一，允執厥中」：聖賢千言萬語，只是教人明天理，滅人欲。天理明，自不消講學。人性本明，如寶珠沉溷水中，明不可見；去了溷水，則寶珠依舊自明。自家若得知是人欲蔽了，便是明處。只是這上便緊緊着力主定，一面格物。今日格一物，明日格一物，正如遊兵攻圍拔守，人欲自消鑠去。所以程先生説「敬」字，只是謂我自有一箇明底物事在這裏。把箇「敬」字抵敵，常常存箇敬在這裏，則人欲自然來不得。夫子曰：「爲仁由己，而由人乎哉！」緊要處正在這裏！銖。

聖賢言語，大約似乎不同，然未始不貫。只如夫子言非禮勿視聽言動，「出門如見大賓，使民如承大祭」，「言忠信，行篤敬」，這是一副當説話。到孟子又却説「求放心」，「存心養性」。大學則又有所謂格物，致知，正心，誠意。至程先生又專一發明一箇「敬」字。若只恁看，似乎參錯不齊，千頭萬緒，其實只一理。道夫曰：「泛泛於文字間，祇覺得異。實下工，則貫通之理始見。」曰：「然。只是就一處下工夫，則餘者皆兼攝在裏。聖賢之道，如一室然，雖門户不同，自一處行來便入得，但恐不下工夫爾。」道夫。

因歎「敬」字工夫之妙，聖學之所以成始成終者，皆由此，故曰：「修己以敬。」下面「安人」，「安百姓」，皆由於此。只緣子路問不置，故聖人復以此答之。要之，只是箇「修己以敬」，則其事皆了。或曰：「自秦漢以來，諸儒皆不識這『敬』字，直至程子方説得親切，學者知所用力。」曰：「程子説得如此親切了，近世程沙隨猶非之，以爲聖賢無單獨説『敬』字時，只是敬親，敬君，敬長，方着箇『敬』字。全不成説話！聖人説『修己以敬』，曰『敬而無失』，曰『聖敬日躋』，何嘗不單獨説來！若説有君、有親、有長時用敬，則無君親、無長之時，將不敬乎？都不思量，只是信口胡説！」僩。

問：「二程專教人持敬，持敬在主一。浩熟思之：若能每事加敬，則起居語默在規矩之内，久久精熟，有『從心所欲，不踰矩』之理。顔子請事四者，亦只是持敬否？」曰：「學莫要於持敬，故伊川謂：『敬則無己可克，省多少事。』然此事甚大，亦甚難。須是造次顛沛必於是，不可須臾間斷，如此方有功，所謂『敏則有功』。若還今日作，明日輟，放下了又拾起，幾時得見效！修身，齊家，治國，平天下，都少箇敬不得。如湯之『聖敬日躋』、文王『小心翼翼』之類，皆是。只是他便與敬爲一。自家須用持著，稍緩則忘了，所以常要惺惺地。久之成熟，可知道『從心所欲，不踰矩』。顏子止是持敬。」浩。

因説敬，曰：「聖人言語，當初未曾關聚。如説『出門如見大賓，使民如承大祭』等類，皆是敬之目。到程子始關聚説出一箇『敬』來教人。然敬有甚物？只如『畏』字相似。不是塊然兀坐，耳無聞，目無見，全不省事之謂。只收斂身心，整齊純一，不恁地放縱，便是敬。」浩。

程子只教人持敬。孔子告仲弓亦只是説「如見大賓，如承大祭」。此心常存得，便見得仁。夔孫。

敬，只是收斂來。程夫子亦説敬。孔子説「行篤敬」，「敬以直内，義以方外」。聖賢亦是如此，只是工夫淺深不同。聖賢説得好：「人生而静，天之性也；感物而動，性之欲也。物至知知，然後好惡形焉。好惡無節於内，知誘於外，不能反躬，天理滅矣！」節。

爲學有大要。若論看文字，則逐句看將去。若論爲學，則自有箇大要。所以程子推出一箇「敬」字與學者説，要且將箇「敬」字收斂箇身心，放在模匣子裏面，不走作了，然後逐事逐物看道理。嘗愛古人説得「學有緝熙於光明」，此句最好。蓋心地本自光明，只被利欲昏了。今所以爲學者，要令其光明處轉光明，所以下「緝熙」字。緝，如「緝麻」之「緝」，連緝不已之意。熙，則訓「明」字。心地光明，則此事有此理，此物有此理，自然見得。且如人心何嘗不光明。見他人做得是，便道是；做得不是，便知不是，何嘗不光明。然只是才明便昏了。又有一種人自謂光明，而事事物物元不曾照見。似此光明，亦不濟得事。今釋氏自謂光明，然父子則不知其所謂親，君臣則不知其所謂義。說他光明，則是亂道！雉。

今說此話，却似險，難說。故周先生只說「一者，無欲也」。然這話頭高，卒急難湊泊。尋常人如何便得無欲！故伊川只說箇「敬」字，教人只就這「敬」字上捱去，庶幾執捉得定，有箇下手處。縱不得，亦不至失。要之，皆只要人於此心上見得分明，自然有得爾。然今之言敬者，乃皆裝點外事，不知直截於心上求功，遂覺累墜不快活。不若眼下於求放心處有功，則尤省力也。但此事甚易，只如此提醒，莫令昏昧，一二日便可見效，且易而省力。只在念不念之間耳，何難而不爲！大雅。

「敬」字，前輩都輕說過了，唯程子看得重。人只是要求放心。何者爲心？只是箇敬。人纔敬時，這心便在身上了。義剛。

人之爲學，千頭萬緒，豈可無本領！此程先生所以有「持敬」之語。只是提撕此心，教他光明，則於事無不見，久之自然剛健有力。驤。

「而今只是理會箇敬，一日則有一日之效，一月則有一月之效。」因問或問中程子、謝、尹所說敬處。曰：「譬如此屋，四方皆入得。若從一方入到這裏，則那三方入處都在這裏了。」夔孫。

程先生所以有功於後學者，最是「敬」之一字有力。人之心性，敬則常存，不敬則不存。如釋老等人，却是能持敬。但是他只知得那上面一截事，却没下面一截事。覺而今恁地做工夫，却是有下面一截，又怕没那上面一截。那上面一截，却是箇根本底。卓。

今人皆不肯於根本上理會。如「敬」字，只是將來説，更不做將去。根本不立，故其他零碎工夫無湊泊處。明道、延平皆教人静坐。看來須是静坐。蓋卿。

「敬」字工夫，乃聖門第一義，徹頭徹尾，不可頃刻間斷。

「敬」之一字，真聖門之綱領，存養之要法。一主乎此，更無内外精粗之間。

先立乎其大者。持敬。方。

敬則萬理具在。節。

仲思問「敬者，德之聚」。曰：「敬則德聚，不敬則都散了。」伯羽。

敬勝百邪。泳。

只敬，則心便一。賀孫。

敬，只是此心自做主宰處。

人常恭敬，則心常光明。道夫。

敬則天理常明，自然人欲懲窒消治。方。

人能存得敬，則吾心湛然，天理粲然，無一分着力處，亦無一分不着力處。方。

敬是箇扶策人底物事。人當放肆怠惰時，才敬，便扶策得此心起。常常會恁地，雖有些放僻邪侈意思，也退聽。賀孫。

敬不是只恁坐地。舉足動步，常要此心在這裏。淳。

敬非是塊然兀坐，耳無所聞，目無所見，心無所思，而後謂之敬。只是有所畏謹，不敢放縱。如此則身心收斂，如有所畏。常常如此，氣象自別。存得此心，乃可以爲學。砥。

敬不是萬事休置之謂，只是隨事專一，謹畏，不放逸耳。

敬，只是一箇「畏」字。燾。

敬無許多事。方。

「敬，只是收斂來。」又曰：「敬是始終一事。」節。

問敬。曰：「一念不存，也是間斷；一事有差，也是間斷。」

問：「敬何以用工？」曰：「只是内無妄思，外無妄動。」柄。

「心走作不在此，便是放。夫人終日之間，如是者多矣。『博學，審問，慎思，明辨，力行』，皆求之之道也。須是敬。」問敬。曰：「不用解説，只整齊嚴肅便是。」升卿。

持敬之説，不必多言。但熟味「整齊嚴肅」、「嚴威儼恪」、「動容貌，整思慮」、「正衣冠，尊瞻視」此等數語，而實加工焉，則所謂直内，所謂主一，自然不費安排，而身心肅然，表裏如一矣。升卿。

或問：「主敬只存之於心，少寬四體亦無害否？」曰：「心無不敬，則四體自然收斂，不待十分着意安排，而四體自然舒適。着意安排，則難久而生病矣。」

何丞説：「敬不在外，但存心便是敬。」先生曰：「須動容貌，整思慮，則生敬。」已而曰：「各説得一邊。」方。

「坐如尸，立如齊」，「頭容直，目容端，足容重，手容恭，口容止，氣容肅」，皆敬之目也。升卿。

今所謂持敬，不是將箇「敬」字做箇好物事樣塞放懷裏。只要胸中常有此意，而無其名耳。振。

元思問：「持敬易散漫，如何？」曰：「只喚着，便在此。」可學。

或問：「持敬患不能久，當如何下功夫？」曰：「某舊時亦曾如此思量，要得一箇直截道理。元來都無他法，只是習得熟，熟則自久。」銖。

問：「人於誠敬有作輟。」曰：「只是在人，人須自責。如『爲仁由己』，作與輟都不干別人事，須是自家肯做。」又問：「如此時須是勉强？」曰：「然。」去僞。

或問：「先持敬，令此心惺惺了，方可應接事物，何如？」曰：「不然。」伯静又問：「須是去事物上求。」曰：「亦不然。若無事物時，不成須去求箇事物來理會。且無事物之時，要你做甚麽？」賀孫。

「動出時也要整齊，平時也要整齊。」方問：「乃是敬貫動静？」曰：「到頭底人，言語無不貫動静者。」方。

問：「敬通貫動静而言。然静時少，動時多，恐易得撓亂。」曰：「如何都静得！有事須着應。人在世間，未有無事時節；要無事，除是死也。自早至暮，有許多事。不成説事多撓亂，我且去静坐。敬不是如此。若事至前，而自家却要主静，頑然不應，便是心都死了。無事時敬在裏面，有事時敬在事上。有事無事，吾之敬未嘗間斷也。且如應接賓客，敬便在應接上；賓客去後，敬又在這裏。若厭苦賓客，而爲之心煩，此却是自撓亂，非所謂敬也。故程子説：『學到專一時方好。』蓋專一，則有事無事皆是如此。程子此段，這一句是緊要處。」僩。

學者當知孔門所指求仁之方，日用之間，以敬爲主。不論感與未感，平日常是如此涵養，則善端之發，自然明著。少有間斷，而察識存養，擴而充之，皆不難乎爲力矣。造次顛沛，無時不習。此心之全體皆貫乎動静語默之間，而無一息之間斷，其所謂仁乎！

「敬且定下，如東西南北各有去處，此爲根本，然後可明。若與萬物並流，則如播糠眯目，上下四方易位矣！如伊川說：『聰明睿知，皆由是出。』」方曰：「敬中有誠立明通道理？」曰：「然。」方。

大率把捉不定，皆是不仁。人心湛然虚定者，仁之本體。把捉不定者，私欲奪之，而動揺紛擾矣。然則把捉得定，其惟篤於持敬乎！直卿。端蒙。

問：「主敬時私欲全不萌，此固是仁。或於物慾中打一覺悟，是時私慾全無，天理盡見，即此便是仁之全體否？」曰：「便是不如此。且如在此静坐時，固敬。應事接物，能免不差否？只才被人叫時，自家便隨他去了。須於應事接物上不錯，方是。這箇便是難。」僩。

問：「人如何發其誠敬，消其欲？」曰：「此是極處了。誠，只是去了許多僞；敬，只是去了許多怠慢；欲，只是要窒。」去僞。

誠、敬、寡欲，不可以次序做工夫。數者雖則未嘗不串，然其實各是一件事。不成道敬則欲自寡，却全不去做寡欲底功夫，則是廢了克己之功也。但恐一旦發作，又却無理會。譬如平日慎起居，節飲食，養得如此了，固是無病。但一日意外病作，豈可不服藥。

敬只是養底功夫。克己是去病。須是俱到，無所不用其極。端蒙。

敬如治田而灌溉之功；克己，則是去其惡草也。端蒙。

問持敬與克己工夫。曰：「敬是涵養操持不走作；克己，則和根打併了，教他盡净。」

又問敬齋箴。曰：「此是敬之目，說有許多地頭去處。」僩。

問：「且如持敬，豈不欲純一於敬？然自有不敬之念，固欲與己相反，愈制則愈甚。或謂只自持敬，雖念慮妄發，莫管他，久將自定，還如此得否？」曰：「要之，邪正本不對立，但恐自家胸中無箇主。若有主，邪自不能入。」又問：「不敬之念，非出於心。如忿慾之萌，學者固當自克，雖聖賢亦無如之何。至於思慮妄發，欲制之而不能。」曰：「纔覺恁地，自家便挈起了。但莫先去防他。然此只是自家見理不透，做主不定，所以如此。大學曰：『物格，而后知至；知至，而后意誠。』才意誠，則自然無此病。」

問：「嘗學持敬。讀書，心在書；爲事，心在事，如此頗覺有力。只是瞑目靜坐時，支遣思慮不去。或云，只瞑目時已是生妄想之端。讀書心在書，爲事心在事，只是收聚得心，未見敬之體。」曰：「靜坐而不能遣思慮，便是靜坐時不曾敬。敬只是敬，更尋甚敬之體？似此支離，病痛愈多，更不曾做得工夫，只了得安排杜撰也。」人傑。

「大凡學者須先理會『敬』字，敬是立脚去處。程子謂：『涵養須用敬，進學則在致知。』此語最妙。」或問：「持敬易間斷，如何？」曰：「常要自省得。才省得，便在此。」或以爲此事最難。曰：「患不省察爾。覺得間斷，便已接續，何難之有！『操則存，舍則亡』，只在操舍兩字之間。要之，只消一箇『操』字。到緊要處，全不消許多文字言語。若此意成熟，雖『操』字亦不須用。『習矣不察』，人多錯看此一語。人固有事親孝，事兄弟，交朋友亦有信，而終不識其所以然者，『習矣，而不察也』。此『察』字，非『察物』之『察』，乃識其所以然也。習是用功夫處，察是知識處。今人多於『察』字用功，反輕了『習』字。才欲作一事，却又分一心去察一心，胸中擾擾，轉覺多事。如張子韶說論語，謂『察其事親從兄之心，靄然如春，則爲仁；肅然似秋，則爲義』。只要自察其心，反不知其事親、從兄爲如何也。故夫子教人，只說習。如『克己復禮』，是說習也；視聽言動，亦是習；『請事斯語』，亦是習。孟子恐人不識，方說出『察』字。而『察』字最輕，『習』字最重也。」次日，陳一之求先生書「涵養須用敬，進學則在致知」字以爲觀省之益。曰：「持敬不用判公憑。」終不肯寫。謨。

或問：「一向把捉，待放下便覺恁衰颯，不知當如何？」曰：「這箇也不須只管恁地把捉。若要去把捉，又添一箇要把捉底心，是生許多事。公若知得放下不好，便提掇起來，便是敬。」曰：「靜坐久之，一念不免發動，當如何？」曰：「也須看一念是要做甚麽事。若是好事，合當做底事，須去幹了。或此事思量未透，須着思量教了。若是不好底事，便不要做。自家纔覺得如此，這敬便在這裏。」賀孫。

敬，莫把做一件事看，只是收拾自家精神，專一在此。今看來諸公所以不進，緣是但知說道格物，却於自家根骨上煞欠闕，精神意思都恁地不專一，所以工夫都恁地不精鋭。未說道有甚底事分自家志慮，只是觀山玩水，也煞引出了心，那得似教他常在裏面好！如世上一等閑物事，一切都絶意，雖似不近人情，要之，如此方好。賀孫。

敬有死敬，有活敬。若只守着主一之敬，遇事不濟之以義，辨其是非，則不活。若熟後，敬便有義，義便有敬。静則察其敬與不敬，動則察其義與不義。如「出門如見大賓，使民如承大祭」，不敬時如何？「坐如尸，立如齊」，不敬時如何？須敬義夾持，循環無端，則内外透徹。從周。

涵養須用敬，處事須是集義。道夫。

敬、義只是一事。如兩脚立定是敬，才行是義；合目是敬，開眼見物便是義。從周。

方未有事時，只得說「敬以直内」。若事物之來，當辨别一箇是非，不成只管敬去。敬、義不是兩事。德明。

敬者，守於此而不易之謂；義者，施於彼而合宜之謂。夔孫。

敬要回頭看，義要向前看。壽昌。

敬。○義。義是其間物來能應，事至能斷者是。方。

「明道教人静坐，李先生亦教人静坐。蓋精神不定，則道理無湊泊處。」又云：「須是静坐，方能收斂。」佐。以下論静。

静坐無閑雜思慮，則養得來便條暢。淳。

或問：「疲倦時静坐少頃，可否？」曰：「也不必要似禪和子様去坐禪方爲静坐。但只令放教意思好，便了。」僩。

始學工夫，須是静坐。静坐則本原定，雖不免逐物，及收歸來，也有箇安頓處。譬如人居家熟了，便是出外，到家便安。如茫茫在外，不曾下工夫，便要收斂向裏面，也無箇着落處。士毅。

或問：「不拘静坐與應事，皆要專一否？」曰：「静坐非是要如坐禪入定，斷絶思慮。只收斂此心，莫令走作閑思慮，則此心湛然無事，自然專一。及其有事，則隨事而應；事已，則復湛然矣。不要因一事而惹出三件兩件。如此，則雜然無頭項，何以得他專一！只觀文王『雝雝在宫，肅肅在廟，不顯亦臨，無射亦保』，便可見敬只是如此。古人自少小時便做了這工夫，故方其灑掃時加帚之禮，至於學詩，學樂舞，學弦誦，皆要專一。且如學射時，心若不在，何以能中。學御時，心若不在，何以使得他馬。書、數皆然。今既自小不曾做得，不奈何，須着從今做去方得。若不做這工夫，却要讀書看義理，恰似要立屋無基地，且無安頓屋柱處。今且說那營營底心會與道理相入否？會與聖賢之心相契否？今求此心，正爲要立箇基址，得此心光明，有箇存主處，然後爲學，便有歸着不錯。若心雜然昏亂，自無頭當，却學從那頭去？又何處是收功處？故程先生須令就『敬』字上做工夫，正爲此也。」大雅。

人也有靜坐無思念底時節，也有思量道理底時節，豈可畫爲兩塗，說靜坐時與讀書時工夫迥然不同！當靜坐涵養時，正要體察思繹道理，只此便是涵養，不是說喚醒提撕，將道理去却那邪思妄念。只自家思量道理時，自然邪念不作。「言忠信，行篤敬」，「立則見其參於前，在輿則見其倚於衡」，只是常常見這忠信篤敬在眼前，自然邪妄無自而入，非是要存這忠信篤敬，去除那不忠不敬底心。今人之病，正在於靜坐讀書時二者工夫不一，所以差。僩。

一之問：「存養多用靜否？」曰：「不必然。孔子却都就用處教人做工夫。今雖說主靜，然亦非棄事物以求靜。既爲人，自然用事君親，交朋友，撫妻子，御僮僕。不成捐棄了，只閉門靜坐，事物之來，且曰：『候我存養！』又不可只茫茫隨他事物中走。二者須有箇思量倒斷始得。」頃之，復曰：「動時，静便在這裏。動時也有静，順理而應，則雖動亦静也。故曰：『知止，而後有定；定，而後能静。』事物之來，若不順理而應，則雖塊然不交於物以求静，心亦不能得静。惟動時能順理，則無事時能静；静時能存，則動時得力。須是動時也做工夫，静時也做工夫，兩莫相靠，使工夫無間斷，始得。若無間斷，静時固静，動時心亦不動，動亦静也。若無工夫，則動時固動，静時雖欲求静，亦不可得而静，静亦動也。動、静，如船之在水，潮至則動，潮退則止；有事則動，無事則静。此段，徐居甫録。説此次日，見徐，云：「事來則動，事過了静。如潮頭高，船也高；潮頭下，船也下。」雖然，『動静無端』，亦無截然爲動爲静之理。如人之氣，吸則静，嘘則動。又問答之際，答則動也，止則静矣。凡事皆然。且如涵養、致知，亦何所始？但學者須自截從一處做去。程子：『爲學莫先於致知。』是知在先。又曰：『未有致知而不在敬者。』則敬也在先。從此推去，只管恁地。」砥。

心於未遇事時須是静，及至臨事方用，重道此二字。便有氣力。如當静時不静，思慮散亂，及至臨事，已先倦了。伊川解「静專」處云：「不專一則不能直遂。」閑時須是收斂定，做得事便有精神。僩。

心要精一。方静時，須湛然在此，不得困頓，如鏡様明，遇事時方好。心要收拾得緊。如顔子「請事斯語」，便直下承當。及「犯而不校」，却別。從周。

靜便定，熟便透。義剛。

靜爲主，動爲客。靜如家舍，動如道路。不翕，則不能直遂〔一〕。僩。

靜時不思動，動時不思靜。文蔚。

靜中動，起念時。動中靜，是物各付物。方。

人身只有箇動、靜。靜者，養動之根；動者，所以行其靜。動中有靜，如「發而皆中節」處，便是動中之靜。祖道。

問：「動、靜兩字，人日間靜時煞少，動時常多。」曰：「若聖人動時亦未嘗不靜，至衆人動時却是膠擾亂了。如今人欲爲一事，未嘗能專此一事，處之從容不亂。其思慮之發，既欲爲此，又欲爲彼，此是動時却無那靜也。」端蒙。

「爲人君，止於仁；爲人臣，止於敬。」止於仁敬者，靜也；要止於仁與敬者，便是動。只管是一動一靜，循環無端，所以謂「動極復靜，靜極復動」。如人噓吸：若噓而不吸，則須絶；吸而不噓，亦必壅滯著不得。噓者，所以爲吸之基。「尺蠖之屈，以求信也；龍蛇之蟄，以存身也；精義入神，以致用也；利用安身，以崇德也。」大凡這箇都是一屈一信，一消

〔一〕賀疑有誤。

一息，一往一來，一闔一闢。大底有大底闔闢消息，小底有小底闔闢消息，皆只是這道理。砥。

古人唯如此，所以其應事敏，不失機。今人躁擾，却失機。○今隨事忽忽，是以動應動，物交物也。○以靜應。兵家亦言。主靜，點着便有。方。

因看「心，生道也」，云：「不可以湖南之偏而廢此意。但當於安靜深固中涵養出來。此以靜應動，湖南以動應動。動靜相涵。」○應物。物與我心中之理本是一物，兩無少欠，但要我應之爾。方謂「沖漠無朕」一章通此。物心共此理。定是靜，應者是動。○通書云：「無欲，則靜虛動直。靜虛則明，明則通；動也。動直則公，公則溥。」其致公平，靜也。不可無應者。動處亦是仁，定者是義。亦是各正性命，所謂貞也。如木開花結實，實成脱離，則又是本來一性命，元無少欠。方云：「人自是一箇天地。木實不能自知，而物則如此。人靈，能知之者矣。」方。

吴公濟云：「逐日應接事物之中，須得一時辰寧靜，以養衛精神。要使事愈繁而心愈暇，彼不足而我有餘。」其言雖出於異説，然試之亦略有驗，豈周夫子所謂主靜者邪！道夫。

被異端説虚靜了後，直使今學者忙得更不敢睡！方。

問：「心存時也有邪處。」曰：「如何？」泳曰：「有人心、道心。如佛氏所謂『作用是性』，也常常心存。」曰：「人心是箇無揀擇底心，道心是箇有揀擇底心。佛氏也不可謂之邪，只是箇無揀擇底心。到心存時，已無大段不是處了。」胡泳。

要得坐忘，便是坐馳。道夫。

静坐久時，昏困不能思；起去，又鬧了，不暇思。德明。

與好諧戲者處，即自覺言語多，爲所引也。方。

朱子語類卷第十三

學七

力行

學之之博，未若知之之要；知之之要，未若行之之實。祖道。以下踐行。

善在那裏，自家却去行他。行之久，則與自家爲一；爲一，則得之在我。未能行，善自善，我自我。節。

人言匹夫無可行，便是亂説。凡日用之間，動止語默，皆是行處。且須於行處警省，須是戰戰兢兢，方可。若悠悠汎汎地過，則又不可。升卿。

若不用躬行，只是説得便了，則七十子之從孔子，只用兩日説便盡，何用許多年隨着孔子不去。不然，則孔門諸子皆是獃無能底人矣！恐不然也。古人只是日夜皇皇汲汲，去理會這箇身心。到得做事業時，只隨自家分量以應之。如由之果，賜之達，冉求之藝，只此便可以從政，不用他求。若是大底功業，便用大聖賢做；小底功業，便用小底賢人做。各隨他分量做出來，如何强得。僩。

這箇事，説只消兩日説了，只是工夫難。

人於道理不能行，只是在我之道理有未盡耳。不當咎其不可行，當反而求盡其道。璘。

爲學就其偏處着工夫，亦是。其平正道理自在。若一向矯枉過直，又成偏去。如人偏於柔，自可見。只就這裏用工，須存平正底道理。雖要致知，然不可恃。書曰：「知之非艱，行之惟艱。」工夫全在行上。振。

問：「大抵學便要踐履，如何？」曰：「固然是。易云：『學以聚之，問以辨之。』既探討得是當，又且放頓寬大田地，待觸類自然有會合處。故曰：『寬以居之。』何嘗便説『仁以行之』！」謨。

某此間講説時少，踐履時多，事事都用你自去理會，自去體察，自去涵養。書用你自去讀，道理用你自去究索。某只是做得箇引路底人，做得箇證明底人，有疑難處同商量而已。僩。

書册中説義理，只説得一面。今人之所謂踐履者，只做得箇皮草。如居屋室中，只在門户邊立地，不曾深入到後面一截。人傑。

放教脚下實。文蔚。

人所以易得流轉，立不定者，只是脚跟不點地。點，平聲。僩。

問學如登塔，逐一層登將去。上面一層，雖不問人，亦自見得。若不去實踏過，却懸空妄想，便和最下底層不曾理會得。升卿。

學者如行路一般，要去此處，只直去此處，更不可去路上左過右過，相將一齊到不得。壽昌。

有箇天理，便有箇人欲。蓋緣這箇天理須有箇安頓處，才安頓得不恰好，便有人欲出來。夔孫。以下理欲、義利、是非之辨。

「天理人欲分數有多少。天理本多，人欲便也是天理裏面做出來。雖是人欲，人欲中自有天理。」問：「莫是本來全是天理否？」曰：「人生都是天理，人欲却是後來没巴鼻生底。」榦。

人之一心，天理存，則人欲亡；人欲勝，則天理滅，未有天理人欲夾雜者。學者須要於此體認省察之。椿。

大抵人能於天理人欲界分上立得脚住，則儘長進在。祖道。

天理人欲之分，只争些子，故周先生只管説「幾」字。然辨之又不可不早，故横渠每説「豫」字。大雅。

天理人欲，幾微之間。𤋮。

或問：「先生言天理人欲，如硯子，上面是天理，下一面是人欲。」曰：「天理人欲常相對。」節。

問：「飲食之間，孰爲天理？孰爲人欲？」曰：「飲食者，天理也；要求美味，人欲也。」節。

有天理自然之安，無人欲陷溺之危。𤋮。

不爲物欲所昏，則渾然天理矣。道夫。

天理人欲，無硬定底界，此是兩界分上功夫。這邊功夫多，那邊不到占過來。若這邊功夫少，那邊必侵過來。𤋮。

人只有箇天理人欲，此勝則彼退，彼勝則此退，無中立不進退之理。凡人不進便退也。譬如劉項相拒於滎陽、成皋間，彼進得一步，則此退一步；此進一步，則彼退一步。初學則要牢劄定脚與他捱，捱得一毫去，則逐旋捱將去。此心莫退，終須有勝時。勝時甚氣象！祖道。僩用略。

人只是此一心。今日是，明日非，不是將不是底換了是底。今日不好，明日好，不是將好底換了不好底。只此一心，但看天理私欲之消長如何爾。以至千載之前，千載之後，與天地相爲始終，只此一心。讀書亦不須牽連引證以爲工。如此纏繞，皆只是爲人；若實爲己，則須是將己心驗之。見得聖賢説底與今日此心無異，便是工夫。大雅。

學者須是革盡人欲，復盡天理，方始是學。今去讀書，要去看取句語相似不相似，便方始是讀書。讀書須要有志；志不立，便衰。而今只是分別人欲與天理，此長，彼必短；此短，彼必長。壽昌。

未知學問，此心渾爲人欲。既知學問，則天理自然發見，而人欲漸漸消去者，固是好矣。然克得一層，又有一層。大者固不可有，而纖微尤要密察！謨。

凡一事便有兩端：是底即天理之公，非底乃人欲之私。須事事與剖判極處，即克治擴充功夫隨事著見。然人之氣禀有偏，所見亦往往不同。如氣禀剛底人，則見剛處多，而處事必失之太剛；柔底人，則見柔處多，而處事必失之太柔。須先就氣禀偏處克治。閎祖。

義理身心所自有，失而不知所以復之。富貴身外之物，求之惟恐不得。縱使得之，於身心無分毫之益，況不可必得乎！若義理，求則得之。能不喪其所有，可以爲聖爲賢，利害甚明。人心之公，每爲私欲所蔽，所以更放不下。但常常以此兩端體察，若見得時，自須猛省，急擺脱出來！閎祖。

徐子融問："水火，明知其可畏，自然畏之，不待勉强。若是人欲，只緣有愛之之意，雖知之而不能不好之，奈何？"曰："此亦未能真知而已。"又問："真知者，還當真知人欲是不好物事否？"曰："如『克、伐、怨、欲』，却不是要去就『克、伐、怨、欲』上面要知得到，只是自就道理這邊看得透，則那許多不待除而自去。若實是看得大底道理，要去求勝做甚麽？要去矜夸他人做甚麽？『求仁而得仁，又何怨！』怨箇甚麽？耳目口鼻四肢之欲，惟分是安，欲箇甚麽？見得大處分明，這許多小小病痛，都如冰消凍解，無有痕迹矣。"賀孫。

"今人日中所爲，皆苟而已。其實只將講學做一件好事，求異於人。然其設心，依舊只是爲利，其視不講者，又何以大相遠！天下只是『善惡』兩言而已。於二者始分之中，須着意看教分明。及其流出去，則善者一向善，但有淺深爾。如水清泠，便有極清處，有稍清處。惡者一向惡，惡亦有淺深。如水渾濁，亦有極渾處，有稍渾處。"問："此善惡分處，只是天理之公，人欲之私耳。"曰："此却是已有説後，方有此名。只執此爲説，不濟事。要須驗之此心，真知得如何是天理，如何是人欲。幾微間極索理會。此心常常要惺覺，莫令須刻悠悠憒憒。"大雅云："此只是持敬爲要。"曰："敬不是閉眼默坐便爲敬，須是隨事致敬，要有行程去處。如今且未論齊家、治國、平天下，只截自格物、致知、誠意、正心、修身爲説，此行程也。方其當格物時，便敬以格之；當誠意時，便敬以誠之；以至正心、修身以後，節節常要惺覺執持，令此心常在，方是能持敬。今之言持敬者，只是説敬，非是持敬。若此心常在軀殼中爲主，便須常如烈火在身，有不可犯之色。事物之來，便成兩畔去，又何至如是纏繞！」大雅。

學無淺深，並要辨義利。祖道。

看道理，須要就那箇大處看。須要前面開闊，不要就那壁角裏去。而今須要天理人欲，義利公私，分別得明白。將自家日用底與他勘驗，須漸漸有見處。若不去那大壇場上行，理會得一句透，只是一句，道理小了。義剛。

人貴剖判，心下令其分明，善理明之，惡念去之。若義利，若善惡，若是非，毋使混殽不別於其心。譬如處一家之事，取善舍惡；又如處一國之事，取得舍失；處天下之事，進賢退不肖。蓄疑而不決者，其終不成。洽。

或問義利之别。曰：「只是爲己爲人之分。纔爲己，這許多便自做一邊去。義也是爲己，天理也是爲己。若爲人，那許多便自做一邊去。」

須於日用間，令所謂義了然明白。或言心安處便是義。亦有人安其所不當安，豈可以安爲義也！升卿。

義利之辨，初時尚相對在。若少間主義功深後，那利如何着得！如小小竊盜，不勞而却矣。祖道。

事無大小，皆有義利。今做好底事了，其間更包得有多少利私在，所謂「以善爲之而不知其道」，皆是也。祖道。

才卿問：「應事接物别義利，如何得不錯？」曰：「先做切己工夫。喻之以物，且須先做了本子。本子既成，便只就這本子上理會。不然，只是懸空説易。」器之問：「義利之分，臨事如何辨？」曰：「此須是工夫到，義理精，方曉然。未能至此，且據眼前占取義一邊，放令分數多，占得過。這下來，縱錯亦少〔一〕。」大雅。

才有欲順適底意思，即是利。祖道。

仁義根於人心之固有，利心生於物我之相形。𤋮。

人只有一箇公私，天下只有一箇邪正。敬仲。

將天下正大底道理去處置事，便公；以自家私意去處之，便私。僩。

〔一〕此條，賀疑有誤。

且以眼前言，虛實真僞是非處，且要剔脱分明。祖道。

凡事只去看箇是非。假如今日做得一件事，自心安而無疑，便是是處；一事自不信，便是非處。壽昌。

「只是理會箇是與不是，便了。」又曰：「是，便是理。」節。

閑居無事，且試自思之。其行事有於所當是而非，當非而是，當好而惡，當惡而好，自察而知之，亦是工夫。士毅。

講學固不可無，須是更去自己分上做工夫。若只管説，不過一兩日都説盡了。只是工夫難。且如人雖知此事不是，不可爲，忽然無事又自起此念。又如臨事時雖知其不義，不要做，又却不知不覺自去做了，是如何？又如好事，初心本自要做，又却終不肯做，是如何？蓋人心本善，方其見善欲爲之時，此是真心發見之端。然纔發，便被氣稟物欲隨即蔽錮之，不教它發。此須自去體察存養，看得此最是一件大工夫。廣。

學者工夫只求一箇是。天下之理，不過是與非兩端而已。從其是則爲善，徇其非則爲惡。事親須是孝，不然，則非事親之道；事君須是忠，不然，則非事君之道。凡事皆用審箇是非，擇其是而行之。聖人教人，諄諄不已，只是發明此理。「十五志學」，所志只在此；「三十而立」，所立只在此；「四十而不惑」，又不是别有一般道理，只是見得明，行得到。爲賢爲聖，皆只在此。聖人恐人未悟，故如此説，又如彼説；這裏既説，那裏又説，學者可不知所擇哉！今讀書而不能盡知其理，只是心粗意廣。凡解釋文義，須是虚心玩索。聖人言語，義理該貫，如絲髮相通，若只恁大綱看過，何緣見得精微出來！所以失聖人之意也。謨。

所謂道，不須别去尋討，只是這箇道理。非是别有一箇道，被我忽然看見，攫拏得來，方是見道。只是如日用底道理，恁地是，恁地不是。事事理會得箇是處，便是道也。近時釋氏便有箇忽然見道底説話。道又不是一件甚物，可摸得入手。𦬊。

學，大抵只是分别箇善惡而去就之爾。道夫。

論陰陽，則有陰必有陽；論善惡，則一毫著不得！節。

學者要學得不偏，如所謂無過不及之類，只要講明學問。如善惡兩端，便要分别理會得善惡分明後，只從中道上行，何緣有差。子思言中，而謂之中庸者，庸只訓常。日用常行，事事要中，所以謂「中庸不可能」。謨。

凡事莫非心之所爲，雖放僻邪侈，亦是此心。善惡但如反覆手，翻一轉便是惡。只安頓不著，亦便是不善。道夫。

人未説爲善，先須疾惡。能疾惡，然後能爲善。今人見不好事，都只恁不管他。「民之秉彝，好是懿德」，不知這秉彝之良心做那裏去，也是可怪！與立。

有問好惡。曰：「好惡是情，好善惡惡是性。性中當好善，當惡惡。泛然好惡，乃是私也。」謙。

聖人之於天地，猶子之於父母。以下係人倫。

佛經云：「佛爲一大事因緣出現於世。」聖人亦是爲這一大事出來。這箇道理，雖人所固有，若非聖人，如何得如此光明盛大！你不曉得底，我說在這裏，教你曉得；你不會做底，我做下樣子在此，與你做。只是要扶持這箇道理，教它常立在世間，上拄天，下拄地，常如此端正。才一日無人維持，便傾倒了。少間脚拄天，頭拄地，顛倒錯亂，便都壞了。所以說：「天佑下民，作之君，作之師，惟其克相上帝，寵綏四方。」天只生得你，付得這道理。你做與不做，却在你。做得好，也由你；做得不好，也由你。所以又爲之立君師以作成之，既撫養你，又教導你，使無一夫不遂其性。如堯舜之時，真箇是「寵綏四方」。只是世間不好底人，不定疊底事，才遇堯舜，都安帖平定了。所以謂之「克相上帝」，蓋助上帝之不及也。自秦漢以來，講學不明。世之人君，固有因其才智做得功業，然無人知明德、新民之事。君道間有得其一二，而師道則絶無矣！卓。僩同。

問：「聖人『兼三才而兩之』。」曰：「前日正與學者言，佛經云：『我佛爲一大事因緣出現於世。』聖人亦是爲一大事出現於世。上至天，下至地，中間是人。塞於兩間者，無非此理。須是聖人出來，左提右挈，原始要終，無非欲人有以全此理，而不失其本然之性。『天佑下民，作之君，作之師』，只是爲此道理。所以作箇君師以輔相裁成，左右民，使各全其秉彝之良，而不失其本然之善而已。故聖人以其先得諸身者與民共之，只是爲這一箇道理。如老佛窺見這箇道理。莊子『神鬼神帝，生天生地』，釋氏所謂『能爲萬象主，不逐四時凋』，他也窺見這箇道理。只是他説得驚天動地。聖人之學，則其作用處與他全不同。聖人之學，則至虛而實實，至無而實有，有此物則有此理。僩録此下云：「須一一與它盡得。」佛氏則只見得如此便休了，所以不同。」又問：「『輔相裁成』，若以學者言之，日用處也有這樣處否？」曰：「有之。如饑則食，渴則飲，寒則裘〔一〕，鑿井而飲，耕田而食，作爲耒耜網罟之類，皆輔相左右民事。」卓。僩同。

道者，古今共由之理，如父之慈，子之孝，君仁，臣忠，是一箇公共底道理。德，便是得此道於身，則爲君必仁、爲臣必忠之類，皆是自有得於己，方解恁地。堯所以修此道而成堯之德，舜所以修此道而成舜之德，自天地以先，羲黄以降，都即是這一箇道理，亘古今未

〔一〕賀疑下脱「熱則葛」三字。

常有異，只是代代有一箇人出來做主。做主，便即是得此道理於己，不是堯自是一箇道理，舜又是一箇道理，文王、周公、孔子又别是一箇道理。老子説：「失道而後德。」他都不識，分做兩箇物事，便將道做一箇空無底物事看。吾儒説只是一箇物事。以其古今公共是這一箇，不著人身上説，謂之道。德，即是全得此道於己。他説：「失道而後德，失德而後仁，失仁而後義。」若離了仁義，便是無道理了，又更如何是道！賀孫。

聖人萬善皆備，有一毫之失，此不足爲聖人。常人終日爲不善，偶有一毫之善，此善心生也。聖人要求備，故大舜無一毫釐不是，此所以爲聖人。不然，又安足謂之舜哉！壽昌。

聖人不知己是聖人。振。

天下之理，至虚之中，有至實者存；至無之中，有至有者存。夫理者，寓於至有之中，而不可以目擊而指數也。然而舉天下之事，莫不有理。且臣之事君，便有忠之理；子之事父，便有孝之理；目之視，便有明之理；耳之聽，便有聰之理；貌之動，便有恭之理；言之發，便有忠之理。只是常常恁地省察，則理不難知也。壯祖。

學者實下功夫，須是日日爲之，就事親、從兄、接物、處事理會取。其有未能，益加勉行。如此之久，則日化而不自知，遂只如常事做將去。端蒙。

「父子欲其親」云云，曰：「非是欲其如此。蓋有父子，則便自然有親；有君臣，則便自然有敬。」因指坐門摇扇者曰：「人熱，自會摇扇，不是欲其摇扇也。」雉。

問：「父母之於子，有無窮憐愛，欲其聰明，欲其成立。此謂之誠心邪？」曰：「父母愛其子，正也；愛之無窮，而必欲其如何，則邪矣。此天理人欲之間，正當審決。」

葉誠之問：「人不幸處繼母異兄弟不相容，當如何？」曰：「從古來自有這樣子。公看舜如何。後來此樣事多有。只是『爲人子，止於孝』。」賀孫。

「君臣之際，權不可略重，纔重則無君。且如漢末，天下唯知有曹氏而已；魏末，唯知有司馬氏而已。魯當莊僖之際，也得箇季友整理一番。其後季氏遂執其權，歷三四世，魯君之勢全無了，但有一季氏而已。」賀孫問：「也是合下君臣之間，其識慮不遠？」曰：「然。所以聖人垂戒，謂：『臣弑君，子弑父，非一夕一朝之故，其所由來者漸矣！由辨之不早辨也。』這箇事體，初間只争些小，到後來全然只有一邊。聖人所以『一日二日萬幾』，常常戒謹恐懼。詩稱文王之盛，於後便云：『殷之未喪師，克配上帝。宜鑒於殷，峻命不易！』此處甚多。」賀孫。

用之問：「忠，只是實心，人倫日用皆當用之，何獨只於事君上説『忠』字？」曰：「父子兄弟夫婦，皆是天理自然，人皆莫不自知愛敬。君臣雖亦是天理，然是義合。世之人便自易得苟且，故須於此説『忠』，却是就不足處説。如莊子説：『命也，義也，天下之大戒。』看這説，君臣自是有不得已意思。」賀孫。

問：「君臣父子，同是天倫，愛君之心，終不如愛父，何也？」曰：「離畔也只是庶民，賢人君子便不如此。韓退之云：『臣罪當誅兮，天王聖明！』此語，何故程子道是好？文王豈不知紂之無道，却如此説？是非欺誑衆人，直是有説。須是有轉語，方説得文王心出。看來臣子無説君父不是底道理，此便見得是君臣之義處。莊子云：『天下之大戒二：命也，義也。子之於父，無適而非命也；臣之於君，無適而非義也；無所逃於天地之間。』舊嘗題跋一文字，曾引此語，以爲莊子此説乃楊氏無君之説。似他這意思，便是没奈何了，方恁地有義，却不知此是自然有底道理。」又曰：「『臣之視君如寇讎』，孟子説得來怪差，却是那時説得。如云『三月無君則弔』等語，似是逐旋去尋箇君，與今世不同。而今却是只有進退，無有去之之理，只得退去。又有一種退不得底人，如貴戚之卿是也。賈生弔屈原文云：『歷九州而相其君兮，何必懷此都也！』又爲懷王傅，王墜馬死，誼自傷傅王無狀，悲泣而死。張文潛有詩譏之。當時誼何不去？直是去不得。看得誼當初年少，也只是胡説。」賜。

臣子無愛身自佚之理。升卿。

問：「妻有七出，此却是正當道理，非權也。」曰：「然。」卓。

蜚卿問：「安卿問目，以孝弟推說君臣等事，不須如此得否？」曰：「惟有此理，固當有此事。如人入於水則死，而魚生於水，此皆天然合當如此底道理。」問：「朋友之義，自天子至於庶人，皆須友以成，而安卿只說以類聚，莫未該朋友之義否？」曰：「此亦只說本來自是如此。自天子至於庶人，未有不須友以成，乃是後來事，說朋友功效如此。人自與人同類相求，牛羊亦各以類相從。朋友乃彝倫之一。今人不知有朋友之義者，只緣但知有四箇要緊，而不知朋友亦不可闕。」賀孫。

朋友之於人倫，所關至重！驤。

問：「與朋友交，後知其不善，欲絶，則傷恩；不與之絶，則又似『匿怨而友其人』。」曰：「此非匿怨之謂也。心有怨於人，而外與之交，則爲匿怨。若朋友之不善，情意自是當疏，但疏之以漸。若無大故，則不必峻絶之，所謂『親者毋失其爲親，故者毋失其爲故』者也。」淳。

問：「人倫不及師，何也？」曰：「師之義，即朋友，而分則與君父等。朋友多而師少，以其多者言之。」又問：「服中不及師，何也？」曰：「正是難處。若論其服，則當與君父等，故禮謂『若喪父而無服』，又曰：『平居則絰。』」卓。

李問人倫不及師。曰：「師與朋友同類，而勢分等於君父，唯其所在而致死焉。」曾云：「如在君旁，則爲君死；在父旁，則爲父死。」曰：「也是如此。如在君，雖父有罪，不能爲父死。」賀孫。

教導後進，須是嚴毅。然亦須有以興起開發之，方得。只恁嚴，徒拘束之，亦不濟事。道夫。

某嘗言，今教導之法，皆失真，無一箇人曉得。説道理底，盡説錯了，説從別處去。做文章底，也只學做那不好底文章；做詩底，也不識好詩；以至説禪底，也不是他元來佛祖底禪；修養者，也非老莊之道，無有是者。僩。

古人上下之分雖嚴，然待臣僕如子弟，待子弟如臣僕。伯玉之使，孔子與之坐。陶淵明籃輿，用其子與門人。子路之負米，子貢之埋馬，夫子之釣弋，有若之三踊於魯大夫之庭，冉有用矛却齊以入其軍，而樊須雖少能用命也。古之人執干戈衞社稷，躬耕稼，與陶、漁之事，皆是也。後世驕侈日甚，反以臣子之職爲恥。此風日變，不可復也。士君子知此，爲學者言之，以漸率其子弟，庶幾可少變乎！人傑。

耳目口鼻之在人，尚各有攸司，況人在天地間，自農商工賈等而上之，不知其幾，皆其所當盡者。小大雖異，界限截然。本分當爲者，一事有闕，便廢天職。「居處恭，執事敬，與人忠。」推是心以盡其職者，無以易諸公之論。但必知夫所處之職，乃天職之自然，而非出於人爲，則各司其職以辦其事者，不出於勉强不得已之意矣。大雅。以下雜論立心處事。

有是理，方有這物事。如草木有箇種子，方生出草木。如人有此心去做這事，方始成這事。若無此心，如何會成這事。夔孫。

事無非學。文蔚。

或說事多。曰：「世事無時是了。且揀大段無甚緊要底事，不要做；又逐旋就小者又揀出無緊要底，不要做。先去其粗，却去其精，磨去一重，又磨一重。天下事都是如此。且如中庸說：『戒慎乎其所不覩，恐懼乎其所不聞。』先且就睹處與聞處做了，然後就不覩不聞處用工，方能細密。而今人每每跳過一重做事，睹處與聞處元不曾有工夫，却便去不睹不聞處做，可知是做不成，下梢一齊擔閣。且如屋漏暗室中工夫，如何便做得？須從『十目所視，十手所指』處做起，方得。」明作。

且須立箇粗底根脚，却正好著細處工夫。今人於無義理底言語儘說了，無義理底事儘做了。是於粗底根脚猶未立，却求深微。縱理會得，干己甚事！升卿。

多是要求濟事，而不知自身己不立，事決不能成。人自心若一毫私意未盡，皆足以敗事。如上有一點黑，下便有一撲黑；上有一毫差，下便有尋丈差。今若見得十分透徹，待下梢遇事轉移，也只做得五六分。若今便只就第四五著理會，下梢如何！賀孫。

聖賢勸人做底，必是人有欠闕處；戒人莫爲底，必是自家占得一分在其間。祖道。

要做好事底心是實，要做不好事底心是虛。被那虛底在裏夾雜，便將實底一齊打壞了。賀孫。

須是信得及。這件物事好笑，不信，便了不得。士毅。

這一邊道理熟，那一邊俗見之類自破。

常先難而後易，不然，則難將至矣。如樂毅用兵，始常懼難，乃心謹畏，不敢忽易，故戰則雖大國堅城，無不破者。及至勝，則自驕膽大，而恃兵强，因去攻二城亦攻不下。壽昌。

今人未有所見時，直情做去，都不見得。一有所見，始覺所爲多有可寒心處！砥。

今人多是安於所不安。做些事，明知事不好，只説恁地也不妨，正所謂「月攘一鷄，以待來年」者也。賀孫。

作事若顧利害，其終未有不陷於害者。可學。

無所爲於前，無所冀於後。燾。

古人臨事所以要回互時，是一般國家大事，係死生存亡之際，有不可直情徑行處，便要權其輕重而行之。今則事事用此，一向回互。至於「枉尋直尺而利，亦可爲歟」？是甚意思！璘。

問：「學者講明義理之外，亦須理會時政。凡事當一一講明，使先有一定之説，庶它日臨事，不至牆面。」曰：「學者若得胸中義理明，從此去量度事物，自然泛應曲當。人若有堯舜許多聰明，自做得堯舜許多事業。若要一一理會，則事變無窮，難以逆料，隨機應變，不可預定。今世文人才士，開口便説國家利害，把筆便述時政得失，終濟得甚事！只是講明義理以淑人心，使世間識義理之人多，則何患政治之不舉耶！」柄。

因論人好習古今治亂典故等學，曰：「亦何必苦苦於此用心。古今治亂，不過進君子，退小人，愛人利物之類，今人都看巧去了。」揚。

某看人也須是剛，雖則是偏，然較之柔不同。易以陽剛爲君子，陰柔爲小人。若是柔弱不剛之質，少間都不會振奮，只會困倒了。賀孫。

天下事亦要得危言者，亦要得寬緩者，皆不可少。隨其人所見，看其人議論。如狄梁公辭雖緩，意甚懇切。如中邊皆緩，則不可「翕受敷施，九德咸事」。聖人便如此做。去僞。

今人大抵皆先自立一箇意見。若其性寬大，便只管一向見得一箇寬大底路；若性嚴毅底人，便只管見得一箇廉介底路，更不平其心。看事物，自有合寬大處，合嚴毅處。賀孫。

「人最不可曉：有人奉身儉嗇之甚，充其操『上食槁壤，下飲黃泉』底，却只愛官職；有人奉身清苦而好色。他只緣私欲不能克，臨事只見這箇重，都不見別箇了。」或云：「似此等人，分數勝已下底。」曰：「不得如此說。才有病，便不好，更不可以分數論。他只愛官職，便弒父與君也敢！」夔孫。

李問：「世間有一種人，慈惠温厚，而於義不足，作事無斷制，是如何？」曰：「人生得多般樣，這箇便全是氣禀。如唐明皇爲人，他於父子夫婦君臣分上，極忍無狀，然終始於兄弟之情不衰。這只緣寧王讓他位，所以如此。寧王見他有功，自度不可居儲嗣，遂力讓他。緣這一節感動得他，所以終始恩重不衰。」胡兄說：「他見他兄讓他，所以如此友重。」曰：「不是如此，自是他裏面有這箇道理，得他兄感動發出來，得一箇物事承接得在耳。若其中元無此道理，如何會感動得來。人之氣禀極多般樣，或有餘於此，不足於彼。這箇不干道理事，皆氣禀所爲也。」

古人尊貴，奉之者愈備，則其養德也愈善。後之奉養備者，賊之而已矣！方。

容貌辭氣，乃德之符也。燾。

血氣之怒不可有，義理之怒不可無。燾。

爲氣血所使者，只是客氣。惟於性理說話涵泳，自然臨事有別處。季札。

須是慈祥和厚爲本。如勇決剛果，雖不可無，然用之有處所。因論仁及此。德明。

周旋回護底議論最害事。升卿。

事至於過當，便是僞。楊丞通老云：「陸子静門人某人，常裹頭巾洗面。」先生因言此。燾。

學常要親細務，莫令心粗。江西人大抵用心粗。祖道。

向到臨安，或云建本誤，宜用浙本。後來觀之，不如用建本。謂浙俗好作長厚。可學。

避俗，只是見不透。方。

問：「避嫌是否？」曰：「合避豈可不避？如『瓜田不納履，李下不整冠』，豈可不避？如『君不與同姓同車，與異姓同車不同服』，皆是合避處。」又問：「世有刑人不娶，如上世不賢，而子孫賢，則如何？」曰：「『犂牛之子騂且角，雖欲勿用，山川其舍諸！』所謂不娶者，是世世爲惡不能改者，非指一世而言。如『喪父長子不娶』一句，却可疑。若然，則無父之女不復嫁，此不可曉。」義剛。

叔蒙問：「程子説：『避嫌之事，賢者且不爲，況聖人乎？』若是有一項合委曲而不可以直遂者，這不可以爲避嫌。」曰：「自是道理合如此。如避嫌者，却是又怕人道如何，這却是私意。如十起與不起，便是私，這便是避嫌。只是他見得這意思，已是大段做工夫，大段會省察了。又如人遺之千里馬，雖不受，後來薦人未嘗忘之，後亦竟不薦。不薦自是好，然於心終不忘，便是喫他取奉意思不過，這便是私意。又如如今立朝，明知這箇是好人，當薦舉之，却緣平日與自家有恩意往來，不是說親戚，親戚自是礙法，但以相熟，遂避嫌不舉他。又如有某人平日與自家有怨，到得當官，彼却有事當治，却怕人說道因前怨治他，遂休了。如此等，皆蹉過多了。」賀孫。

因說人心不可狹小，其待人接物，胸中不可先分厚薄，有所別異，曰：「惟君子爲能『通天下之志』，放令規模寬闊，使人人各得盡其情，多少快活！」大雅。

問：「待人接物，隨其情之厚薄輕重而爲酬酢邪？一切不問而待之以厚邪？」曰：「知所以處心持己之道，則所以接人待物，自有準則。」人傑。

事有不當耐者，豈可全學耐事！升卿。

學耐事，其弊至於苟賤不廉。升卿。

「學者須要有廉隅牆壁，便可擔負得大事去。如子路世間病痛都没了，親於其身爲不善，直是不入，此大者立也。」問：「子路此箇病何以終在？」曰：「當時也須大段去做工夫來，只打疊不能得盡。冉求比子路大爭。」升卿。

恥，有當忍者，有不當忍者。升卿。

「人須是有廉恥。孟子曰：『恥之於人大矣！』恥便是羞惡之心。人有恥，則能有所不爲。今有一樣人不能安貧，其氣銷屈，以至立脚不住，不知廉恥，亦何所不至！」因舉呂舍人詩云：「逢人即有求，所以百事非！」人言今人只見曾子唯一貫之旨，遂得道統之傳。此雖固然，但曾子平日是箇剛毅有力量、壁立千仞底人，觀其所謂「士不可以不弘毅」；「可以託六尺之孤，可以寄百里之命，臨大節而不可奪」；「晉楚之富不可及也，彼以其富，我以吾仁；彼以其爵，我以吾義，吾何慊乎哉」底言語，可見。雖是做工夫處比顏子覺粗，然緣他資質剛毅，先自把捉得定，故得卒傳夫子之道。後來有子思、孟子，其傳亦永遠。又如論語必先說：「富與貴是人之所欲也，不以其道得之，不處也；貧與賤是人之所惡也，不以其道得之，不去也。」然後說：「君子去仁，惡乎成名！」必先教取舍之際界限分明，然後可做工夫。不然，則立脚不定，安能有進！又云：「學者不於富貴貧賤上立定，則是入門便差了也。」廣。

人之所以戚戚於貧賤，汲汲於富貴，只緣不見這箇道理。若見得這箇道理，貧賤不能損得，富貴不曾添得，只要知這道理。

若沮人之輕富貴者，下梢便愈更卑下，一齊衰了。升卿。

學者當常以「志士不忘在溝壑」爲念，則道義重，而計較死生之心輕矣。況衣食至微末事，不得未必死，亦何用犯義犯分，役心役志，營營以求之耶！某觀今人因不能咬菜根而至於違其本心者衆矣，可不戒哉！大雅。

困厄有輕重，力量有小大。若能一日十二辰點檢自己，念慮動作都是合宜，仰不愧，俯不怍，如此而不幸填溝壑，喪軀殞命，有不暇恤，只得成就一箇是處。如此，則方寸之間全是天理，雖遇大困厄，有致命遂志而已，亦不知有人之是非向背，惟其是而已。大雅。

因說貧，曰：「朋友若以錢相惠，不害道理者可受。分明說：『其交也以道，其接也以禮，斯孔子受之。』若以不法事相委，却以錢相惠，此則斷然不可！」明作。

味道問：「死生是大關節處。須是日用間雖小事亦不放過，一一如此用工夫，當死之時，方打得透。」曰：「然。」

貪生畏死，一至於此！可學。

以小惠相濡沫，覺見氣象不好。方。

某人立說：「不須作同異。見人作事，皆入一分。」先生曰：「不曾參得此無礙禪。天下事，安可必同？安可必異？且如爲子須孝，爲臣須忠，我又如何異於人？若是不好事，又安可必同？只是有理在。」可學。

作事先要成，所以常匆匆。方。

每常令兒子們作事，只是說箇大綱與他，以爲那小小處置處也易曉，不須說也得。後來做得有不滿人意處，未有不由那些子説不要區處處起。義剛。

問：「見有吾輩臨終，多以不能終養與卒學爲恨。若大段以爲恨，也是不順理否？」曰：「也是如此。」因言：「『悔』字難説。既不可常存在胸中以爲悔，又不可不悔。若只説不悔，則今番做錯且休，明番做錯又休，不成説話。」問：「如何是著中底道理？」曰：「不得不悔，但不可留滯。既做錯此事，他時更遇此事，或與此事相類，便須懲戒，不可再做錯了。」胡泳。

輕重是非他人，最學者大病。是，是他是；非，是他非，於我何所預！且管自家。可學。

品藻人物，須先看他大規模，然後看他好處與不好處，好處多與少，不好處多與少。又看某長某短，某有某無，所長所有底是緊要與不緊要，所短所無底是緊要與不緊要。如此互將來品藻，方定得他分數優劣。燾。

今來專去理會時文，少間身己全做不是，這是一項人。又有一項人，不理會時文，去理會道理，少間所做底事，却與所學不相關。又有依本分，就所見定是要躬行，也不須去講學。這箇少間只是做得會差，亦不至大狼狽。只是如今如這般人，已是大段好了。賀孫。以下論科舉之學。

義理人心之所同然，人去講求，却易爲力。舉業乃分外事，倒是難做。可惜舉業壞了多少人！賀孫。

士人先要分别科舉與讀書兩件孰輕孰重。若讀書上有七分志，科舉上有三分，猶自可；若科舉七分，讀書三分，將來必被他勝却，況此志全是科舉！所以到老全使不著，蓋不關爲己也。聖人教人，只是爲己。泳。

或以不安科舉之業請教。曰：「『道二：仁與不仁而已。』二者不能兩立。知其所不安，則反其所不安，以就吾安爾。聖賢千言萬語，只是教人做人而已。前日科舉之習，蓋未嘗不談孝弟忠信，但用之非爾。若舉而反之於身，見於日用，則安矣。」又問：「初學當讀何書？」曰：「六經、語、孟皆聖賢遺書，皆當讀，但初學且須知緩急。大學、語、孟最是聖賢爲人切要處。然語、孟却是隨事答問，難見要領。唯大學是曾子述孔子説古人爲學之大方，門人又傳述以明其旨，體統都具。玩味此書，知得古人爲學所鄉，讀語、孟便易入。後面工夫雖多，而大體已立矣。」大雅。

專做時文底人，他説底都是聖賢説話。且如説廉，他且會説得好；説義，他也會説得好。待他身做處，只自不廉，只自不義，緣他將許多話只是就紙上説。廉，是題目上合説廉；義，是題目上合説義，都不關自家身己些子事。賀孫。

告或人曰：「看今人心下自成兩樣。如何却專向功名利禄底心去，却全背了這箇心，不向道理邊來？公今赴科舉是幾年？公文字想不爲不精。以公之專一理會做時文，宜若一舉便中高科，登顯仕都了。到今又却不得，亦可自見得失不可必如此。若只管没溺在裏面，都出頭不得，下梢只管衰塌。若將這箇自在一邊，須要去理會道理是要緊，待去取功名，却未必不得。孟子曰：『自暴者不可與有言也，自棄者不可與有爲也。言非禮義，謂之自暴也。』非禮義，是專道禮義是不好。世上有這般人，惡人做好事，只道人做許多模樣是如何。這是他自恁地粗暴了，這箇更不通與他説。到得自棄底，也自道義理是好，也聽人説，也受人説，只是我做不得。任你如何，只是我做不得。這箇是自棄，終不可與有爲。故伊川説：『自暴者，拒之以不信；自棄者，絶之以不爲。』拒之以不信，只是説道没這道理；絶之以不爲，是知有道理，自割斷了，不肯做。自暴者，有强悍意；自棄者，有懦弱意。」今按：自暴謂粗暴。及再問，所答不然。賀孫。

語或人曰：「公且道不去讀書，專去讀些時文，下梢是要做甚麼人？赴試屢試不得，到老只恁地衰颯了，沉浮鄉曲間。若因時文做得一箇官，只是恁地鹵莽，都不説著要爲國爲民興利除害，盡心奉職。心心念念，只要做得向上去，便逐人背後鑽刺，求舉覓薦，無所不至！」賀孫。

專一做舉業工夫，不待不得後枉了氣力，便使能竭力去做，又得到狀元時，亦自輸却這邊工夫了。人於此事，從來只是强勉，不能捨命去做，正似今人强勉來學義理。然某平生窮理，惟不敢自以爲是。伯羽。

「若欲學俗儒作文字，縱攫取大魁」，因撫所坐椅曰：「已自輸了一著！」力行。

或謂科舉害人。曰：「此特一事耳。若自家工夫到後，那邊自輕。」自修。

士人亦有略知向者。然那下重，掉不得，如何知此下事。如今凝神靜慮，積日累月如此，尚只今日見得一件，明日見得一件，未有廓然貫通處。況彼千頭萬緒，支離其心，未嘗一日用其力於此者耶！方。

說修身應舉重輕之序，因謂：「今有恣爲不忠不孝，冒廉恥，犯條貫，非獨他自身不把作差異事，有司也不把作差異事，到得鄉曲鄰里也不把作差異事。不知風俗如何壞到這裏，可畏！某都爲之寒心！」賀孫。

不赴科舉，也是匹似閑事。如今人纔說不赴舉，便把做掀天底大事。某看來，才著心去理會道理，少間於那邊便自没緊要。不知是如何，看許多富貴榮達都自輕了。如郭子儀二十四考中書，做許大功名，也只是如此。賀孫。

科舉累人不淺，人多爲此所奪。但有父母在，仰事俯育，不得不資於此，故不可不勉爾。其實甚奪人志。道夫。

問科舉之業妨功。曰：「程先生有言：『不恐妨功，惟恐奪志。』若一月之間著十日事舉業，亦有二十日修學。若被他移了志，則更無醫處矣！」大雅。

以科舉爲爲親，而不爲爲己之學，只是無志。以舉業爲妨實學，不知曾妨飲食否，只是無志也。方。

或以科舉作館廢學自咎者。曰：「不然，只是志不立，不曾做工夫爾。孔子曰：『不怨天，不尤人。』自是不當怨尤，要你做甚耶！伊川曰：『學者爲氣所勝，習所奪，只可責志。』正爲此也。若志立，則無處無工夫，而何貧賤患難與夫夷狄之間哉！」伯羽。

舉業亦不害爲學。前輩何嘗不應舉。只緣今人把心不定，所以有害。才以得失爲心，理會文字，意思都別了。閎祖。

嘗論科舉云：「非是科舉累人，自是人累科舉。若高見遠識之士，讀聖賢之書，據吾所見而爲文以應之，得失利害置之度外，雖日日應舉，亦不累也。居今之世，使孔子復生，也不免應舉，然豈能累孔子邪！自有天資不累於物，不須多用力以治之者。某於科舉，自小便見得輕，初亦非有所見而輕之也。正如人天資有不好啖酒者，見酒自惡，非知酒之爲害如何也。又人有天資不好色者，亦非是有見如何，自是他天資上看見那物事無緊要。

若此者，省得工夫去治此一項。今或未能知此，須用力勝治方可。」伯羽。

業。宜之云：「許叔重太貪作科舉文字。」曰：「既是家貧親老，未免應舉，亦當好與他做舉業。舉業做不妨，只是先以得失橫置胸中，却害道。」可學。

父母責望，不可不應舉。如遇試則入去，據已見寫了出來。節。

或問科舉之學。曰：「做舉業不妨，只是把他格式，檃括自家道理，都無那追逐時好、回避、忌諱底意思，便好。」學蒙。

譚兄問作時文。曰：「略用體式，而檃括以至理。」節。

南安黄謙，父命之入郡學習舉業，而徑來見先生。先生曰：「既是父要公習舉業，何不入郡學。日則習舉業，夜則看此書，自不相妨，如此則兩全。硬要咈父之命，如此則兩敗，父子相夷矣，何以學爲！讀書是讀甚底？舉業亦有何相妨？一旬便做五日修舉業，亦有五日得暇及此。若説踐履涵養，舉業儘無相妨。只是精神昏了，不得講究思索義理，然也怎奈之何！」淳。

向來做時文，只粗疏恁地直説去，意思自周足，且是有氣魄。近日時文屈曲纖巧，少刻墮在裏面，只見意氣都衰塌了。也是教化衰，風俗壞到這裏，是怎生！賀孫。

今人皆不能修身。方其爲士，則役役求仕；既仕，則復患禄之不加。趨走奔馳，無一日閑。何如山林布衣之士，道義足於身。道義既足於身，則何物能嬰之哉！壽昌。以下論仕。

「諸葛武侯未遇先主，只得退藏，一向休了，也没奈何。孔子弟子不免事季氏，亦事勢不得不然，捨此則無以自活。如今世之科舉亦然。如顏閔之徒自把得住，自是好，不可以一律看。人之出處最可畏。如漢晉之末，漢末之所事者，止有箇曹氏；晉末之所事者，止有箇司馬氏，皆逆賊耳。」直卿問：「子路之事輒，與樂正子從子敖相似。」曰：「不然，從子敖更無説。」賀孫。

當官勿避事，亦勿侵事。升卿。

人須辦得去。托身於人仕宦。升卿。

名義不正，則事不可行。無可爲者，有去而已。然使聖人當之，又不知何如，恐於義未精也。方。

三哥問：「汀寇姜大老捉四巡檢以去，人當此時如何？」曰：「『事君則致其身』，委質爲臣，身非我有矣。有道理殺得他時，即殺之。如被他拘一處，都不問，亦須問他：『朝廷差我來，你拘我何爲？』如全無用智力處，只是死。孟子言捨生而取義，只看義如何，當死便須死。古人當此，即是尋常，今人看著是大事。」揚。

朱子語類卷第十四

大學一

綱領

學問須以大學爲先，次論語，次孟子，次中庸。中庸工夫密，規模大。德明。

讀書，且從易曉易解處去讀。如大學、中庸、語、孟四書，道理粲然，人只是不去看。若理會得此四書，何書不可讀！何理不可究！何事不可處！蓋卿。

某要人先讀大學，以定其規模；次讀論語，以立其根本；次讀孟子，以觀其發越；次讀中庸，以求古人之微妙處。大學一篇有等級次第，總作一處，易曉，宜先看。論語却實，但言語散見，初看亦難。孟〔子〕〔一〕有感激興發人心處。中庸亦難讀，看三書後，方宜讀

〔一〕據上文增。

之。寓。

先看大學，次語、孟，次中庸。果然下工夫，句句字字，涵泳切己，看得透徹，一生受用不盡。只怕人不下工，雖多讀古人書，無益。書只是明得道理，却要人做出書中所説聖賢工夫來。若果看此數書，他書可一見而決矣。謙。

論、孟、中庸，待大學貫通浹洽，無可得看後方看，乃佳。道學不明，元來不是上面欠却工夫，乃是下面元無根脚。若信得及，脚踏實地，如此做去，良心自然不放，踐履自然純熟。非但讀書一事也。

「人之爲學，先讀大學，次讀論語。大學是箇大坯模。大學譬如買田契，論語如田畝闊狹去處，逐段子耕將去。」或曰：「亦在乎熟之而已。」曰：「然。」去僞。人傑同。

問：「欲專看一書，以何爲先？」曰：「先讀大學，可見古人爲學首末次第。且就實處理會却好，不消得專去無形影處理會。」淳。

可將大學用數月工夫看去。此書前後相因，互相發明，讀之可見，不比他書。他書非一時所言，非一人所記。惟此書首尾具備，易以推尋也。力行。

今且須熟究大學作間架，却以他書填補去。如此看得一兩書，便是占得分數多，後却易爲力。聖賢之言難精。難者既精，則後面粗者却易曉。大雅。

亞夫問大學大意。曰：「大學是修身治人底規模。如人起屋相似，須先打箇地盤。地盤既成，則可舉而行之矣。」時舉。

或問：「大學之書，即是聖人做天下根本？」曰：「此譬如人起屋，是畫一箇大地盤在這裏。理會得這箇了，他日若有材料，却依此起將去，只此一箇道理。明此以南面，堯之爲君也；明此以北面，舜之爲臣也。」

大學一書，如行程相似。自某處到某處幾里，自某處到某處幾里。識得行程，須便行始得。若只讀得空殼子，亦無益也。履孫。

大學如一部行程曆，皆有節次。今人看了，須是行去。今日行得到何處，明日行得到何處，方可漸到那田地。若只把在手裏翻來覆去，欲望之燕，之越，豈有是理！自修。

大學是一箇腔子，而今却要去填教實著。如他說格物，自家是去格物後，填教實著；如他說誠意，自家須是去誠意後，亦填教實著。節。

大學重處都在前面。後面工夫漸漸輕了，只是揩磨在。士毅。廣録云：「後面其失漸輕，亦是下揩磨底工夫在。」

看大學前面初起許多，且見安排在這裏。如今食次册相似，都且如此呈說後，方是可喫處。初間也要識許多模樣。賀孫。

大學一字不胡亂下，亦是古人見得這道理熟。信口所説，便都是這裏。淳。

大學總説了，又逐段更説許多道理。聖賢怕有些子照管不到，節節覺察將去，到這裏有恁地病，到那裏有恁地病。節。

明德，如八窗玲瓏，致知格物，各從其所明處去。今人不曾做得小學工夫，一旦學大學，是以無下手處。今且當自持敬始，使端慤純一静專，然後能致知格物。椿。

而今無法。嘗欲作一説，教人只將大學一日去讀一徧，看他如何是大人之學，如何是小學，如何是「明明德」，如何是「新民」，如何是「止於至善」。日日如是讀，月去日來，自見所謂「温故而知新」。須是知新，日日看得新方得。却不是道理解新，但自家這箇意思長長地新。義剛。

才仲問大學。曰：「人心有明處，於其間得一二分，即節節推上去。」又問：「小學、大學如何？」曰：「小學涵養此性，大學則所以實其理也。忠信孝弟之類，須於小學中出。然正心、誠意之類，小學如何知得。須其有識後，以此實之。大抵大學一節一節恢廓展布將去，然必到於此而後進。既到而不進，固不可；未到而求進，亦不可。且如國既治，又却絜矩，則又欲其四方皆準之也。此一卷書甚分明，不是滚作一塊物事。」可學。

大學是爲學綱目。先通大學，立定綱領，其他經皆雜説在裏許。通得大學了，去看他經，方見得此是格物、致知事，此是正心、誠意事，此是修身事，此是齊家、治國、平天下事。問：「大學一書，皆以修身爲本。正心、誠意、致知、格物，皆是修身内事。」曰：「此四者成就那修身。修身推出，做許多事。」椿。

致知、格物，大學中所説，不過「爲人君，止於仁；爲人臣，止於敬」之類。古人小學時都曾理會來。不成小學全不曾知得。然而雖是「止於仁，止於敬」，其間却有多少事。如仁必有所以爲仁者，敬必有所以爲敬者，故又來大學致知、格物上窮究教盡。如入書院，只到書院門裏，亦是到來，亦唤做格物、致知得，然却不曾到書院築底處，終不是物格、知至。㽦。

人多教踐履，皆是自立標置去教人。自有一般資質好底人，便不須窮理、格物、致知。此聖人作今大學，便要使人齊入於聖人之域。幹。

大學所載，只是箇題目如此，要須自用工夫做將去。賀孫。

大學教人，先要理會得箇道理。若不理會得，見聖人許多言語都是硬將人制縛，剩許多工夫。若見得了，見得許多道理，都是天生自然鐵定底道理，更移易分毫不得。而今讀大學，須是句句就自家身上看過。少間自理會得，不待解説。如語孟六經，亦須就自家身上看，便如自家與人對説一般，如何不長進！聖賢便可得而至也。賀孫。

今人都是爲人而學。某所以教諸公讀大學，且看古人爲學是如何，是理會甚事。諸公願爲古人之學乎？願爲今人之學乎？敬仲。

讀大學，且逐段捱。看這段時，似得無後面底。看第二段，却思量前段，令文意聯屬，却不妨。榦。

看大學，固是著逐句看去。也須先統讀傳文教熟，方好從頭仔細看。若全不識傳文大意，便看前頭，亦難。賀孫。

或問讀大學。曰：「讀後去，須更温前面，不可只恁地茫茫看。須『温故而知新』。須是温故，方能知新。若不温故，便要求知新，則新不可得而知，亦不可得而求矣。」賀孫。

讀大學，初間也只如此讀，後來也只如此讀。只是初間讀得，似不與自家相關；後來看熟，見許多説話須著如此做，不如此做自不得。賀孫。

謂任道弟讀大學，云：「須逐段讀教透，默自記得，使心口相應。古時無多書，人只是專心暗誦。且以竹簡寫之，尋常人如何辦得竹簡如此多，所以人皆暗誦而後已。伏生亦只是口授尚書二十餘篇。黄霸就獄，夏侯勝受尚書於獄中，又豈得本子？只被他讀得透徹。後來著述，諸公皆以名聞。漢之經學所以有用。」賀孫。

或問大學。曰：「大概是如此。只是更要熟讀，熟時，滋味自别。且如喫果子，生時將來喫，也是喫這果子；熟時將來喫，也是喫這果子，只是滋味別。」胡泳。

問賀孫：「讀大學如何？」曰：「稍通，方要讀論語。」曰：「且未要讀論語。大學稍通，正好著心精讀。前日讀時，見得前未見得後面，見得後未接得前面。今識得大綱統體，正好熟看。如喫果實相似，初只恁地硬咬嚼。待嚼來嚼去，得滋味，如何便住却！讀此書功深，則用博。昔和靖見伊川，半年方得大學、西銘看。今人半年要讀多少書，某且要人讀此，是如何？緣此書却不多，而規模周備。凡讀書，初一項須著十分工夫了，第二項只費得九分工夫，第三項便只費六七分工夫。少刻讀漸多，自貫通他書，自不著得多工夫。」賀孫。

諸生看大學未曉，而輒欲看論語者，責之曰：「公如喫飯一般，未曾有顆粒到口，如何又要喫這般，喫那般！這都是不曾好生去讀書。某嘗謂人看文字曉不得，只是未曾著心。文字在眼前，他心不曾著上面，只是恁地略綽將過，這心元不曾伏殺在這裏。看他只自恁地豹跳，不肯在這裏理會，又自思量做別處去。這事未了，又要尋一事做，這如何要理會得！今之學者看文字，且須壓這心在文字上。逐字看了，又逐句看；逐句看了，又逐段看，未有曉不得者。」賀孫。

子淵說大學。曰：「公看文字，不似味道只就本子上看，看來看去，久之浹洽，自應有得。公便要去上面生意，只討頭不見。某所成章句、或問之書，已是傷多了。當初只怕人曉不得，故說許多。今人看，反曉不得。此一書之間，要緊只在『格物』兩字，認得這裏看，則許多說自是閑了。初看須用這本子，認得要害處，本子自無可用。某說十句在裏面，看得了，只做一句說了方好。某或問中已說多了，却不說到這般處。看這一書，又自與看語、孟不同。語、孟中只一項事是一箇道理。如孟子說仁義處，只就仁義上說道理；孔子答顏淵以『克己復禮』，只就『克己復禮』上說道理。若大學，却只統說。論其功用之極，至於平天下。然天下所以平，却先須治國；國之所以治，却先須齊家；家之所以齊，却先須修身；身之所以修，却先須正心；心之所以正，却先須誠意；意之所以誠，却先須致知；知之所以至，却先須格物。本領全只在這兩字上。又須知如何是格物。許多道理，自家從來合有，不合有。定是合有。定是人人都有。人之心便具許多道理：見之於身，便見身上有許多道理；行之於家，便是一家之中有許多道理；施之於國，便是一國之中有許多道理；施之於天下，便是天下有許多道理。『格物』兩字，只是指箇路頭，須是自去格那物始得。只就紙上說千千萬萬，不濟事。」賀孫。

答林子淵說大學，曰：「聖人之書，做一樣看不得。有只說一箇下工夫規模，有首尾只說道理。如中庸之書，劈初頭便說『天命之謂性』。若是這般書，全著得思量義理。如大學，只說箇做工夫之節目，自不消得大段思量，纔看過，便自曉得。只是做工夫全在自家身心上，却不在文字上。文字已不著得思量。說窮理，只就自家身上求之，都無别物事。只有箇仁義禮智，看如何千變萬化，也離這四箇不得。公且自看，日用之間如何離得這四箇。如信者，只是有此四者，故謂之信。信，實也，實是有此。論其體，則實是有仁義禮智；論其用，則實是有惻隱、羞惡、恭敬、是非，更假僞不得。試看天下豈有假做得仁，假做得義，假做得禮，假做得智！所以說信者，以言其實有而非僞也。更自一身推之於家，實是有父子，有夫婦，有兄弟；推之天地之間，實是有君臣，有朋友。都不是待後人旋安排，是合下元有此。又如一身之中，裏面有五臟六腑，外面有耳目口鼻四肢，這是人人都如此。存之爲仁義禮智，發出來爲惻隱、羞惡、恭敬、是非。人人都有此。以至父子兄弟夫婦朋友君臣，亦莫不皆然。至於物，亦莫不然。但其拘於形、拘於氣而不變。然亦就他一角子有發見處：看他也自有父子之親；有牝牡，便是有夫婦；有大小，便是有兄弟；就他同類中各有羣衆，便是有朋友；亦有主腦，便是有君臣。只緣本來都是天地所生，共這根蔕，所以大率多同。聖賢出來撫臨萬物，各因其性而導之。如昆蟲草木，未嘗不順其性，如取之以時，用之有節：當春生時『不殀夭，不覆巢，不殺胎；草木零落，然後入山林；獺祭魚，然後虞人入澤梁；豺祭獸，然後田獵』。所以能使萬物各得其所者，惟是先知得天地本來生生之意。」賀孫。

問大學。曰：「看聖賢説話，所謂坦然若大路然。緣後來人説得崎嶇，所以聖賢意思難見。」賀孫。

聖賢形之於言，所以發其意。後人多因言而失其意，又因注解而失其主。凡觀書，且先求其意，有不可曉，然後以注通之。如看大學，先看前後經亦自分明，然後看傳。可學。

大學諸傳，有解經處，有只引經傳贊揚處。其意只是提起一事，使人讀著常惺惺地。道夫。

伊川舊日教人先看大學，那時未有解説，想也看得鶻突。而今看注解，覺大段分曉了，只在子細去看。賀孫。

「看大學，且逐章理會。須先讀本文，念得，次將章句來解本文，又將或問來參章句。須逐一令記得，反覆尋究，待他浹洽。既逐段曉得，將來統看温尋過，這方始是。須是靠他這心，若一向靠寫底，如何得。」又曰：「只要熟，不要貪多。」道夫。

聖人不令人懸空窮理，須要格物者，是要人就那上見得道理破，便實。只如大學一書，有正經，有注解，有或問。看來看去，不用或問，只看注解便了；久之，又只看正經便了；又久之，自有一部大學在我胸中，而正經亦不用矣。然不用某許多工夫，亦看某底不出；不用聖賢許多工夫，亦看聖賢底不出。大雅。

或問：「大學解已定否？」曰：「據某而今自謂穩矣。只恐數年後又見不穩，這箇不由自家。」問中庸解。曰：「此書難看。大學本文未詳者，某於或問則詳之。此書在章句，其或問中皆是辨諸家説理未必是。有疑處，皆以『蓋』言之。」淳。

大學章句次第得皆明白易曉，不必或問。但致知、格物與誠意較難理會，不得不明辨之耳。人傑。

子淵問大學或問。曰：「且從頭逐句理會，到不通處，却看章句。或問乃注脚之注脚，亦不必深理會。」賀孫。

「學者且去熟讀大學正文了，又子細看章句。或問未要看，俟有疑處，方可去看。」又曰：「某解書不合太多。又先準備學者，爲他設疑説了。他未曾疑到這上，先與説了，所以致得學者看得容易了。聖人云：『不憤不啓，不悱不發。舉一隅不以三隅反，則不復也。』須是教他疑三朝五日了，方始與説他，便通透。更與從前所疑慮，也會因此觸發，工夫都在許多思慮不透處。而今却是看見成解底，都無疑了。吾儒與老莊學皆無傳，惟有釋氏常有人。蓋他一切辨得不説，都待别人自去敲磕，自有箇通透處。只是吾儒又無這不説底，若如此，少間差異了。」又曰：「解文字，下字最難。某解書所以未定，常常更改者，只爲無那恰好底字子。把來看，又見不穩當，又著改幾字。所以橫渠説命辭爲難。」賀孫。

某作或問，恐人有疑，所以設此，要他通曉。而今學者未有疑，却反被這箇生出疑。賀孫。

或問朱敬之：「有異聞乎？」曰：「平常只是在外面聽朋友問答，或時裏面亦只説某病痛處得。」一日，教看大學，曰：「我平生精力盡在此書。先須通此，方可讀書。」賀孫。

某於大學用工甚多。温公作通鑑，言：「臣平生精力，盡在此書。」某於大學亦然。論、孟、中庸，却不費力。友仁。

大學一日只看二三段時，便有許多修處。若一向看去，便少。不是少，只是看得草草。

某解注書，不引後面説來證前説，却引前説去證後説。蓋學者方看此，有未曉處，又引他處，只見難曉。大學都是如此。僩。

説大學啓蒙畢，因言：「某一生只看得這兩件文字透，見得前賢所未到處。若使天假之年，庶幾將許多書逐件看得恁地，煞有工夫。」賀孫。

序

亞夫問：「大學序云：『既與之以仁義禮智之性，又有氣質之禀。』所謂氣質，便是剛柔、强弱、明快、遲鈍等否？」曰：「然。」又云：「氣，是那初禀底；質，是成這模樣了底，如金之鑛、木之萌芽相似。」又云：「只是一箇陰陽五行之氣，滚在天地中，精英者爲人；渣滓者爲物；精英之中又精英者，爲聖，爲賢；精英之中渣滓者，爲愚，爲不肖。」恪。

問：「『一有聰明睿智能盡其性者，則天必命之以爲億兆之君師』，何處見得天命處？」曰：「此也如何知得。只是才生得一箇恁地底人，定是爲億兆之君師，便是天命之也。他既有許多氣魄才德，決不但已，必統御億兆之衆，人亦自是歸他。如三代已前聖人都是如此。及至孔子，方不然。然雖不爲帝王，也閑他不得，也做出許多事來，以教天下後世，是亦天命也。」僩。

問：「『天必命之以爲億兆之君師』，天如何命之？」曰：「只人心歸之，便是命。」問：「孔子如何不得命？」曰：「中庸云『大德必得其位』，孔子却不得。氣數之差至此極，故不能反。」可學。

問「繼天立極」。曰：「天只生得許多人物，與你許多道理。然天却自做不得，所以生得聖人爲之修道立教，以教化百姓，所謂『裁成天地之道，輔相天地之宜』是也。蓋天做不得底，却須聖人爲他做也。」僩。

問：「『各俛焉以盡其力。』下此『俛』字何謂？」曰：「『俛』字者，乃是刺著頭，只管做將去底意思。」友仁。

問：「外有以極其規模之大，内有以盡其節目之詳。」曰：「這个須先識得外面一个規模如此大了，而内做工夫以實之。所謂規模之大，凡人爲學，便當以『明明德，新民，止於至善』，及『明明德於天下』爲事，不成只要獨善其身便了。須是志於天下，所謂『志伊尹之所志，學顔子之所學也』。所以大學第二句便説『在新民』。」僩。

明德，新民，便是節目；止於至善，便是規模之大。道夫。

仁甫問：「釋氏之學，何以説爲『高過於大學而無用』？」曰：「吾儒更著讀書，逐一就事物上理會道理。他便都掃了這个，他便恁地空空寂寂，恁地便道事都了。只是無用。德行道藝，藝是一个至末事，然亦皆有用。釋氏若將些子事付之，便都没奈何。」又曰：「古人志道，據德，而游於藝：禮樂射御書數，數尤爲最末事。若而今行經界，則算法亦甚有用。若時文整篇整卷，要作何用耶！徒然壞了許多士子精神。」賀孫。

經上

大學首三句說一箇體統，用力處却在致知、格物。端蒙。

天之賦於人物者謂之命，人與物受之者謂之性，主於一身者謂之心，有得於天而光明正大者謂之明德。敬仲。以下明明德。

或問：「明德便是仁義禮智之性否？」曰：「便是。」

或問：「所謂仁義禮智是性，明德是主於心而言？」曰：「這个道理在心裏光明照徹，無一毫不明。」

明德是指全體之妙，下面許多節目，皆是靠明德做去。

「明明德」，明只是提撕也。士毅。

學者須是爲己。聖人教人，只在大學第一句「明明德」上。以此立心，則如今端己斂容，亦爲己也；讀書窮理，亦爲己也；做得一件事是實，亦爲己也。聖人教人持敬，只是須著從這裏說起。其實若知爲己後，即自然著敬。方子。

「明明德」乃是爲己工夫。那个事不是分內事？明德在人，非是從外面請入來底。蓋卿。

爲學只「在明明德」一句。君子存之，存此而已；小人去之，去此而已。一念竦然，自覺其非，便是明之之端。儒用。

大學「在明明德」一句，當常常提撕。能如此，便有進步處。蓋其原自此發見。人只一心爲本。存得此心，於事物方知有脈絡貫通處。季札。

「在明明德」，須是自家見得這物事光明燦爛，常在目前，始得。如今都不曾見得。須是勇猛著起精神，拔出心肝與它看，始得！正如人跌落大水，浩無津涯，須是勇猛奮起這身，要得出來，始得！而今都只汎汎聽他流將去。

或以「明明德」譬之磨鏡。曰：「鏡猶磨而後明。若人之明德，則未嘗不明。雖其昏蔽之極，而其善端之發，終不可絕。但當於其所發之端，而接續光明之，令其不昧，則其全體大用可以盡明。且如人知己德之不明而欲明之。只這知其不明而欲明之者，便是明德，就這裏便明將去。」僩。

「明明德」，如人自云，天之所與我，未嘗昏。只知道不昏，便不昏矣。僩。

「明明德」，是明此明德，只見一點明，便於此明去。正如人醉醒，初間少醒，至於大醒，亦只是一醒。學者貴復其初，至於已到地位，則不著个「復」字。可學。

問「明明德」。曰：「人皆有个明處，但爲物欲所蔽，剔撥去了。只就明處漸明將去。

然須致知、格物，方有進步處，識得本來是甚麽物。」季札。

明德未嘗息，時時發見於日用之間。如見非義而羞惡，見孺子入井而惻隱，見尊賢而恭敬，見善事而歎慕，皆明德之發見也。如此推之，極多。但當因其所發而推廣之。僩。

明德，謂得之於己，至明而不昧者也。如父子則有親，君臣則有義，夫婦則有别，長幼則有序，朋友則有信，初未嘗差也。苟或差焉，則其所得者昏，而非固有之明矣。履孫。

人本來皆具此明德，德内便有此仁義禮智四者。只被外物汩没了不明，便都壞了。所以大學之道，必先明此明德。若能學，則能知覺此明德，常自存得，便去刮剔，不爲物欲所蔽。推而事父孝，事君忠，推而齊家、治國、平天下，皆只此理。大學一書，若理會得這一句，便可迎刃而解。椿。

明德，也且就切近易見處理會，也且慢慢自見得，如何一日便都要識得！如出必是告，反必是面，昏定晨省，必是昏定晨省，這易見。「徐行後長者謂之弟，疾行先長者謂之不弟」，這也易見，有甚不分明。如「九族既睦」，是堯一家之明德；「百姓昭明」，是堯一國之明德；「黎民於變時雍」，是堯天下之明德。如「博弈好飲酒，不顧父母之養」，是不孝；到能昏定晨省，冬温夏清，可以爲孝。然而「從父之令」，今看孔子説，却是不孝。須是知父之命當從，也有不可從處。蓋「與其得罪於鄉黨州閭，寧熟諫」。「諭父母於道」，方是孝。賀孫。

曾興宗問：「如何是『明明德』？」曰：「明德是自家心中具許多道理在這裏。本是个明底物事，初無暗昧，人得之則爲德。如惻隱、羞惡、辭讓、是非，是從自家心裏出來，觸著那物，便是那个物出來，何嘗不明。緣爲物欲所蔽，故其明易昏。如鏡本明，被外物點汙，則不明了。少間磨起，則其明又能照物。」又云：「人心惟定則明。所謂定者，非是定於這裏，全不修習，待他自明。惟是定後，却好去學。看來看去，久後自然徹。」又有人問：「自覺胸中甚昧。」曰：「這明德亦不甚昧。如適來説惻隱、羞惡、辭遜、是非等，此是心中元有此等物。發而爲惻隱，這便是仁；發而爲羞惡，這便是義；發而爲辭遜、是非，便是禮、智。看來這个亦不是甚昧，但恐於義理差互處有似是而非者，未能分別耳。且如冬温夏凊爲孝，人能冬温夏凊，這便是孝。至如子從父之令，本似孝，孔子却以爲不孝。與其得罪於鄉閭，不若且諫父之過，使不陷於不義，這處方是孝。恐似此處，未能大故分別得出，方昧。且如齊宣王見牛之觳觫，便有不忍之心，欲以羊易之。這便見惻隱處，只是見不完全。及到『興甲兵，危士臣』處，便欲快意爲之。是見不精確，不能推愛牛之心而愛百姓。只是心中所見所好如此，且恁地做去。又如胡侍郎讀史管見，其爲文字與所見處甚好，到他自做處全相反。不知是如何，却似是兩人做事一般，前日所見是一人，今日所行又是一人。是見不真確，致得如此。」卓。

或問：「『明明德』，是於静中本心發見，學者因其發見處從而窮究之否？」曰：「不特是静，雖動中亦發見。孟子將孺子將入井處來明這道理。蓋赤子入井，人所共見，能於此發端處推明，便是明。蓋人心至靈，有什麽事不知，有什麽事不曉，有什麽道理不具在這裏。何緣有不明？爲是氣禀之偏，又爲物欲所亂。如目之於色，耳之於聲，口之於味，鼻之於臭，四肢之於安佚，所以不明。然而其德本是至明物事，終是遮不得，必有時發見。便教至惡之人，亦時乎有善念之發。學者便當因其明處下工夫，一向明將去。致知、格物，皆是事也。且如今人做得一件事不是，有時都不知，便是昏處；然有時知得不是，這个便是明處。孟子發明赤子入井。蓋赤子入井出於倉猝，人都主張不得，見之者莫不有怵惕惻隱之心。」又曰：「人心莫不有知，所以不知者，但氣禀有偏，故知之有不能盡。所謂致知者，只是教他展開使盡。」又曰：「看大學，先將經文看教貫通。如看或問，須全段相參酌，看教他貫通，如看了隻手，將起便有五指頭，始得。今看或問，只逐些子看，都不貫通，如何得？」子蒙。

或問「明明德」云云。曰：「不消如此説，他那注得自分曉了。只要你實去體察，行之於身。須是真个明得這明德是怎生地明，是如何了得它虚靈不昧。須是真个不昧，具得衆理，應得萬事。只恁地說，不濟得事。」又曰：「如格物、致知、誠意、正心、修身五者，皆『明明德』事。格物、致知，便是要知得分明；誠意、正心、修身，便是要行得分明。若是格物、致知有所未盡，便是知得這明德未分明；意未盡誠，便是這德有所未明；心有不正，則德有所未明；身有不修，則德有所未明。須是意不可有頃刻之不誠，心不可有頃刻之不正，身不可有頃刻之不修，這明德方常明。」問：「所謂明德，工夫也只在讀書上？」曰：「固是在讀書上。然亦不專是讀書，事上也要理會。書之所載者，固要逐件理會。也有書所不載，而事上合當理會者；也有古所未有底事，而今之所有當理會者，極多端。」僩。燾録別出。

問：「或謂『虛靈不昧』，是精靈底物事；『具衆理』，是精靈中有許多條理；『應萬事』，是那條理發見出來底。」曰：「不消如此解說。但要識得這明德是甚物事，便切身做工夫，去其氣稟物欲之蔽。能存得自家個虛靈不昧之心，足以具衆理，可以應萬事，便是明得自家明德了。若只是解說『虛靈不昧』是如何，『具衆理』是如何，『應萬事』又是如何，却濟得甚事！」又問：「明之之功，莫須讀書爲要否？」曰：「固是要讀書。然書上有底，便可就書理會；若書上無底，便著就事上理會；若古時無底，便著就而今理會。蓋所謂明德者，只是一個光明底物事。如人與我一把火，將此火照物，則無不燭。自家若滅息著，便是暗了明德；能吹得著時，又是明其明德。所謂明之者，致知、格物、誠意、正心、修身，皆明之之事，五者不可闕一。若闕一，則德有所不明。蓋致知、格物，是要知得分明；誠意、正心、修身，是要行得分明。然既明其明德，又要功夫無間斷，使無時而不明，方得。若知有一之不盡，物有一之未窮，意有頃刻之不誠，心有頃刻之不正，身有頃刻之不修，則明德又暗了。惟知無不盡，物無不格，意無不誠，心無不正，身無不修，即是盡明明德之功夫也。」燾。

問：「大學注言：『其體虛靈而不昧，其用鑒照而不遺。』此二句是說心？說德？」曰：「心、德皆在其中，更子細看。」又問：「德是心中之理否？」曰：「便是心中許多道理，光明鑒照，毫髮不差。」寓。按：注是舊本。

「明德者，人之所得乎天，而虛靈不昧，以具衆理而應萬事者也。」禪家則但以虛靈不昧者爲性，而無以具衆理以下之事。僩。

問：「『學者當因其所發而遂明之』，是如何？」曰：「人固有理會得處，如孝於親，友於弟；如水之必寒，火之必熱，不可謂他不知。但須去致極其知，因那理會得底，推之於理會不得底，自淺以至深，自近以至遠。」又曰：「因其已知之理而益窮之，以求至乎其極。」廣。

問：「『大學之道，在明明德』，此『明德』，莫是『天生德於予』之『德』？」曰：「莫如此問，只理會明德是我身上甚麽物事。某若理會不得，便應公『是「天生德於予」之「德」』，公便兩下都理會不得。且只就身上理會，莫又引一句來問。如此，只是紙上去討。」又曰：「此明德是天之予我者，莫令汙穢，當常常有以明之。」驤。

問：「『明明德』意思，以平旦驗之，亦見得於天者未嘗不明？」曰：「不要如此看。且就明德上説，如何又引別意思證？讀書最不要如此。」賀孫遂就明德上推説。曰：「須是更仔細，將心體驗。不然，皆是閑説。」賀孫。

傅敬子説「明明德」。曰：「大綱也是如此。只是説得恁地孤單，也不得。且去子細看。聖人説這三句，也且大概恁地説，到下面方説平天下至格物八者，便是明德新民底工夫。就此八者理會得透徹，明德、新民都在這裏。而今且去子細看，都未要把自家言語意思去攙他底。公説胸中有箇分曉底，少間捉摸不著，私意便從這裏生，便去穿鑿。而今且去熟看那解，看得細字分曉了，便曉得大字，便與道理相近。道理在那無字處自然見得。而今且説格物這箇事理，當初甚處得來？如今如何安頓它？逐一只是虛心去看萬物之理，看日用常行之理，看聖賢所言之理。」夔。

明德，謂本有此明德也。「孩提之童，無不知愛其親；及其長也，無不知敬其兄。」其良知、良能，本自有之，只爲私欲所蔽，故暗而不明。所謂「明明德」者，求所以明之也。譬如鏡焉：本是箇明底物，緣爲塵昏，故不能照；須是磨去塵垢，然後鏡復明也。「在新民」，明德而後能新民。德明。以下明德新民。

或問：「明德新民，還須自家德十分明後，方可去新民？」曰：「不是自家德未明，便都不管著別人，又不是硬要去新他。若大段新民，須是德十分明，方能如此。若小小效驗，自是自家這裏如此，他人便自觀感。『一家仁，一國興仁；一家讓，一國興讓』，自是如此。」子蒙。

問：「明德新民，在我有以新之。至民之明其明德，却又在它？」曰：「雖説是明己德，新民德，然其意自可參見。『明明德於天下』，自新以新其民，可知。」寓。

蜚卿問：「新民，莫是『修道之謂教』，有以新之否？」曰：「『道之以德』，是『明明德』；『齊之以禮』，是以禮新民，也是『修道之謂教』。有禮樂、法度、政刑，使之去舊汙也。」驤。

至善，只是十分是處。賀孫。以下止至善。

至善，猶今人言極好。方子。

凡曰善者，固是好。然方是好事，未是極好處。必到極處，便是道理十分盡頭，無一毫不盡，故曰至善。僩。

至善是極好處。且如孝：冬温夏凊，昏定晨省，雖然是孝底事，然須是能「聽於無聲，視於無形」，方始是盡得所謂孝。履孫。

至善是个最好處。若十件事做得九件是，一件不盡，亦不是至善。震。

說一箇「止」字，又說一箇「至」字，直是要到那極至處而後止，故曰「君子無所不用其極」也。德明。

善，須是至善始得，如通書「純粹至善」，亦是。泳。

問：「『必至於是而不遷』，如何？」曰：「未至其地，則求其至；既至其地，則不當遷動而之它也。」德明。

問：「『止於至善』，向承教，以爲君止於仁，臣止於敬，各止其所而行其所止之道。知此而能定。今日先生語竇文卿，又云：『「坐如尸」，坐時止也；「立如齊」，立時止也。』豈以自君臣父子推之於萬事，無不各有其止？」曰：「固然。『定公問君使臣，臣事君。子曰：「君使臣以禮，臣事君以忠。」』君與臣，是所止之處；禮與忠，是其所止之善。又如『視思明，聽思聰，色思温，貌思恭』之屬，無不皆然。」德明。

問至善。先生云：「事理當然之極也。」「恐與伊川說『艮其止，止其所也』之義一同。謂有物必有則，如父止於慈，子止於孝，君止於仁，臣止於敬，萬物庶事莫不各有其所。得其所則安，失其所則悖。所謂『止其所』者，即止於至善之地也。」曰：「只是要如此。」卓。

或問：「何謂明德？」曰：「我之所得以生者，有許多道理在裏，其光明處，乃所謂明德也。『明明德』者，是直指全體之妙。下面許多節目，皆是靠明德做去。」又問：「既曰明德，又曰至善，何也？」曰：「明得一分，便有一分；明得十分，便有十分；明得二十分，乃是極至處也。」又曰：「明德是下手做，至善是行到極處。」又曰：「至善雖不外乎明德，然明德亦有略略明者，須是止於那極至處。」銖。以下明德止至善。

大學只前面三句是綱領。如「孩提之童，無不知愛其親；及其長也，無不知敬其兄」，此良心也。良心便是明德，止是事事各有个止處。如「坐如尸，立如齊」，坐、立上須得如此，方止得。又如「視思明」以下，皆「止於至善」之意。大學須自格物入，格物從敬入最好。只敬，便能格物。敬是個瑩徹底物事。今人却塊坐了，相似昏倦，要須提撕著，提撕便敬；昏倦便是肆，肆便不敬。德明。

問：「明德、至善，莫是一个否？」曰：「至善是明德中有此極至處。如君止於仁，臣止於敬，父止於慈，子止於孝，與國人交止於信，此所謂『在止於至善』。只是又當知如何而爲止於仁，如何而止於敬，如何而止於慈孝，與國人交之信。這裏便用究竟一个下工夫處。」景紹曰：「止，莫是止於此而不過否？」曰：「固是。過與不及，皆不濟事。但仁敬慈孝，誰能到得這裏？聞有不及者矣，未聞有過於此者也。如舜之命契，不過是欲使『父子有親，君臣有義，夫婦有別，長幼有序，朋友有信』，只是此五者。至於後來聖賢千言萬語，只是欲明此而已。這个道理，本是天之所以與我者，不爲聖賢而有餘，不爲愚不肖而不足。但其間節目，須當講學以明之，此所以讀聖賢之書，須當知他下工夫處。今人只據他説一兩字，便認以爲聖賢之所以爲聖賢者止此而已，都不窮究著實，殊不濟事。且如論語相似：讀『學而時習之』，須求其所謂學者如何？如何謂之時習？既時習，如何便能説？『有朋自遠方來』，朋友因甚而來自遠方？我又何自而樂？須著一一與他考究。似此用工，初間雖覺得生受費力，久後讀書甚易爲工，却亦濟事。」道夫。

「明明德」是知，「止於至善」是守。夫子曰：「知及之，仁能守之。」聖賢未嘗不爲兩頭底説話。如中庸所謂「擇善固執」，擇善，便是理會知之事；固執，便是理會守之事。至書論堯之德，便説「欽明」，舜便説「濬哲文明，温恭允塞」。欽，是欽敬以自守；明，是其德之聰明。「濬哲文明」，便有知底道理；「温恭允塞」，便有守底道理。此條所録恐有誤。道夫。

問：「新民如何止於至善？」曰：「事事皆有至善處。」又曰：「『善』字輕，『至』字重。」節。以下新民止至善。

問：「新民止於至善，只是要民修身行己，應事接物，無不曲當？」曰：「雖不可使知之，亦當使由之，不出規矩準繩之外。」節。

「止於至善」，是包「在明明德，在新民」。己也要止於至善，人也要止於至善。蓋天下只是一个道理，在他雖不能，在我之所以望他者，則不可不如是也。道夫。以下明德、新民、至善。

明德、新民，二者皆要至於極處。明德，不是只略略地明德便了；新民，不是只略略地新得便休，須是要止於極至處。賀孫。

問：「至善，不是明德外別有所謂善，只就明德中到極處便是否？」曰：「是。明德中也有至善，新民中也有至善，皆要到那極處。至善，隨處皆有。修身中也有至善，必要到那盡處；齊家中也有至善，亦要到那盡處。至善，只是以其極言，不特是理會到極處，亦要做到極處。如『爲人君，止於仁』，固是一个仁，然仁亦多般，須是隨處看。如這事合當如此，是仁；那一事又合當如彼，亦是仁。若不理會，只管執一，便成一邊去。如『爲人臣，止於敬』，敬亦有多少般，不可只道擎跽曲拳便是敬。如盡忠不欺，陳善閉邪，納君無過之地，皆是敬，皆當理會。若只執一，亦成一邊去，安得謂之至善！至善只是些子恰好處。韓文公謂『軻之死不得其傳』。自秦漢以來豈無人！亦只是無那至善，見不到十分極好處，做亦不做到十分極處。」淳。寓同。

明德，是我得之於天，而方寸中光明底物事。統而言之，仁義禮智；以其發見而言之，如惻隱、羞惡之類；以其見於實用言之，如事親、從兄是也。如此等德，本不待自家明之。但從來爲氣禀所拘，物欲所蔽，一向昏昧，更不光明。而今却在挑剔揩磨出來，以復向來得之於天者，此便是「明明德」。我既是明得个明德，見他人爲氣禀物欲所昏，自家豈不惻然欲有以新之，使之亦如我挑剔揩磨，以革其向來氣禀物欲之昏而復其得之於天者？此便是「新民」。然明德、新民，初非是人力私意所爲，本自有一箇當然之則，過之不可，不及亦不可。且以孝言之，孝是明德，然亦自有當然之則。不及則固不是，若是過其則，必有刲股之事。須是要到當然之則田地而不遷，此方是「止於至善」。泳

明德、新民，皆當止於至善。不及於止，則是未當止而止；當止而不止，則是過其所止；能止而不久，則是失其所止。僩。

「明德新民，皆當止於極好處。止之爲言，未到此便住，不可謂止；到得此而不能守，亦不可言止。止者，止於是而不遷之意。」或問：「明明德是自己事，可以做得到極好處。若新民則在人，如何得他到極好處？」曰：「且教自家先明得盡，然後漸民以仁，摩民以義，如孟子所謂『勞之，來之，匡之，直之，輔之，翼之，又從而振德之』。如此變化他，自然解到極好處。」銖。

或問：「明德可以止於至善，新民如何得他止於至善？」曰：「若是新民而未止於至

善，亦是自家有所未到。若使聖人在上，便自有个處置。」又問：「夫子非不明德，其歷諸國，豈不欲春秋之民皆止於至善？到他不從，聖人也無可奈何。」曰：「若使聖人得位，則必須綏來動和。」又云：「此是說理，理必須是如此。且如『致中和，天地位，萬物育』。然堯有九年之水，想有多少不育之物。大德必得名位祿壽也，豈箇箇如此！只是理必如此。」胡泳。

明明德，便要如湯之日新；新民，便要如文王之「周雖舊邦，其命維新」，各求止於至善之地而後止也。德明。

欲新民，而不止於至善，是「不以堯之所以治民者治民」也。明明德，是欲去長安；止於至善，是已到長安也。拱壽。

劉源問「知止而後有定」。曰：「此一節，只是說大概效驗如此。『在明明德，在新民，在止於至善』，却是做工夫處。」雉。以下知止有定。

「在止於至善」。至者，天理人心之極致。蓋其本於天理，驗於人心，即事即物而無所不在。吾能各知其止，則事事物物莫不各有定理，而分位、界限爲不差矣。端蒙。

須是灼然知得物理當止之處，心自會定。砥。

問：「『知止而後有定』，須是物格、知至以後，方能如此。若未能物格、知至，只得且隨所知分量而守之否?」曰:「物格、知至也無頓斷。都知到盡處了,方能知止有定。只這一事上知得盡,則此一事便知得當止處。無緣便要盡底都曉得了,方知止有定。不成知未到盡頭,只恁地鶻突獃在這裏,不知个做工夫處!這箇各隨人淺深。固是要知到盡處方好,只是未能如此,且隨你知得者,只管定去。如人行路,今日行得這一條路,則此一條路便知得熟了,便有定了。其它路皆要如此知得分明。所以聖人之教,只要人只管理會將去。」又曰:「這道理無它,只怕人等待。事到面前,便理會得去做,無有不得者。只怕等待,所以說:『需者,事之賊也!』」又曰:「『需者,事之賊也!』若是等待,終誤事去。」又曰:「事事要理會。便是人說一句話,也要思量他怎生如此說;做一篇没緊要文字,也須思量他怎生如此做。」僩。

「知止而後有定」,須是事事物物都理會得盡,而後有定。若只理會得一事一物,明日別有一件,便理會不得。這箇道理須是理會得五六分以上,方見得這邊重,那邊輕,後面便也易了。而今未理會到半截以上,所以費力。須是逐一理會,少間多了,漸會貫通,兩箇合做一箇,少間又七八箇合做一箇,便都一齊通透了。伊川說「貫通」字最妙。若不是他自會如此,如何說出這字!賀孫。

「知止而後有定」,必謂有定,不謂能定,故知是物有定說。振。

未知止，固用做工夫，但費把捉。已知止，則爲力也易。僩。

定亦自有淺深：如學者思慮凝定，亦是定；如道理都見得徹，各止其所，亦是定。只此地位已高。端蒙。

問「定而後能静」。曰：「定，是見得事事物物上千頭百緒皆有定理；静，只就自家一箇心上説。」賀孫。以下定静。

定以理言，故曰有；静以心言，故曰能。義剛。

定是理，静在心。既定於理，心便會静。若不定於理，則此心只是東去西走。泳。

問：「章句云：『外物不能摇，故静。』舊説又有『異端不能惑』之語。竊謂將二句參看，尤見得静意。」曰：「此皆外來意。凡立説須寛，方流轉，不得局定。」德明。

問：「大學之静與伊川『静中有動』之『静』，同否？」曰：「未須如此説。如此等處，未到那裏，不要理會。少頃都打亂了，和理會得處，也理會不得去。」士毅。

問「静而後能安」。曰：「安，只是無䠊卼之意。才不紛擾，便安。」問：「如此，則静與安無分別。」曰：「二字自有淺深。」德明。以下静安。

問：「『安，謂所處而安。』莫是把捉得定時，處事自不爲事物所移否？」曰：「這箇本是一意。但静是就心上説，安是就身上説。而今人心才不静時，雖有意去安頓那物事，自是不安。若是心静，方解去區處，方解穩當。」義剛。

既静，則外物自然無以動其心；既安，則所處而皆當。看打做那裏去，都移易他不得。道夫。

問：「『静而後能安』，是在貧賤、在患難皆安否？」曰：「此心若不静，這裏坐也坐不得，那裏坐也坐不得。」寓。

能安者，以地位言之也。在此則此安，在彼則彼安；在富貴亦安，在貧賤亦安。節。

問：「知止章中所謂定、静、安，終未深瑩。」曰：「知止，只是識得一箇去處。既已識得，即心中便定，更不他求。如求之彼，又求之此，即是未定。『定而後能静，静而後能安』，亦相去不遠，但有深淺耳。與中庸動、變、化相類，皆不甚相遠。」問：「先生於此段詞義，望加詳數語，使學者易曉。」曰：「此處亦未是緊切處，其他亦無可説。」德明。定、静、安。

定、静、安頗相似。定，謂所止各有定理；静，謂遇物來能不動；安，謂隨所寓而安，蓋深於静也。去僞。

定、静、安三字大略相類。然定是心中知「爲人君止於仁，爲人臣止於敬」。心下有箇定理，便别無膠擾，自然是静。如此，則隨所處而安。𥨊。

知止而後有定，如行路一般。若知得是從那一路去，則心中自是定，更無疑惑。既無疑惑，則心便静；心既静，便貼貼地，便是安。既安，則自然此心專一，事至物來，思慮自無不通透。若心未能静安，則總是胡思亂想，如何是能慮！賀孫。知止、定、静、安、慮。

定，對動而言。初知所止，是動底方定，方不走作，如水之初定。静則定得來久，物不能撓，處山林亦静，處廛市亦静。安，則静者廣，無所適而不安。静固安，動亦安，看處甚事皆安然不撓。安然後能慮。今人心中摇漾不定疊，還能處得事否？慮者，思之精審也。人之處事，於叢冗急遽之際而不錯亂者，非安不能。聖人言雖不多，推出來便有許多説話，在人細看之耳。僩。

問「安而後能慮」。曰：「先是自家心安了，有些事來，方始思量區處得當。今人先是自家這裏鶻突了，到事來都區處不下。既欲爲此，又欲若彼；既欲爲東，又欲向西，便是不能慮。然這也從知止説下來。若知其所止，自然如此，這却不消得工夫。若知所止，如火之必熱，如水之必深，如食之必飽，飲之必醉。若知所止，便見事事決定是如此，決定著做到如此地位，欠闕些子，便自住不得。如説『事父母能竭其力，事君能致其身』，人多會説得，只是不曾見得決定著竭其力處，決定著致其身處。若決定見得著如此，看如何也須要到竭其力處，須要到致其身處。且如事君，若不見得決定著致其身，則在内親近，必不能推忠竭誠，有犯無隱；在外任使，必不能展布四體，有殞無二。『無求生以害仁，有殺身以成仁。』這若不是見得到，如何會恁地！」賀孫。知止、安、慮。

李德之問：「『安而後能慮。』既首言知止矣，如何於此復説能慮？」曰：「既知此理，更須是審思而行。且如知孝於事親，須思所以爲事親之道。」又問：「『知至而後意誠』，如何知既盡後，意便能實？」先生指燈臺而言：「如以燈照物，照見處所見便實，照不見處便有私意，非真實。」又問：「持敬、居敬如何？」曰：「且如此做將去，不須先安排下樣子，後却旋求來合。」蓋卿。

子升問：「知止與能慮，先生昨以比易中深與幾。或問中却兼下『極深研幾』字，覺未穩。」曰：「當時下得也未仔細。要之，只著得『研幾』字。」木之。

李約之問「安而後能慮」。曰：「若知至了，及臨時不能慮，則安頓得不恰好。且如知得事親當孝，也知得恁地是孝。及至事親時不思慮，則孝或不行，而非孝者反露矣。」學蒙。安、慮。

問「安而後能慮」。曰：「若不知此，則自家先已紛擾，安能慮！」德明。

能安者，隨所處而安，無所擇地而安。能慮，是見於應事處能慮。節。

慮，是思之重複詳審者。方子。

慮，是研幾。閎祖。

問：「到能得處，學之工夫盡否？」曰：「在己之功亦備矣。又要『明明德於天下』，不止是要了自家一身。」淳。得。

因説知止至能得，上云「止於至善」矣，此又提起來説。言能知止，則有所定；有所定，則知其理之確然如是。一定，則不可移易，任是千動萬動，也動摇他不得。既定，則能静；静，則能安；安，則能慮；慮，則能得其所止之實矣。卓。知止至能得。

知止至能得，蓋才知所止，則志有定向；才定，則自能静；静，則自能安；安，則自能慮；慮，則自能得。要緊在能字。蓋滔滔而去，自然如此者。慮，謂會思量事。凡思天下之事，莫不各得其當，是也。履孫。

知止，只是先知得事理如此，便有定。能静，能安，及到事來，乃能慮。能字自有道理。是事至物來之際，思之審，處之當，斯得之矣。夔孫。

問：「據知止，已是思慮了，何故静、安下復有箇『慮』字？既静、安了，復何所慮？」曰：「知止，只是先知得事理如此，便有定。能静能安，及到事至物來，乃能慮。『能』字自有意思。謂知之審而後能慮，慮之審而後能得。」賜。

或問定静安慮四節。曰：「物格、知至，則天下事事物物皆知有箇定理。定者，如寒之必衣，飢之必食，更不用商量。所見既定，則心不動摇走作，所以能静。既静，則隨所處而安。看安頓在甚處，如處富貴、貧賤、患難，無往而不安。静者，主心而言；安者，主身與事而言。若人所見未定，則心何緣得静？心若不静，則既要如彼，又要如此，身何緣得安？能慮，則是前面所知之事到得，會行得去。如平時知得爲子當孝，爲臣當忠，到事親事君時，則能思慮其曲折精微而得所止矣。」胡泳。

琮曰「上面已自知止，今慮而得者，依舊是知底意思」云云。先生曰：「只上面是方知，下面是實得耳。」問：「如此，何用更過定、静、安三箇節目？」曰：「不如此，不實得。」曰：「如此，上面知止處，其實未有知也。通此五句，才做得『致知在格物』一句。」曰：「今人之學，却是敏底不如鈍底。鈍底循循而進，終有得處。敏底只是從頭呼揚將去，只務自家一時痛快，終不見實理。」琮。

問：「定，即心有所向，不至走作，便静；静，便可以慮，何必待安？」曰：「安主事而言，不安便不能思。譬如静坐，有件事來撓，思便不得專一。定、静、安都相似。未到安處，思量未得。知止，是知箇慈，知箇孝。到得時，方是得箇慈、得箇孝底道理。慮，是慮箇如何是慈，如何是孝。」又問：「至於安時，無勉强意思否？」曰：「在貧賤也安，在富貴也安，在這裏也安，在那裏也安。今人有在這裏不安了，在那裏也不會安。心下無理會，如何會去思慮？」問：「章句中『慮謂思無不審』，莫是思之熟否？」曰：「慮是思之周密處。」芝。

王子周問知止至能得。曰：「這數句，只是要曉得知止。不知止，則不能得所止之地。如『定、靜、安』數字，恰如今年二十一歲，來年二十二歲，自是節次如此來，自不可遏。如『在明明德，在新民，在止於至善』這三句，却緊要只是『在止於至善』；而不說知止，則無下工夫處。」震。

游子蒙問：「知止，得止，莫稍有差別否？」曰：「然。知止，如射者之於的；得止，是已中其的。」問：「定、靜、安矣，如之何而復有慮？」曰：「慮是事物之來，略審一審。」劉淮叔通問：「慮與格物致知不相干。」曰：「致知，便是要知父止於慈、子止於孝之類。慮，便是審其如何而爲孝，如何而爲慈。至言仁則當如堯，言孝則當如舜，言敬則當如文王，這方是得止。」子蒙言：「開欲以『明德』之『明』爲如人之失其所有，而一旦復得，以喻之。至『慮』字，則說不得。」曰：「知止而有定，便如人撞著所失，而不用終日營營以求之。定而靜，便如人既不用求其所失，自爾甯靜。靜而安，便如人既知某物在甚處，某物在甚處，心下恬然無復不安。安而慮，便如自家金物都自在這裏，及人來問自家討甚金物，自家也須將上手審一審，然後與之。慮而得，則稱停輕重，皆相當矣。」或又問：「何故知止而定、靜、安了，又復言慮？」曰：「且如『可以予，可以無予；可以取，可以無取；可以死，可以無死』，這上面有幾許商量在。」道夫。

問「知止而後有定」。曰：「須是灼然知得物理當止之處，心自會定。」又問：「上既言知止了，何更待慮而後能得？」曰：「知止是知事事物物各有其理。到慮而後能得處，便是得所以處事之理。知止，如人之射，必欲中的，終不成要射做東去，又要射做西去。慮而後能得，便是射而中的矣。且如人早間知得這事理如此，到晚間心裏定了，便會處置得這事。若是不先知得這道理，到臨事時便脚忙手亂，豈能慮而有得！」問：「未格物以前，如何致力？」曰：「古人這處，已自有小學了。」砥。寓同。

子升問知止、能慮之别。曰：「知止，是知事物所當止之理。到得臨事，又須研幾審處，方能得所止。如易所謂『惟深也，故能通天下之志』，此似知止；『惟幾也，故能成天下之務』，此便是能慮。聖人言語自有不約而同處。」木之説：「如此則知止是先講明工夫，能慮是臨事審處之功。」曰：「固是。」再問：「『知止而后有定』，注謂『知之則志有定向』，或問謂『能知所止，則方寸之間，事事物物皆有定理矣』，語似不同，何也？」曰：「也只一般。」木之。

知止，只是知有這箇道理，也須是得其所止方是。若要得其所止，直是能慮方得。能慮却是緊要。知止，如知爲子而必孝，知爲臣而必忠。能得，是身親爲忠孝之事。若徒知這箇道理，至於事親之際，爲私欲所汩，不能盡其孝；事君之際，爲利禄所汩，不能盡其忠，這便不是能得矣。能慮，是見得此事合當如此，便如此做。道夫。

人本有此理，但爲氣禀物欲所蔽。若不格物、致知，事至物來，七顛八倒。若知止，則有定，能慮，得其所止。節。

問知止至能得。曰：「真箇是知得到至善處，便會到能得地位。中間自是效驗次第如此。學者工夫却在『明明德，新民，止於至善』上。如何要去明明德，如何要去新民，如何要得止於至善，正當理會。知止、能得，這處却未甚要緊。聖人但説箇知止、能得樣子在這裏。」寓。

陳子安問：「知止至能得，其間有工夫否？」曰：「有次序，無工夫。才知止，自然相因而見。只知止處，便是工夫。」又問：「至善須是明德否？」曰：「至善雖不外乎明德，然明德亦有略略明者。須是止那極至處。」銖。

真知所止，則必得所止，雖若無甚間隔，其間亦有少過度處。健步勇往，勢雖必至，然移步亦須略有漸次也。

林子淵問知止至能得。曰：「知與行，工夫須著並到。知之愈明，則行之愈篤；行之愈篤，則知之益明，二者皆不可偏廢。如人兩足相先後行，便會漸漸行得到。若一邊軟了，便一步也進不得。然又須先知得，方行得。所以大學先說致知，中庸說知先於仁、勇，而孔子先說「知及之」。然學問、慎思、明辨、力行，皆不可闕一。賀孫。

問「知止能得」一段。曰：「只是這箇物事，滋長得頭面自各別。今未要理會許多次第，且要先理會箇知止。待將來熟時，便自見得。」先生論看文字，只要虛心濯去舊聞，以來新見。時舉。

黃去私問知止至能得。曰：「工夫全在知止。若能知止，則自能如此。」人傑。

知止至能得，譬如喫飯，只管喫去，自會飽。德明。

問知止至能得。曰：「如人飲酒，終日只是喫酒。但酒力到時，一杯深如一杯。」儒用。

知止至能得，是說知至、意誠中間事。閎祖。

大學章句說靜處，若兼動，即便到「得」地位，所以細分。方。

問：「知與得如何分別？」曰：「知只是方知，得便是在手。」問：「得莫是行所知了時？」曰：「也是如此。」又曰：「只是分箇知與得。知在外，得便在我。」士毅。知、得。

朱子語類卷第十五

大學二

經下

器遠問："致知者，推致事物之理。還當就甚麽樣事推致其理？"曰："眼前凡所應接底都是物。事事都有箇極至之理，便要知得到。若知不到，便都没分明；若知得到，便著定恁地做，更無第二著、第三著。止緣人見道理不破，便恁地苟簡，且恁地做也得，都不做得第一義。"曹問："如何是第一義？"曰："如『爲人君，止於仁；爲人臣，止於敬；爲人子，止於孝』之類，決定著恁地，不恁地便不得。又如在朝，須著進君子，退小人，這是第一義。有功決定著賞，有罪決定著誅。更無小人可用之理，更無包含小人之理。惟見得不破，便道小人不可去，也有可用之理。這都是第二義、第三義，如何會好！若事事窮得盡道理，事事占得第一義，做甚麽剛方正大！且如爲學，決定是要做聖賢，這是第一義，便漸漸有進步處。若便道自家做不得，且隨分依稀做些子，這是見不破。所以說道：『不以舜之所以事堯事君，賊其君者也；不以堯之所以治民治民，賊其民者也。』謂吾身不能者，自賊者也。」賀孫。卓録云：「曹兄問：『格物窮理，須是事事物物上理會？』曰：『也須是如此，但窮理上須是見得十分徹底，窮到極處，須是見得第一著方是，不可只到第三第四著便休了。若窮不得，只道我未窮得到底，只得如此，這是自恕之言，亦非善窮理也。且如事君，便須是「進思盡忠，退思補過」，道合則從，不合則去。也有義不可得而去者，不可不知。』又云：『如「不以舜之所以事堯事君，賊其君者也；不以堯之所以治民治民，賊其民者也」，這皆是極處。』」以下致知。

致知所以求爲真知。真知，是要徹骨都見得透。道夫。

問：「致知莫只是致察否？」曰：「如讀書而求其義，處事而求其當，接物存心察其是非、邪正，皆是也。」寓。

因鄭仲履之問而言曰：「致知乃本心之知。如一面鏡子，本全體通明，只被昏翳了，而今逐旋磨去，使四邊皆照見，其明無所不到。」蓋卿。

致知有甚了期！方。

致知工夫，亦只是且據所已知者，玩索推廣將去。具於心者，本無不足也。

格物者，格，盡也，須是窮盡事物之理。若是窮得三兩分，便未是格物。須是窮盡得到十分，方是格物。賀孫。以下格物，兼論窮理。

居甫問：「格物工夫，覺見不周給。」曰：「須是四方八面去格。」可學。

格物。格，猶至也，如「舜格于文祖」之「格」，是至于文祖處。芝。

問：「格物，還是事未至時格，事既至然後格？」曰：「格，是到那般所在。也有事至時格底，也有事未至時格底。」芝。

格物者，如言性，則當推其如何謂之性；如言心，則當推其如何謂之心，只此便是格物。砥。

窮理格物，如讀經看史，應接事物，理會箇是處，皆是格物。只是常教此心存，莫教他閑没勾當處。公且道如今不去學問時，此心頓放那處？賀孫。

格物，須是從切己處理會去。待自家者已定疊，然後漸漸推去，這便是能格物。道夫。

「格物」二字最好。物，謂事物也。須窮極事物之理到盡處，便有一箇是，一箇非，是底便行，非底便不行。凡自家身心上，皆須體驗得一箇是非。若講論文字，應接事物，各各體驗，漸漸推廣，地步自然寬闊。如曾子三省，只管如此體驗去。德明。

文振問：「物者，理之所在，人所必有而不能無者，何者爲切？」曰：「君臣父子兄弟夫婦朋友，皆人所不能無者。但學者須要窮格得盡。事父母，則當盡其孝；處兄弟，則當盡其友。如此之類，須是要見得盡。若有一毫不盡，便是窮格不至也。」人傑。

格物，莫先於五品。方子。

格物，是窮得這事當如此，那事當如彼。如爲人君，便當止於仁；爲人臣，便當止於敬。又更上一著，便要窮究得爲人君，如何要止於仁；爲人臣，如何要止於敬，乃是。銖。

格物者，格其孝，當考論語中許多論孝；格其忠，必「將順其美，匡救其惡」，不幸而仗節死義。古人愛物，而伐木亦有時，無一些子不到處，無一物不被其澤。蓋緣是格物得盡，所以如此。節。

格物，須真見得決定是如此。爲子豈不知是要孝？爲臣豈不知是要忠？人皆知得是如此。然須當真見得子決定是合當孝，臣決定是合當忠，決定如此做，始得。寓。

如今說格物，只晨起開目時，便有四件在這裏，不用外尋，仁義禮智是也。如才方開門時，便有四人在門裏。僩。

子淵說：「格物，先從身上格去。如仁義禮智，發而爲惻隱、羞惡、辭遜、是非，須從身上體察，常常守得在這裏，始得。」曰：「人之所以爲人，只是這四件，須自認取意思是如何。所謂惻隱者，是甚麽意思？且如赤子入井，一井如彼深峻，入者必死，而赤子將入焉！自家見之，此心還是如何？有一事不善，在自家身上做出，這裏定是可羞；在別人做出，這裏定是惡他。利之所不當得，或雖當得，而吾心有所未安，便要謙遜辭避，不敢當之。以至等閑禮數，人之施於己者，或過其分，便要辭將去，遜與別人，定是如此。事事物物上各有箇是，有箇非，是底自家心裏定道是，非底自家心裏定道非。就事物上看，是底定是是，非底定是非。到得所以是之，所以非之，却只在自家。此四者，人人有之，同得於天者，不待問別人假借。堯舜之所以爲堯舜，也只是這四箇，桀紂本來亦有這四箇。如今若認得這四箇分曉，方可以理會別道理。只是孝有多少樣，有如此爲孝，如此而爲不孝；忠固是忠，有如此爲忠，又有如此而不喚做忠，一一都著斟酌理會過。」賀孫。

問：「格物最難。日用間應事處，平直者却易見。如交錯疑似處，要如此則彼礙，要如彼則此礙，不審何以窮之？」曰：「如何一頓便要格得恁地！且要見得大綱，且看箇大胚模是恁地，方就裏面旋旋做細。如樹，初間且先斫倒在這裏，逐旋去皮，方始出細。若難曉易曉底，一齊都要理會得，也不解恁地。但不失了大綱，理會一重了，裏面又見一重；一重了，又見一重。以事之詳略言，理會一件又一件；以理之淺深言，理會一重又一重。只管理會，須有極盡時。『博學之，審問之，慎思之，明辨之』，成四節次第，恁地方是。」寓。

或問：「格物是學者始入道處，當如何著力？」曰：「遇事接物之間，各須一一去理會始得，不成是精底去理會，粗底又放過了；大底去理會，小底又不問了。如此，終是有欠闕。但隨事遇物，皆一一去窮極，自然分明。」又問：「世間有一種小有才底人，於事物上亦能考究得仔細，如何却無益於己？」曰：「他理會底，聖人亦理會，但他理會底意思不是。彼所爲者，他欲人説，『他人理會不得者，我理會得；他人不能者，我能之』，却不切己也。」又曰：「『文武之道，未墜於地，在人。賢者識其大者，不賢者識其小者，莫不有文武之道焉。』聖人何事不理會，但是與人自不同。」祖道。

傳問：「而今格物，不知可以就吾心之發見理會得否？」曰：「公依舊是要安排，而今只且就事物上格去。如讀書，便就文字上格；聽人説話，便就説話上格；接物，便就接物上格。精粗大小，都要格它。久後會通，粗底便是精，小底便是大，這便是理之一本處。而今只管要從發見處理會。且如見赤子入井，便有怵惕、惻隱之心，這箇便是發了，更如何理會。若須待它自然發了，方理會它，一年都能理會得多少！聖賢不是教人去黑淬淬裏守著。而今且大著心胸，大開著門，端身正坐以觀事物之來，便格它。」夔孫。

世間之物，無不有理，皆須格過。古人自幼便識其具。且如事君事親之禮，鐘鼓鏗鏘之節，進退揖遜之儀，皆目熟其事，躬親其禮。及其長也，不過只是窮此理，因而漸及於天地鬼神日月陰陽草木鳥獸之理，所以用工也易。今人皆無此等禮數可以講習，只靠先聖遺經自去推究，所以要人格物主敬，便將此心去體會古人道理，循而行之。如事親孝，自家既知所以孝，便將此孝心依古禮而行之；事君敬，便將此敬心依聖經所説之禮而行之。一一須要窮過，自然浹洽貫通。如論語一書，當時門人弟子記聖人言行，動容周旋，揖遜進退，至爲纖悉。如鄉黨一篇，可見當時此等禮數皆在。至孟子時，則漸已放棄。如孟子一書，其説已寬，亦有但論其大理而已。僩。

問竇從周：「曾看『格物』一段否？」因言，聖人只説「格物」二字，便是要人就事物上理會。且自一念之微，以至事事物物，若静若動，凡居處飲食言語，無不是事，無不各有箇天理人欲。須是逐一驗過，雖在静處坐，亦須驗箇敬、肆。敬便是天理，肆便是人欲。如居處，便須驗得恭與不恭；執事，便須驗得敬與不敬。有一般人專要就寂然不動上理會，及其應事，却七顛八倒，到了，又牽動他寂然底。又有人專要理會事，却於根本上全無工夫。須是徹上徹下，表裏洞徹。如居仁，便自能由義；由義，便是居仁。「敬以直内」，便能「義以方外」；能「義以方外」，便是「敬以直内」。德明。

才仲問：「格物，是小學已有開明處了，便從大學做將去，推致其極。」曰：「人也不解無箇發明處。才有些發見處，便從此挨將去，漸漸開明。只如一箇事，我才發心道『我要做此事』，只此便是發見開明處了，便從此做將去。五代時，有一將官，年大而不識字。既貴，遂令人於每件物事上書一名字帖之，渠子細看，久之，漸漸認得幾箇字。從此推將去，遂識字。」璘。

問：「格物則恐有外馳之病？」曰：「若合做，則雖治國平天下之事，亦是己事。『周公思兼三王，以施四事。其有不合者，仰而思之，夜以繼日，幸而得之，坐以待旦。』不成也説道外馳！」又問：「若如此，則恐有身在此而心不在此，『視而不見，聽而不聞，食而不知其味』，有此等患。」曰：「合用他處，也著用。」又問：「如此，則不當論内外，但當論合爲與不合爲。」先生頷之。節。

若格物，則雖不能盡知，而事至物來，大者增些子，小者減些子，雖不中，不遠矣。節。

問：「格物工夫未到得貫通，亦未害否？」曰：「這是甚説話！而今學者所以學，便須是到聖賢地位，不到不肯休，方是。但用工做向前去，但見前路茫茫地白，莫問程途，少間自能到。如何先立一箇不解做得便休底規模放這裏了，如何做事！且下手要做十分，到了只做得五六分；下手做五六分，到了只做得三四分；下手做三四分，便無了。且諸公自家裏來到建陽，直到建陽方休。未到建陽，半路歸去，便是不到建陽。聖賢所爲，必不如此。如所謂：『君子鄉道而行，半途而廢。忘身之老也，不知年數之不足也，俛焉日有孳孳，斃而後已！』又曰：『舜爲法於天下，可傳於後世，我由未免爲鄉人也，是則可憂也。

憂之如何？ 如舜而已矣。』」卓。

人多把這道理作一箇懸空底物。大學不說窮理，只說箇格物，便是要人就事物上理會，如此方見得實體。所謂實體，非就事物上見不得。且如作舟以行水，作車以行陸。今試以衆人之力共推一舟於陸，必不能行，方見得舟果不能以行陸也，此之謂實體。德明。

問：「道之不明，蓋是後人舍事跡以求道。」曰：「所以古人只道格物。有物便有理，若無事親事君底事，何處得忠孝！」節。

「窮理」二字不若格物之爲切，便就事物上窮格。如漢人多推秦之所以失，漢之所以得，故得失易見。然彼亦無那格底意思。若格之而極其至，則秦猶有餘失，漢亦當有餘得也。」又云：「格，謂至也，所謂實行到那地頭。如南劍人往建寧，須到得郡廳上，方是至，若只到建陽境上，即不謂之至也。」德明。

格物，不說窮理，却言格物。蓋言理，則無可捉摸，物有時而離；言物，則理自在，自是離不得。釋氏只說見性，下梢尋得一箇空洞無稽底性，亦由他說，於事上更動不得。賀孫。

所謂窮理者，事事物物，各自有箇事物底道理，窮之須要周盡。若見得一邊，不見一邊，便不該通。窮之未得，更須欵曲推明。蓋天理在人，終有明處。「大學之道，在明明德」，謂人合下便有此明德。雖爲物欲掩蔽，然這些明底道理未嘗泯絶。須從明處漸漸推將去，窮到是處，吾心亦自有準則。窮理之初，如攻堅物，必尋其罅隙可入之處，乃從而擊之，則用力爲不難矣。孟子論四端，便各自有箇柄靶，仁義禮智皆有頭緒可尋。即其所發之端，而求其可見之體，莫非可窮之理也。謨。

格物窮理，有一物便有一理。窮得到後，遇事觸物皆撞著這道理：事君便遇忠，事親便遇孝，居處便恭，執事便敬，與人便忠，以至參前倚衡，無往而不見這箇道理。若窮不至，則所見不真，外面雖爲善，而内實爲惡，是兩箇人做事了！外面爲善是一箇人，裏面又有一箇人説道：「我不好。」如今須勝得那一箇不好底人去方是。豈有學聖人之書，爲市井之行，這箇窮得箇甚道理！而今説格物窮理，須是見得箇道理親切了，未解便能脱然去其舊習。其始，且見得箇道理如此，那事不是，亦不敢爲；其次，見得分曉，則不肯爲；又其次，見得親切，則不爲之，而舊習都忘之矣。子蒙。

不是要格那物來長我聰明見識了，方去理會，自是不得不理會。

大學説一「格物」在裏，却不言其所格者如何。學者欲見下工夫處，但看孟子便得。如説仁義禮智，便窮到惻隱、羞惡、辭遜、是非之心；説好貨好色好勇，便窮到太王、公劉、文、武；説古今之樂，便窮到與民同樂處；説性，便格到纖毫未動處。這便見得他孟子胸中無一毫私意蔽窒得也，故其知識包宇宙，大無不該，細無不燭！道夫。

居甫問：「格物窮理，但理自有可以彼此者。」曰：「不必如此看。理有正，有權。今學者且須理會正。如娶妻必告父母，學者所當守。至於不告而娶，自是不是，到此處别理會。如事君匡救其惡，是正理。伊川説『納約自牖』，又是一等。今於此一段未分明，却先爲彼引走。如孔子説『危行言孫』，當春秋時亦自如此。今不理會正當處，纔見聖人書中有此語，便要守定不移，駸駸必至於行孫矣。此等風俗，浙江甚盛，殊可慮！」可學。

問：「格物之義，固要就一事一物上窮格。然如吕氏、楊氏所發明大本處，學者亦須兼考。」曰：「識得，即事事物物上便有大本。不知大本，是不曾窮得也。若只説大本，便是釋老之學。」德明。

致知、格物，只是一箇。道夫。以下致知、格物。

「致知、格物，一胯底事。」先生舉左右指來比並。泳。

格物，是逐物格將去；致知，則是推得漸廣。賜。

䂓伯問格物、致知。曰：「格物，是物物上窮其至理；致知，是吾心無所不知。格物，是零細説；致知，是全體説。」時舉。

張仁叟問致知、格物。曰：「物莫不有理，人莫不有知。如孩提之童，知愛其親；及其長也，知敬其兄；以至於飢則知求食，渴則知求飲，是莫不有知也。但所知者止於大略，而不能推致其知以至於極耳。致之爲義，如以手推送去之義。凡經傳中云致者，其義皆如此。」時舉。

問：「知如何致？物如何格？」曰：「『孩提之童，莫不知愛其親；及其長也，莫不知敬其兄。』人皆有是知，而不能極盡其知者，人欲害之也。故學者必須先克人欲以致其知，則無不明矣。『致』字，如推開去。譬如暗室中見些子明處，便尋從此明處去。忽然出到外面，見得大小大明。人之致知，亦如此也。格物是『爲人君止於仁，爲人臣止於敬』之類。事事物物，各有箇至極之處。所謂『止』者，即至極之處也。然須是極盡其理，方是可止之地。若得八分，猶有二分未盡，也不是。須是極盡，方得。」又曰：「知在我，理在物。」祖道。

黄去私問致知、格物。曰：「『致』字有推出之意，前輩用『致』字多如此。人誰無知？爲子知孝，爲父知慈。只是知不盡，須是要知得透底。且如一穴之光，也唤做光，然逐旋開劃得大，則其光愈大。物皆有理，人亦知其理，如當慈孝之類，只是格不盡。但物格於彼，則知盡於此矣。」又云：「知得此理盡，則此箇意便實。若有知未透處，這裏面便黑了。」人傑。

劉圻父説格物、致知。曰：「他所以下『格』字、『致』字者，皆是爲自家元有是物，但爲他物所蔽耳。而今便要從那知處推開去，是因其所已知而推之，以至於無所不知也。」義剛。

郭叔雲問：「爲學之初，在乎格物。物物有理，第恐氣稟昏愚，不能格至其理。」曰：「人箇箇有知，不成都無知，但不能推而致之耳。格物理至徹底處。」又云：「致知、格物，只是一事，非是今日格物，明日又致知。格物，以理言也；致知，以心言也。」恪。

問：「致知，是欲於事理無所不知；格物，是格其所以然之故。此意通否？」曰：「不須如此説。只是推極我所知，須要就那事物上理會。致知，是自我而言；格物，是就物而言。若不格物，何緣得知。而今人也有推極其知者，却只泛泛然竭其心思，都不就事物上窮究。如此，則終無所止。」義剛曰：「只是説所以致知，必在格物。」曰：「正是如此。若是極其所知去推究那事物，則我方能有所知。」義剛。

致知、格物，固是合下工夫，到後亦離這意思不得。學者要緊在求其放心。若收拾得此心存在，已自看得七八分了。如此，則本領處是非善惡，已自分曉。惟是到那變處方難處，到那裏便用子細研究。若那分曉底道理却不難見，只是學者見不親切，故信不及，如漆雕開所謂「吾斯之未能信」。若見得親切，自然信得及。看得大學了，閒時把史傳來看，見得古人所以處事變處，儘有短長。賀孫。

人之一心，本自光明。常提撕他起，莫爲物欲所蔽，便將這箇做本領，然後去格物、致知。如大學中條目，便是材料。聖人教人，將許多材料來修治平此心，令常常光明耳。按：「修治」字疑。伊川云「我使他思時便思」，如此方好。倘臨事不醒，只爭一晌時，便爲他引去。且如我兩眼光䀮䀮，又白日裏在大路上行，如何會被別人引去草中！只是我自昏睡，或暗地裏行，便被別人胡亂引去耳。但只要自家常醒得他做主宰，出乎萬物之上，物來便應。易理會底，便理會得；難理會底，思量久之也理會得。若難理會底便理會不得，是此心尚昏未明，便用提醒他。驤。

問「致知在格物」。曰：「知者，吾自有此知。此心虛明廣大，無所不知，要當極其至耳。今學者豈無一斑半點，只是爲利欲所昏，不曾致其知。孟子所謂四端，此四者在人心，發見於外。吾友還曾平日的見其有此心，須是見得分明，則知可致。今有此心而不能致，臨事則昏惑，有事則膠擾，百種病根皆自此生。」又問：「凡日用之間作事接人，皆是格物窮理？」曰：「亦須知得要本。若不知得，只是作事，只是接人，何處爲窮理！」

致知分數多，如博學、審問、慎思、明辨，四者皆致知，只力行一件是行。言致，言格，是要見得到盡處。若理有未格處，是於知之之體尚有未盡。格物不獨是仁孝慈敬信五者，此只是大約説耳。且如説父子，須更有母在，更有夫婦在。凡萬物萬事之理皆要窮。但窮到底，無復餘藴，方是格物。大雅。

致知、格物，便是「志於道」。「據於德」，却是討得箇匡格子。義剛。

格物、致知，是極粗底事；「天命之謂性」，是極精底事。但致知、格物，便是那「天命之謂性」底事。下等事，便是上等工夫。義剛。

曹又問致知、格物。曰：「此心愛物，是我之仁；此心要愛物，是我之義；若能分別此事之是，此事之非，是我之智；若能別尊卑上下之分，是我之禮。以至於萬物萬事，皆不出此四箇道理。其實只是一箇心，一箇根柢出來抽枝長葉。」卓。

蔣端夫問：「『致知在格物。』胸中有見，然後於理無不見？」曰：「胸中如何便有所見？譬如嬰兒學行，今日學步，明日又步，積習既久，方能行。天地萬物莫不有理。手有手之理，足有足之理，手足若不舉行，安能盡其理！格物者，欲究極其物之理，使無不盡，然後我之知無所不至。物理即道理，天下初無二理。」震。

問：「知至、意誠，求知之道，必須存神索至，不思則不得誠。是否？」曰：「致知、格物，亦何消如此説。所謂格物，只是眼前處置事物，酌其輕重，究極其當處，便是，亦安用存神索至！只如吾胸中所見，一物有十分道理，若只見三二分，便是見不盡。須是推來推去，要見盡十分，方是格物。既見盡十分，便是知止。」震。

或問：「致知須要誠。既是誠了，如何又説誠意？致知上本無『誠』字，如何强安排『誠』字在上面説？」「爲學之始，須在致知。不致其知，如何知得！欲致其知，須是格物。格物云者，要窮到九分九釐以上，方是格。」謙。

若不格物、致知，那箇誠意、正心，方是捺在這裏，不是自然。若是格物、致知，便自然不用强捺。

元昭問：「致知、格物，只作窮理説？」曰：「不是只作窮理説。格物，所以窮理。」又問：「格物是格物與人。知物與人之異，然後可作工夫。」曰：「若作致知在格物論，只是胡説！既知人與物異後，待作甚合殺。格物，是格盡此物。如有一物，凡十瓣，已知五瓣，尚有五瓣未知，是爲不盡。如一鏡焉，一半明，一半暗，是一半不盡。格盡物理，則知盡。如元昭所云，物格、知至當如何説？」子上問：「向見先生答江德功書如此説。」曰：「渠如何説，已忘却。」子上云：「渠作接物。」曰：「又更錯。」

陳問：「大學次序，在聖人言之，合下便都能如此，還亦須從致知格物做起？但他義理昭明，做得來恐易。」曰：「也如此學。只是聖人合下體段已具，義理都曉得，略略恁地勘驗一過。其實大本處都盡了，不用學，只是學那沒緊要底。如中庸言：『及其至也，雖聖人有所不知不能焉。』人多以至爲道之精妙處。若是道之精妙處有所不知不能，便與庸人無異，何足以爲聖人！這至，只是道之盡處，所不知不能，是沒緊要底事。他大本大根元無欠闕，只是古今事變，禮樂制度，便也須學。」寅。

子善問物格。曰：「物格是要得外面無不盡，裏面亦清徹無不盡，方是不走作。」恪。以下物格。

上而無極、太極，下而至於一草、一木、一昆蟲之微，亦各有理。一書不讀，則闕了一書道理；一事不窮，則闕了一事道理；一物不格，則闕了一物道理，須著逐一件與他理會過。道夫。

叔文問：「格物莫須用合內外否？」曰：「不須恁地説。物格後，他內外自然合。蓋天下之事，皆謂之物，而物之所在，莫不有理。且如草木禽獸，雖是至微至賤，亦皆有理。如所謂『仲夏斬陽木，仲冬斬陰木』，自家知得這箇道理，處之而各得其當便是。且如鳥獸之情，莫不好生而惡殺，自家知得是恁地，便須『見其生不忍見其死，聞其聲不忍食其肉』方是。要之，今且自近以及遠，由粗以至精。」道夫。寓錄別出。

問：「格物須合內外始得？」曰：「他內外未嘗不合。自家知得物之理如此，則因其理之自然而應之，便見合內外之理。目前事事物物，皆有至理。如一草一木，一禽一獸，皆有理。草木春生秋殺，好生惡死。『仲夏斬陽木，仲冬斬陰木』，皆是順陰陽道理。砥録作「皆是自然底道理」。自家知得萬物均氣同體，『見生不忍見死，聞聲不忍食肉』，非其時不伐一木，不殺一獸，『不殺胎，不殀夭，不覆巢』，此便是合内外之理。」寓。砥録略。

「知至，謂天下事物之理知無不到之謂。若知一而不知二，知大而不知細，知高遠而不知幽深，皆非知之至也。要須四至八到，無所不知，乃謂至耳。」因指燈曰：「亦如燈燭在此，而光照一室之内，未嘗有一些不到也。」履孫。以下知至。

知至，謂如親其所親，長其所長，而不能推之天下，則是不能盡之於外；欲親其所親，欲長其所長，而自家裏面有所不到，則是不能盡之於内。須是其外無不周，内無不具，方是知至。履孫。

子升問：「知止便是知至否？」曰：「知止就事上説，知至就心上説。知止，知事之所當止；知至，則心之知識無不盡。」木之。

知止，就事上説；知至，就心上説，舉其重而言。閎祖。

問：「『致知』之『致』，『知至』之『至』，有何分别？」曰：「上一『致』字，是推致，方爲也。下一『至』字，是已至。」先著「至」字，旁著「人」字，爲「致」。是人從旁推至。節。

格物，只是就事上理會；知至，便是此心透徹。廣。

格物，便是下手處；知至，是知得也。德明。

致知未至，譬如一箇鐵片，亦割得物事，只是不如磨得芒刃十分利了，一鍤便破。若知得切了，事事物物至面前，莫不迎刃而解。賀孫。

未知得至時，一似捕龍蛇，捉虎豹相似。到知得至了，却恁地平平做將去，然節次自有許多工夫。到後來絜矩，雖是自家所爲，皆足以興起斯民。又須是以天下之心審自家之心，以自家之心審天下之心，使之上下四面都平均齊一而後可。賀孫。

鄭仲履問："某觀大學知至，見得是乾知道理。"曰："何用說乾知！只理會自家知底無不盡，便了。"蓋卿。

知至，如易所謂極深，"惟深也，故能通天下之志"，這一句略相似。能慮，便是研幾，如所謂"惟幾也，故能成天下之務"，這一句却相似。夔孫。

問："定、靜、安、慮、得與知至、意誠、心正是兩事，只要行之有先後。據先生解，安、定、慮、得與知至似一般，如何？"曰："前面只是大綱，且如此說，後面却是學者用力處。"去僞。

致知，不是知那人不知底道理，只是人面前底。且如義利兩件，昨日雖看義當爲然，而却又說未做也無害；見得利不可做，却又說做也無害，這便是物未格，知未至。今日見得義當爲，決爲之；利不可做，決定是不做，心下自肯自信得及，這便是物格，便是知得至了。此等説話，爲無恁地言語，册子上寫不得。似恁地説出，却較見分曉。植。以下物格、知至。

問：「格物、窮理之初，事事物物也要見到那裏了？」曰：「固是要見到那裏。然也約摸是見得，直到物格、知至，那時方信得及。」寓。

守約問：「物格、知至，到曾子悟忠恕於一唯處，方是知得至否？」曰：「亦是如此。只是就小處一事一物上理會得到，亦是知至。」賀孫。

或問：「『物格而后知至』一句，或謂物格而知便至。如此，則與下文『而后』之例不同。」曰：「看他文勢，只合與下文一般説。但且謂之物格，則不害其爲一事一物在。到知，則雖萬物亦只是一箇知。故必理無不窮，然後知方可盡。今或問中却少了他這意思。」

「大學物格、知至處，便是凡聖之關。物未格，知未至，如何殺也是凡人。須是物格、知至，方能循循不已，而入於聖賢之域，縱有敏鈍遲速之不同，頭勢也都自向那邊去了。今物未格，知未至，雖是要過那邊去，頭勢只在這邊。如門之有限，猶未過得在。」問：「伊川云『非樂不足以語君子』，便是物未格，知未至，未過得關否？」曰：「然。某嘗謂，物格、知至後，雖有不善，亦是白地上黑點；物未格，知未至，縱有善，也只是黑地上白點。」伯羽。

以下論格物、致知、誠意是學者之關。

「格物是夢覺關。格得來是覺，格不得只是夢。誠意是善惡關。誠得來是善，誠不得只是惡。過得此二關，上面工夫却一節易如一節了。到得平天下處，尚有些工夫。只爲天下闊，須著如此點檢。」又曰：「誠意是轉關處。」又曰：「誠意是人鬼關！」誠得來是人，誠不得是鬼。夔孫。

致知、誠意，是學者兩箇關。致知乃夢與覺之關，誠意乃惡與善之關。透得致知之關則覺，不然則夢；透得誠意之關則善，不然則惡。致知、誠意以上工夫較省，逐旋開去，至於治國、平天下地步愈闊，却須要照顧得到。人傑。

知至、意誠，是凡聖界分關隘。未過此關，雖有小善，猶是黑中之白；已過此關，雖有小過，亦是白中之黑。過得此關，正好著力進步也。道夫。

「大學所謂『知至、意誠』者，必須知至，然後能誠其意也。今之學者只說操存，而不知講明義理，則此心憒憒，何事於操存也！某嘗謂誠意一節，正是聖凡分別關隘去處。若能誠意，則是透得此關；透此關後，滔滔然自在去爲君子。不然，則崎嶇反側，不免爲小人之歸也。」「致知所以先於誠意者如何？」曰：「致知者，須是知得盡，尤要親切。尋常只將『知至』之『至』作『盡』字說，近來看得合作『切至』之『至』。知之者切，然後貫通得誠意底意思，如程先生所謂真知者是也。」謨。

論誠意，曰：「過此一關，方是人，不是賊！」又曰：「過此一關，方會進。」一本云：「過得此關，道理方牢固。」方子。

鍾唐傑問意誠。曰：「意誠只是要情願做工夫，若非情願，亦强不得。未過此一關，猶有七分是小人。」蓋卿。

意誠、心正，過得此關，義理方穩。不然，七分是小人在。又曰：「意不誠底，是私過；心不正底，是公過。」方子。

深自省察以致其知，痛加剪落以誠其意。升卿。致知、誠意。

知與意皆出於心。知是知覺處，意是發念處。閎祖。

致知，無毫釐之不盡。守其所止，無須臾之或離。致知，如一事只知得三分，這三分知得者是真實，那七分不知者是虛僞。爲善，須十分知善之可好，若知得九分，而一分未盡，只此一分未盡，便是鶻突苟且之根。少間說便爲惡也不妨，便是意不誠。所以貴致知，窮到極處謂之「致」。或得於小而失於大，或得於始而失於終，或得於此而失於彼，或得於己而失於人，極有深淺。惟致知，則無一事之不盡，無一物之不知。以心驗之，以身體之，逐一理會過，方堅實。僩。

説爲學次第，曰：「本末精粗，雖有先後，然一齊用做去。且如致知、格物而後誠意，不成説自家物未格，知未至，且未要誠意，須待格了，知了，却去誠意。安有此理！聖人亦只説大綱自然底次序是如此。拈著底，須是逐一旋旋做將去始得。常説田子方説文侯聽樂處，亦有病。不成只去明官，不去明音，亦須略去理會始得。不能明音，又安能明官！或以宫爲商，以角爲徵，自家緣何知得。且如『籩豆之事，則有司存』，非謂都不用理會籩豆，但比似容貌、顏色、辭氣爲差緩耳。又如官名，在孔子有甚緊要處？聖人一聽得郯子會，便要去學。蓋聖人之學，本末精粗，無一不備，但不可輕本而重末也。今人閒坐過了多少日子，凡事都不肯去理會。且如儀禮一節，自家立朝不曉得禮，臨事有多少利害！」雉。

吴仁甫問：「誠意在致知、格物後，如何？」曰：「源頭只在致知。知至之後，如從上面[一]放水來，已自迅流湍決，(以)〔只〕[二]是臨時又要略略撥剔，莫令壅滯爾。」銖。

問：「誠意莫只是意之所發，制之於初否？」曰：「若説制，便不得。須是先致知、格

〔一〕「面上」，賀疑倒，據陳本乙。

〔二〕據陳本改。

物，方始得。人莫不有知，但不能致其知耳。致其知者，自裏面看出，推到無窮盡處；自外面看入來，推到無去處，方始得了，意方可誠。致知、格物是源頭上工夫。看來知至便自心正，不用『誠意』兩字也得。然無此又不得，譬如過水相似，無橋則過不得。意有未誠，也須著力，不應道知已至，不用力。」

知若至，則意無不誠。若知之至，欲著此物亦留不住，東西南北中央皆著不得。若是不誠之人，亦不肯盡去，亦要留些子在。泳。知至、意誠。

問：「知至到意誠之間，意自不聯屬。須是別識得天理人欲分明，盡去人欲，全是天理，方誠。」曰：「固是。這事不易言。須是格物精熟，方到此。居常無事，天理實然，有纖毫私欲，便能識破他，自來點檢慣了。譬有賊來，便識得，便捉得他。不曾用工底，與賊同眠同食也不知！」大雅。

周震亨問知至、意誠，云：「有知其如此而行又不如此者，是如何？」曰：「此只是知之未至。」問：「必待行之皆是，而後驗其知至歟？」曰：「不必如此說。而今說與公是知之未至，公不信，且去就格物、窮理上做工夫。窮來窮去，末後自家真箇見得此理是善與是惡，自心甘意肯不去做，此方是意誠。若猶有一毫疑貳底心，便是知未至，意未誠，久後依舊去做。然學者未能便得會恁地，須且致其知，工夫積累，方會知至。」

「『知至而后意誠』，須是真知了，方能誠意。知苟未至，雖欲誠意，固不得其門而入矣。惟其胸中了然，知得路逕如此，知善之當好，惡之當惡，然後自然意不得不誠，心不得不正。」因指燭曰：「如點一條蠟燭在中間，光明洞達，無處不照，雖欲將不好物事來，亦没安頓處，自然著它不得。若是知未至，譬如一盞燈，用罩子蓋住，則光之所及者固可見，光之所不及處則皆黑暗無所見，雖有不好物事安頓在後面，固不得而知也。」炎録云：「知既至，則意可誠。如燈在中間，纔照不及處，便有賊潛藏在彼，不可知。若四方八面都光明了，他便無著身處。」所以貴格物，如佛、老之學，它非無長處，但它只知得一路。其知之所（以）〔一〕及者，則路逕甚明，無有差錯；其知所不及處，則皆顛倒錯亂，無有是處，緣無格物工夫也。」問：「物未格時，意亦當誠。」曰：「固然。豈可説物未能格，意便不用誠！自始至終，意常要誠。如人適楚，當南其轅，豈可謂吾未能到楚，且北其轅！但知未至時，雖欲誠意，其道無由。如人夜行，雖知路從此去，但黑暗，行不得。所以要得致知。知至則道理坦然明白，安而行之。今人知未至者，也知道善之當好，惡之當惡。然臨事不如此者，只是實未曾見得。若實見得，自然行處無差。」僩。

〔一〕據陳本删。

道夫。

欲知知之真不真，意之誠不誠，只看做不做如何。真箇如此做底，便是知至、意誠。

問「知至而后意誠」。曰：「知則知其是非。到意誠實，則無不是，無有非，無一毫錯，此已是七八分人。然又不是今日知至，意亂發不妨，待明日方誠。如言孔子『七十而從心』，不成未七十心皆不可從！只是說次第如此。白居易詩云：『行年三十九，歲暮日斜時。孟子心不動，吾今其庶幾！』詩人玩弄至此！」可學。璘録別出。

舜功問：「致知、誠意是如何先後？」曰：「此是當初一發同時做底工夫，及到成時，知至而后意誠耳。不是方其致知，則脱空妄語，猖狂妄行，及到誠意，方始旋收拾也。孔子『三十而立』，亦豈三十歲正月初一日乃立乎！白樂天有詩：『吾年三十九，歲暮日斜時。孟子心不動，吾今其庶幾！』此詩人滑稽耳！」璘。

學者到知至意誠，便如高祖之關中，光武之河内。芝。

問「『知至而后意誠』，故天下之理，反求諸身，實有於此。似從外去討得來」云云。曰：「『仁義禮智，非由外鑠我也，我固有之也，弗思耳矣！』」厲聲言「弗思」二字。又笑曰：「某常說，人有兩箇兒子，一箇在家，一箇在外去幹家事。其父却說道在家底是自家兒子，在外底不是！」節。

或問：「知至以後，善惡既判，何由意有未誠處？」曰：「克己之功，乃是知至以後事。『惟聖罔念作狂，惟狂克念作聖』。一念纔放下，便是失其正。自古無放心底聖賢，然一念之微，所當深謹，纔說知至後不用誠意，便不是。『人心惟危，道心惟微』，毫釐間不可不子細理會。纔說太快，便失却此項功夫也。」錄。

問椿：「知極其至，有時意又不誠，是如何？」椿無對。曰：「且去這裏子細窮究。」一日，稟云：「是知之未極其至。」先生曰：「是則是。今有二人，一人知得這是善，這是惡；又有一人真知得這是善當爲，惡不可爲。然後一人心中，如何見得他是真知處？」椿亦無以應。先生笑曰：「且放下此一段，緩緩尋思，自有超然見到處。」椿。

誠意，方能保護得那心之全體。以下誠意。

問「實其心之所發，欲其一於理而無所雜」。曰：「只爲一，便誠；二，便雜。『如惡惡臭，如好好色』，一故也。『小人閒居爲不善，至著其善』，二故也。只要看這些便分曉。二者，爲是真底物事，却著些假攙放裏，便成詐僞。如這一盞茶，一味是茶，便是真。才有些别底滋味，便是有物夾雜了，便是二。」夔孫。

意誠後，推盪得渣滓靈利，心盡是義理。閎祖。以下意誠。

意誠，如蒸餅，外面是白麵，透裏是白麵。意不誠，如蒸餅，外面雖白，裏面却只是粗麵一般。閎祖。

「心，言其統體；意，是就其中發處。正心，如戒懼不睹不聞；誠意，如慎獨。」又曰：「由小而大。意小心大。」閎祖。正心、誠意。

康叔臨問：「意既誠矣，心安有不正？」曰：「誠只是實。雖是意誠，然心之所發有不中節處，依舊未是正。亦不必如此致疑，大要只在致知格物上。如物格、知至上鹵莽，雖見得似小，其病却大。自修身以往，只是如破竹然，逐節自分明去。今人見得似難，其實却易。人入德處，全在致知、格物。譬如適臨安府，路頭一正，著起草鞋，便會到，未須問所過州縣那箇在前，那箇在後，那箇是繁盛，那箇是荒索。工夫全在致知、格物上。」謙。以下論格物、致知、誠意、正心。

問：「心，本也。意，特心之所發耳。今欲正其心，先誠其意，似倒說了。」曰：「心無形影，教人如何撑拄，須是從心之所發處下手，先須去了許多惡根。如人家裏有賊，先去了賊，方得家中寧。如人種田，不先去了草，如何下種。須去了自欺之意，意誠則心正。誠意最是一段中緊要工夫，下面一節輕一節。」或云：「致知、格物也緊要。」曰：「致知，知之始；誠意，行之始。」夔孫。

或問：「意者心之所發，如何先誠其意？」曰：「小底却會牽動了大底。心之所以不正，只是私意牽去。意才實，心便自正。聖賢下語，一字是一字，不似今人作文字，用這箇字也得，改做那一字也得。」

格物者，知之始也；誠意者，行之始也。意誠則心正，自此去，一節易似一節。拱壽。

致知、誠意兩節若打得透時，已自是箇好人。其它事一節大如一節，病敗一節小如一節。自修。

格物者，窮事事物物之理；致知者，知事事物物之理。無所不知，知其不善之必不可爲，故意誠。意既誠，則好樂自不足以動其心，故心正。格。

格物、致知、正心、誠意，不可著纖毫私意在其中。椿録云：「便不是矣。」致知、格物，十事格得九事通透，一事未通透，不妨；一事只格得九分，一分不透，最不可。凡事不可著箇「且」字。「且」字，其病甚多。

格物、致知、誠意、正心，雖是有許多節次，然其進之遲速，則又隨人資質敏鈍。履孫。

大學於格物、誠意，都煅煉成了，到得正心、修身處，只是行將去，都易了。夔孫。

致知、誠意、正心，知與意皆從心出來。知則主於別識，意則主於營爲。知近性，近體；意近情，近用。端蒙。

敬之問誠意、正心、修身。曰：「若論淺深意思，則誠意工夫較深，正心工夫較淺；若以小大看，則誠意較緊細，而正心、修身地位又較大，又較施展。」賀孫。

誠意、正心、修身，意是指已發處看，心是指體看。意是動，心又是該動靜。身對心而言，則心正是内。能如此修身，是内外都盡。若不各自做一節功夫，不成説我意已誠矣，心將自正！則恐懼、好樂、忿懥引將去，又却邪了。不成説心正矣，身不用管！則外面更不顧，而遂心迹有異矣。須是「無所不用其極」。端蒙。

或問：「意者，乃聽命於心者也。今曰『欲正其心，先誠其意』，意乃在心之先矣。」曰：「『心』字卒難摸索。心譬如水：水之體本澄湛，却爲風濤不停，故水亦摇動。必須風濤既息，然後水之體得静。人之無狀汙穢，皆在意之不誠。必須去此，然後能正其心。及心既正後，所謂好惡哀矜，與修身齊家中所説者，皆是合有底事。但當時時省察其固滯偏勝之私耳。」僩。壯祖録疑同聞别出。

問：「心者，身之主；意者，心之發。意發於心，則意當聽命於心。今曰『意誠而后心正』，則是意反爲心之管束矣，何也？」曰：「心之本體何嘗不正。所以不得其正者，蓋由邪惡之念勃勃而興，有以動其心也。譬之水焉，本自瑩净寧息，蓋因波濤洶湧，水遂爲其所激而動也。更是大學次序，誠意最要。學者苟於此一節分别得善惡、取舍、是非分明，則自此以後，凡有忿懥、好樂、親愛、畏敬等類，皆是好事。大學之道，始不可勝用矣。」壯祖。

問：「心如何正？」曰：「只是去其害心者。」端蒙。

或問正心、修身。曰：「今人多是不能去致知處著力，此心多爲物欲所陷了。惟聖人能提出此心，使之光明，外來底物欲皆不足以動我，内中發出底又不陷了。」祖道。

心纔不正，其終必至於敗國亡家。僩。

「誠意正心」章，一說能誠其意，而心自正；一說意誠矣，而心不可不正。問：「修身齊家亦然否？」曰：「此是交會處，不可不看。」又曰：「誠意以敬爲先。」泳。

或問：「正心、修身，莫有淺深否？」曰：「正心是就心上說，修身是就應事接物上說。那事不自心做出來！如修身，如絜矩，都是心做出來。但正心，却是萌芽上理會。若修身與絜矩等事，都是各就地頭上理會。」

毅然問：「『家齊，而后國治，天下平。』如堯有丹朱，舜有瞽瞍，周公有管蔡，却能平治，何也？」曰：「堯不以天下與丹朱而與舜，舜能使瞽瞍不格姦，周公能致辟于管蔡，使不爲亂，便是措置得好了。然此皆聖人之變處。想今人家不解有那瞽瞍之父，丹朱之子，管蔡之兄，都不須如此思量，且去理會那常處。」淳。

「壹是」，一切也。漢書平帝紀「一切」，顔師古注：「猶如以刀切物，取其整齊。」泳。

李從之問：「『壹是皆以修身爲本』，何故只言修身？」曰：「修身是對天下國家說。修身是本，天下國家是末。凡前面許多事，便是理會修身。『其所厚者薄，所薄者厚』，又是以家對國說。」謨。

問：「大學解：『所厚，謂家。』若誠意正心，亦可謂之厚否？」曰：「不可。此只言先後緩急。所施則有厚薄。」節。

問：「大學之書，不過明德、新民二者而已。其自致知、格物以至平天下，乃推廣二者，爲之條目以發其意，而傳意則又以發明其爲條目者。要之，不過此心之體不可不明，而致知、格物、誠意、正心，乃其明之之工夫耳。」曰：「若論了得時，只消『明明德』一句便了，不用下面許多。聖人爲學者難曉，故推說許多節目。今且以明德、新民互言之，則明明德者，所以自新也；新民者，所以使人各明其明德也。然則雖有彼此之間，其爲欲明之德，則彼此無不同也。譬之明德却是材料，格物、致知、誠意、正心、修身，却是下工夫以明其明德耳。於格物、致知、誠意、正心、修身之際，要得常見一箇明德隱然流行于五者之間，方分明。明德如明珠，常自光明，但要時加拂拭耳。若爲物欲所蔽，即是珠爲泥涴，然光明之性依舊自在。」大雅。以下總論綱領、條目。

大學「在明明德，在新民，在止於至善」，此三箇是大綱，做工夫全在此三句內。下面知止五句是說效驗如此。上面是服藥，下面是說藥之效驗。正如說服到幾日效如此，又服到幾日效又如此。看來不須説效亦得，服到日子滿時，自然有效。但聖人須要説到這田地，教人知「明明德」三句。後面又分析開八件：致知至修身五件，是明明德事；齊家至平天下三件，是新民事。至善只是做得恰好。後面傳又立八件，詳細剖析八件意思。大抵閑時喫緊去理會，須要把做一件事看，橫在胸中，不要放下。若理會得透徹，到臨事時，一一有用處。而今人多是閑時不喫緊理會，及到臨事時，又不肯下心推究道理，只説且放過一次亦不妨。只是安于淺陋，所以不能長進，終於無成。大抵是不曾立得志，枉過日子。且如知止，只是閑時窮究得道理分曉，臨事時方得其所止。若閑時不曾知得，臨事如何了得。事親固是用孝，也須閑時理會如何爲孝，見得分曉，及到事親時，方合得這道理。事君亦然。以至凡事都如此。又問：「知止，是萬事萬物皆知得所止，或只指一事而言？」曰：「此徹上徹下，知得一事，亦可謂之知止。」又問：「上達天理，便是事物當然之則至善處否？」曰：「只是合禮處，便是天理。所以聖人教人致知、格物，亦只要人理會得此道理。」又問：「大學表裏精粗如何？」曰：「自是如此。粗是大綱，精是裏面曲折處。」又曰：「外面事要推闡，故齊家而后治國，平天下；裏面事要切己，故修身、正心，必先誠意。致知愈細密。」又問真知。曰：「曾被虎傷者，便知得是可畏。未曾被虎傷底，須逐旋思量箇被傷底道理，見得與被傷者一般，方是。」明作。

格物、致知，是求知其所止；誠意、正心、修身、齊家、治國、平天下，是求得其所止。物格、知至，是知所止；意誠、心正、身修、家齊、國治、天下平，是得其所止。大學中大抵虚字多。如所謂「欲」、「其」、「而后」，皆虚字；「明明德、新民、止於至善」，「致知、格物、誠意、正心、修身、齊家、治國、平天下」，是實字。今當就其緊要實處著工夫。如何是致知、格物以至于治國、平天下，皆有節目，須要一一窮究著實，方是。道夫。

自「欲明明德於天下」至「先致其知」，皆是隔一節，所以言欲如此者，必先如此。「致知在格物」，知與物至切近，正相照在。格物所以致知，物才格，則知已至，故云在，更無次第也。閎祖。

大學「明明德於天下」以上，皆有等級。到致知格物處，便較親切了，故文勢不同，不曰「致知者先格其物」，只曰「致知在格物」也。「意誠而后心正」，不説是意誠了便心正，但無詐僞便是誠。心不在焉，便不正。或謂但正心，不須致知、格物，便可以修身、齊家，却恐不然。聖人教人窮理，只道是人在善惡中，不能分别得，故善或以爲惡，惡或以爲善；善可以不爲不妨，惡可以爲亦不妨。聖人便欲人就外面攔截得緊，見得道理分明，方可正得心，誠得意。不然，則聖人告顔子，如何不道非禮勿思，却只道勿視聽言動？如何又先道「居處恭，執事敬」，而後「與人忠」？「敬」字要體得親切，似得箇「畏」字。銖記先生嘗因諸生問敬宜何訓，曰：「是不得而訓也。惟『畏』庶幾近之。」銖云：「以『畏』訓『敬』，平淡中有滋味。」曰：「然。」榦。

「欲明明德於天下者先治其國，至致知在格物。」「欲」與「先」字，謂如欲如此，必先如此，是言工夫節次。若「致知在格物」，則致知便在格物上。看來「欲」與「先」字，差慢得些子，「在」字又緊得些子。履孫。

大學言「物格而后知至，至天下平。」聖人說得寬，不說道能此即能彼，亦不說道能此而後可學彼。只是如此寬說，後面逐段節節更說，只待人自看得如何。振。

蔡元思問：「大學八者條目，若必待行得一節了旋進一節，則没世窮年，亦做不徹。看來日用之間，須是隨其所在而致力：遇著物來面前，便用格；知之所至，便用致；意之發，便用誠；心之動，便用正；身之應接，便用修；家便用齊；國便用治，方得。」曰：「固是。他合下便說『古之欲明明德於天下』，便是就這大規模上說起。只是細推他節目緊要處，則須在致知、格物、誠意迤邐做將去」云云。又曰：「有國家者，不成說家未齊，未能治國，且待我去齊得家了，却來治國；家未齊者，不成說身未修，且待我修身了，却來齊家！無此理。但細推其次序，須著如此做。若隨其所遇，合當做處，則一齊做始得。」僩。

大學自致知以至平天下，許多事雖是節次如此，須要一齊理會，不是說物格後方去致知，意誠後方去正心。若如此説，則是當意未誠、心未正時有家也不去齊，如何得！且如「在下位不獲乎上」數句，意思亦是如此。若未獲乎上，更不去治民，且一向去信朋友；若未信朋友時，且一向去悦親，掉了朋友不管。須是多端理會，方得許多節次。聖人亦是略分箇先後與人知，不是做一件净盡無餘，方做一件。若如此做，何時得成！又如喜怒上做工夫，固是；然亦須事事照管，不可專於喜怒。如易損卦「懲忿窒慾」，益卦「見善則遷，有過則改」，似此説話甚多。聖人却去四頭八面説來，須是逐一理會。身上許多病痛，都要防閑。明作。

問：「知至了意便誠，抑是方可做誠意工夫？」曰：「也不能恁地説得。這箇也在人。一般人自便能如此。一般人自當循序做。但知至了，意誠便易。且如這一件事知得不當如此做，末梢又却如此做，便是知得也未至。若知得至時，便決不如此。如人既知烏喙之不可食，水火之不可蹈，豈肯更試去食烏喙，蹈水火！若是知得未至時，意決不能誠。」問：「知未至之前，所謂慎獨，亦不可忽否？」曰：「也不能恁地説得。規模合下皆當齊做。然這裏只是説學之次序如此，説得來快，無恁地勞攘，且當循此次序。初間『欲明明德於天下』時，規模便要恁地了。既有恁地規模，當有次序工夫；既有次序工夫，自然有次序功效：『物格，而后知至；知至，而后意誠；意誠，而后心正；心正，而后身修；身修，而后家齊；家齊，而后國治；國治，而后天下平。』只是就這規模恁地廣開去，如破竹相似，逐節恁地去。」寓。

說大學次序，曰：「致知、格物，是窮此理；誠意、正心、修身，是體此理；齊家、治國、平天下，只是推此理，要做三節看。」雉。

大學一篇却是有兩箇大節目：物格、知至是一箇，誠意、修身是一箇。才過此二關了，則便可直行將去。泳。

物格、知至，是一截事；意誠、心正、身修，是一截事；家齊、國治、天下平，又是一截事。自知至交誠意，又是一箇過接關子；自修身交齊家，又是一箇過接關子。賀孫。

自格物至修身，自淺以及深；自齊家至平天下，自内以及外。敬仲。

或問：「格物、致知，到貫通處，方能分別取舍。初間亦未嘗不如此，但較生澁勉强否？」曰：「格物時是窮盡事物之理，這方是區處理會。到得知至時，却已自有箇主宰，會去分別取舍。初間或只見得表，不見得裏；只見得粗，不見得精。到知至時，方知得到；能知得到，方會意誠，可者必爲，不可者決不肯爲。到心正，則胸中無些子私蔽，洞然光明正大，截然有主而不亂，此身便修，家便齊，國便治，而天下可平。」賀孫。

格物、致知，比治國、平天下，其事似小。然打不透，則病痛却大，無進步處。治國、平天下，規模雖大，然這裏縱有未盡處，病痛却小。格物、致知，如「知及之」；正心、誠意，如「仁能守之」。到得「動之不以禮」處，只是小小未盡善。蓋卿。方子録云：「格物、誠意，其事似乎小。然若打不透，却是大病痛。治國、平天下，規模雖大，然若有未到處，其病却小，蓋前面大本領已自正了。學者若做到物格、知至處，此是十分以上底人。」

問：「看來大學自格物至平天下，凡八事，而心是在當中擔著兩下者。前面格物、致知、誠意，是理會箇心；後面身修、家齊、國治、天下平，是心之功用。」曰：「據他本經，去修身上截斷。然身亦是心主之。」士毅。

自明明德至於治國、平天下，如九層寶塔，自下至上，只是一箇塔心。四面雖有許多層，其實只是一箇心。明德、正心、誠意、修身，以至治國、平天下，雖有許多節次，其實只是一理。須逐一從前面看來，看後面，又推前面去。故曰「知至而後意誠，意誠而后心正」也。子蒙。

問：「『古之欲明明德於天下者』至『致知在格物』，詳其文勢，似皆是有爲而後爲者。」曰：「皆是合當爲者。經文既自明明德説至新民，止於至善，下文又却反覆明辨，以見正人者必先正己。孟子曰：『天下之本在國，國之本在家，家之本在身。』亦是此意。」道夫。

問：「『古之欲明明德於天下』至『致知在格物』，向疑其似於爲人，今觀之，大不然。

蓋大人，以天下爲度者也。天下苟有一夫不被其澤，則於吾心爲有慊；而吾身於是八者有一毫不盡，則亦何以明明德於天下耶！夫如是，則凡其所爲，雖若爲人，其實則亦爲己而已。」先生曰：「爲其職分之所當爲也。」道夫。

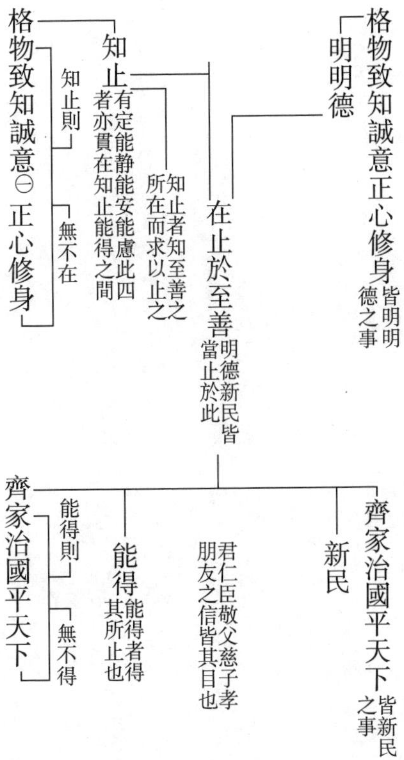

〔一〕賀疑「誠意」連下誤。